TEACHING FOR KEY
COMPETENCIES

核心素养导向的
课堂教学

余文森 著

上海教育出版社
SHANGHAI EDUCATIONAL
PUBLISHING HOUSE

图书在版编目（CIP）数据

核心素养导向的课堂教学 / 余文森著. —上海：上海教育出版社，2017.7
ISBN 978-7-5444-7669-0

Ⅰ.①核… Ⅱ.①余… Ⅲ.①课堂教学—教学研究—中小学 Ⅳ.① G632.421

中国版本图书馆CIP数据核字（2017）第142891号

策　　划	源创图书
责任编辑	董　洪
特约编辑	郭晓娜
责任印制	梁燕青
装帧设计	许　扬

Hexin Suyang Daoxiang De Ketang Jiaoxue
核心素养导向的课堂教学
余文森　著

出版发行	上海教育出版社有限公司
官　　网	www.seph.com.cn
地　　址	上海市闵行区号景路159弄C座
邮　　编	201101
印　　刷	北京华宇信诺印刷有限公司
开　　本	710×1000　1/16　印张 17.25　插页 1
字　　数	240千字
版　　次	2017年7月第1版
印　　次	2025年1月第29次印刷
印　　数	403,001—413,000 本
书　　号	ISBN 978-7-5444-7669-0/G·6327
定　　价	49.80元

如发现质量问题，请向本社调换　电话 021-64373213

目录
CONTENTS

前言　基础教育改革正迈入核心素养的新时代 / 1

第一篇·核心素养的意义

第一章　**素养与核心素养** / 3
　　第一节　素养 / 3
　　第二节　核心素养 / 12
　　第三节　学科核心素养 / 38
　　第四节　核心素养与三维目标的关系 / 50

第二章　**学科核心素养的形成机制** / 55
　　第一节　学科核心素养形成的主要载体——学科知识 / 55
　　第二节　学科核心素养形成的主要路径——学科活动 / 72
　　第三节　学科核心素养形成的主要条件——学科教师 / 82
　　第四节　学科核心素养形成的主要保障——学科考评 / 89

第二篇·核心素养导向的教学观重建

第三章 **基于立德树人的教学** / 101

第一节 人是教学的对象和目的 / 101

第二节 知识的育人价值与精神意义 / 110

第三节 学科教学是立德树人的主要途径 / 116

第四章 **基于课程意识和学科本质的教学** / 124

第一节 课程意识 / 124

第二节 狭义教学与广义教学 / 131

第三节 教材的意义与作用 / 137

第四节 基于学科本质的教学 / 144

第五章 **基于学生学习的教学** / 147

第一节 重建教学关系 / 147

第二节 先学后教 / 150

第三节 完整的学习 / 160

第四节 原生态的学习 / 169

第三篇·核心素养导向的教学基本策略

第六章 **整体化策略** / 179

第一节 整体化的意蕴 / 179

第二节 整体化的具体策略 / 184

第七章 | **情境化策略** / 191
　　　　第一节　情境化的意蕴 / 191
　　　　第二节　情境化的具体策略 / 196

第八章 | **深度化策略** / 206
　　　　第一节　深度化的意蕴 / 206
　　　　第二节　深度化的具体策略 / 212

第九章 | **活动化策略** / 222
　　　　第一节　活动化的意蕴 / 222
　　　　第二节　活动化的具体策略 / 228

第十章 | **自主化策略** / 234
　　　　第一节　自主化的意蕴 / 234
　　　　第二节　自主化的具体策略 / 240

第十一章 | **意义化策略** / 248
　　　　第一节　意义化的意蕴 / 248
　　　　第二节　意义化的具体策略 / 254

参考文献 / 262

后记 / 266

前 言

基础教育改革正迈入核心素养的新时代

2014年3月,"核心素养"首次出现在《教育部关于全面深化课程改革 落实立德树人根本任务的意见》中,并被置于深化课程改革、落实立德树人根本任务的首要位置,成为研制学业质量标准、修订课程方案和课程标准的重要依据。核心素养开始进入我们的视野。

2016年9月,中国学生发展核心素养总体框架正式发布。它以培养"全面发展的人"为核心,从文化基础、自主发展、社会参与三个方面,凝练出人文底蕴、科学精神、学会学习、健康生活、责任担当、实践创新六大素养。核心素养总体框架的发布,引发了社会的高度关注。核心素养成为中小学教育教学研讨的主题词。

2016年年底,基于学科核心素养的高中新课程标准修订稿在全国征求意见,现已进入正式颁布的倒计时阶段。核心素养开始进入课程,走进中小学。中国基础教育已迈入核心素养的新时代。

那么,究竟什么叫素养?什么叫核心素养?什么叫学科核心素养?为什么要从三维目标走向核心素养?核心素养形成的机制和路径是什么?核心素养究竟如何落地?课堂教学怎样培育学生的核心素养?这些问题是我们一线教师最为关心的。

针对这些问题,本书试图从理论与实践相结合的角度做出系统回应。本书包括三个主题:核心素养的意义、核心素养导向的教学观重建、核心素养导向的教学基本策略。第一个主题"核心素养的意义",系统梳理并深入阐述了核心素养的相关概念和基本原理,揭示了核心素养(学科核心素养)形成的机制和规律。如果概念不清、理论不明,且战且行,改革必然会迷失方向,走入误区。因此,本主题是全书的方向和基石。第二个主题"核心素养导向的教学观重建",集中阐述了从知识本位的教学转向素养本位的教学必须确立的新型教学观。观念是行动的指南,教学改革必须从教学观念的转变、更新开始。因此,本主题是全书的关键和先导。第三个主题"核心素养导向的教学基本策略",重点阐述了让核心素养落地的课堂教学的具体路径和方法。策略是从观念走向行动、从理论走向实践的操作系统,只有将观念和理论转化为实施策略和行动方案,核心素养才能真正落地。因此,本主题是全书的重心和落脚点。

本书的编写力求做到深入浅出、简明扼要,既注重理论内涵的深度剖析,又注重实践应用的策略介绍。理论联系实际,鼓励学以致用,是本书的理念和特点。

值得一提的是,虽然本次基于核心素养的课程改革(课程标准修订)是从高中阶段开始的,但是我们确信,对学科核心素养的研制和提炼,义务教育阶段和高中阶段在出发点和大方向上是一致的。义务教育阶段的学科核心素养不可能抛开高中阶段的学科核心素养而"另起炉灶"。所以,义务教育阶段的教师要有超前的意识,即使在义务教育课程标准尚未做新修订的情况下,也要自觉地以高中阶段的学科核心素养为参照,准确领会学科核心素养的完整内涵和实现路径,做到"为我所用",结合学段特点,把学科核心素养有机地融入自己的学科教学实践之中。这既是义务教育阶段的教师教育教学的任务,也是高中阶段的教师培育学科核心素养的基础。

本书在内容的选择和阐述上,是立足于整个基础教育的,既立足于高中,又兼顾义务教育阶段,其中不少案例是来自小学的。希望本书对每位中小学教师都有所裨益!

第一篇

核心素养的意义

核心素养的意义

≫ 本次课程改革（课程标准修订）是从研制、提炼核心素养开始的。核心素养是贯穿课程标准修订的一根红线，也是课程实施和教学改革的方向和总纲。

第一章
素养与核心素养

> >> 既然本次课程改革是从研制、提炼核心素养开始的,那么我们首先就要弄清楚核心素养的内涵。如果概念不清、理论不明,且战且行,改革必然会迷失方向,走入误区。

第一节 素养

简单地说,素养指的是沉淀在人身上的对人的发展、生活、学习有价值、有意义的东西。素养究竟是怎么来的?它包括哪些内涵?具有哪些特征?

一、素养的来源

(一)素养与素质

"素质"就其本义而言指的是人生而有之、先天具备的东西。按照《现代汉语规范词典》的解释:"素",即本色;"素质",即事物本来的性质、特点或人的生理上的先天特点。从这个角度说,素质是与生俱来的、纯先天的,是人发展的基础、可能性和条件,对一个人发展的水平和质量有着重要的甚至是决定性的影响。在现实生活中,我们也的确发现有些人天赋极高、智商超群,学什么都轻而易举;有些人则在某个特定领域有天赋,比如音乐、绘画、空间想象、记忆、身体运动等。我们也发现有的人天性善良，有的人天生丽质，有的人长命百岁，等等，这些确实在很大程度上可以归因为遗传。就像柏拉图所说的那样，每个人通过遗传获得的"金银铜"各不相同，因而各自的发展走向也不同。

先天的素质要是有缺陷，后天的教育和努力往往力不从心。当然，我们平时也说"某人素质真差"，但这里的"素质"不是指遗传的东西，而是指人的道德修养。我国多年来所倡导的素质教育中的"素质"，其内涵也更多地指向后天和教育。正如史宁中教授所言，它是"人通过合适的教育和影响而获得与形成的各种优良特征，包括学识特征、能力特征和品质特征。对学生而言，这些特征的综合统一构成他们未来从事社会工作、社会活动和社会生活的基本素养或基本条件"。[①] 当我们区分素质和素养时，我们强调前者是先天的禀赋，后者是后天的产物。这一点尤其表现在生理方面。我们讲生理素质而不讲生理素养，就是因为两者存在先天和后天的差别。从广义角度讲，素质是素养的上位概念，"人的素质经由生理、心理、文化、思想等不同层次，不断提升，逐步完善。……从生理、心理，到文化、思想，素质的可塑性，即可教性（可学性）逐渐增强，也就是说，先天禀赋成分逐渐减少，而后天教养（素养）成分逐渐增加"。[②]

（二）素养与教养

从学理角度说，教养即教育出来的素养。一个人的天赋如果得不到适合的教育和训练，是不可能得到发展的，尤其不能发展成为专业性的素养。教育使人成其为人，人的很多素养都是教育的产物。对此，不少大师有过深刻的论述。康德在其《论教育学》一书中强调，"人是唯一必须受教育的被造物"，而且，"人只有通过教育才能成为人。除了教育从他身上所造就出来的东西外，他什么都不是"。[③] 卢梭也指出："植物的形成由于栽培，人

[①] 史宁中，柳海民. 素质教育的根本目的与实施路径 [J]. 教育研究，2007（8）.

[②] 柳夕浪. 从"素质"到"核心素养"：关于"培养什么样的人"的进一步追问 [J]. 教育科学研究，2014（3）.

[③] 伊曼努尔·康德. 论教育学 [M]. 赵鹏，何兆武，译. 上海：上海人民出版社，2005：3、5.

的形成由于教育。"① 洛克则在《教育漫话》一书中开篇就旗帜鲜明地指出："我承认有些人的身心生来就很坚实、健康，用不着别人多少帮助。他们凭着天赋的才力，自幼便能向着最好的境界去发展；凭着天赋的体质，能够做出奇迹。但是这样的人原来是很少的。我敢说，我们日常所见到的人之所以或好或坏，或有用或无用，十分之九都是由他们接受的教育所决定的。人类之所以千差万别，便是由于教育之故。"② 总之，在现实社会中，"人"的定义早已不单单是生物学意义上的两腿直立行走的动物，更是一种追求精神并从精神上获得愉悦的动物，而这种动物需要通过教育和修炼才能成长起来。

不过，我们平常所说的教养，强调的不是"教"，而是"养"，广义上指的是人的整体的全部素养，狭义上指的是人的道德品质。实际上，平常所说的教养也就是个人的修养和涵养。尽管如此，我们这里主要强调的仍是教养的本义，即教育出来的素养。字面上是"教养"，实质上应该是"育养"。人的素养更多的不是教出来的，而是育出来的。我们学校教育的突出问题就是"教得多"而"育得少"。教像"工业"，育像"农业"。教出来的多半是外在的知识和技能，育出来的才是内在的能力和品格。

（三）素养与修养、涵养

从字面上讲，修养、涵养即自我经过修炼、涵泳而形成的素养，它强调自我教育在素养形成中的作用。公共场合有人抽烟，餐馆和地铁里有人大声喧哗，可是你不；不管出身和背景如何，你都努力做一个更好的人……这就是个人修养（涵养）让你与众不同。"修"和"涵"既能凸显自我教育的意义，又能反映素养的实质和内涵。的确，在素养形成的过程中，自我教育起了关键的作用。一个人若是没有自我教育的意识和能力，外在的教育根本进不了人的内心，素养也就无从谈起。奥黛丽·赫本被誉为人间天使，不仅仅因其貌美，貌美的人很多；也不仅仅因其学历，比她学历高的比比皆是，而是她用一生诠释了"修养"这个概念。正如她在遗言里所说，若要优美的嘴

---

① 张焕庭.西方资产阶级教育论著选[M].北京：人民教育出版社，1979：95.
② 约翰·洛克.教育漫话[M].傅任敢，译.北京：人民教育出版社，1985：24.

唇，就要讲亲切的话；若要可爱的眼睛，就要看到别人的好处；若要苗条的身材，就要把食物分享给饥饿的人；若要美丽的秀发，就要让孩子每天抚摸它；若要优雅的姿态，走路时就要记住行人不只你一个。

（四）素养与文明、习性

从个体的角度讲，素养是个体的习性、习惯；从社会的角度讲，素养是一种社会价值、一种人类文明。

从根本上讲，人是环境的产物。环境中每个成员的言行，都是融入一个人成长过程的"建材"，感染着这个人的思想感情与行为，左右着这个人的生活态度。可以说，环境给一个人的影响，除有形的模仿以外，更重要的是无形的塑造。

由于文化、环境、制度的差异，人与人之间，特别是不同民族、不同国家的人之间，习性的差异是很大的。这里要特别强调的是文化对人的作用。"人是文化的产物，不仅我们的观念、价值、感情和行为模式是文化的产物，就连我们的感觉方式、思维方式以至整个神经系统都是文化的产物。人的一言一行都体现着他所生活于其中的文化。人性就是文化性，和人打交道就是和他所属的文化打交道，理解一个人也就意味着理解他所代表的文化。"①

总之，就来源而言，素养来自遗传（基因、天性、天赋）、环境（文化、制度）、教育和自我教育；就形成机制而言，素养是这些因素共同作用的产物，其中教育发挥着主导作用。

二、素养的构成

（一）素养是一个人的"精神长相"

林肯说过，四十岁以上的人要对自己的长相负责。人的长相分为身体长相和精神长相（外貌和气质），林肯指的自然是精神长相。精神长相就是

---

① 石中英.重塑教育知识中"人的形象"[J].教育研究，2002（6）.

一个人的素养的外在表现,我们可以透过一个人的精神长相,了解他的内在素养。一个人的素养——学识、智慧、道德、态度、品格、思想、精神等一定会通过其言行举止和神态表情表现出来,一个人受教育的过程其实就是塑造自己精神长相、涵泳自己气质风貌的过程。这其中我们特别强调阅读的作用,因为阅读可以塑造个人外表的优雅和谈吐的风味。正如古人所云,三日不读,便觉语言无味,面目可憎。

(二)素养是一个人的"人格"

人格是指个人在先天和后天各种因素交互作用过程中形成的内在动力组织和相应行为模式的统一体,是能代表个人个性特点的稳定的心理品质。这些心理品质可以归结为个人一定的价值观、道德观和心理素质等,并通过一定的思维方式、行为模式和情绪反应表现出来,使个人呈现出独特的性格和气质。

从心理学角度讲,人格包括性格和气质,是一个中性的概念。但是,素养展现的却是积极的方面,或者说,一个人只有形成良好的性格和气质,才称得上是一个有素养的人。从教育学角度讲,人格是一个人内心世界的全部,即人的精神世界,多指个性中有格调、有品位的精神内容,特别表现在道德方面。我们平常也多在道德意义上使用人格这个概念。我们说一个人的人格有问题或有缺陷,指的就是这个人道德品质有问题,也就是个人素养有问题。"'核心素养'指的就是那些一经习得便与个体生活、生命不可剥离的,并且具有较高的稳定性,有可能伴随一生的素养。其根本特质不在于量的积累,而在于生命个体品质与气质的变化和提升。"[①]

(三)素养是一个人的"行为习惯"

行为习惯是一个人行为方式的自动化(天长日久养成的固定行为模式),是不需要思考和意志努力的行为方式。也就是说,当一个人形成了某

---

① 王红,吴颖民.放慢知识的脚步,回到核心基础[J].人民教育,2015(7).

种行为习惯之后，再也不需要他人的督促或自己的提醒，就能自然而然并轻松自如地完成那种行为，也就是达到了条件反射的程度（或者说达到了"无须提醒的自觉"的境界）。正如古语所言："少成若天性，习惯如自然。"关键在于，这些行为还会带来积极的正面的心理体验。所有的道德行为只有形成习惯，才能成为一种品质、一种素养，否则都是不可持续的。一个人的素养的形成过程是各种良好习惯的形成过程，或者说，一个有教养的人是有很多好习惯的人。难怪叶圣陶先生这样认为：教育往简单方面说，就是养成良好的习惯。

（四）素养是一个人的"思维方式"

一个人怎么认识世界，怎么思考问题，集中反映了一个人在智力、学识上的素养。

从认识论的角度分析，可以把思维方式看作人的认识定式和认识运行模式的总和。从个体的角度分析，思维方式是个体思维的层次（深度）、结构（类型）、方向（思路）的综合表现，是一个人认知素质的核心。正如美国教育学家克洛威尔所说，教育面临的最大挑战，不是技术，不是资源，不是责任感，而是发现新的思维方法。从学生学习的角度分析，思维方式反映了学生认识事物的立场和视角，也决定了他们解决问题的思路和方向，对学生的学习质量和水平具有根本的制约作用。学生在掌握知识和发展能力等诸多方面存在的各种问题，都能在思维方式上找到根源。当前，学生思维方式的问题突出表现在对立化（简单化、绝对化）和封闭化（模式化、僵化、固化）上。

对立化思维是一种非此即彼、非好即坏的简单的线性思维方式。以这种思维方式来看待和分析事物，往往容易将相互联系、相互渗透、相互包含的事物置于互不相容的两极，其结果就是割裂了事物之间的复杂联系，将问题简单化、形式化、绝对化，从而影响相关认识和实践活动的健康发展。要改变相互割裂的、非此即彼的思维方式，必须坚持以唯物辩证法为方法论基础，确立一种关系的、辩证的思维方式。学生如果认识问题单一化、绝对化，对对与错、正与反、爱与恨、肯定与否定、拥护与赞成持一种看法、一种态度，不会从联系的角度辩证地看待事物，不会从不同角度（包括相反的角度）认识、分析问题，进行全面的论证，不仅思维会变得单一、片面，视野也会变得狭隘。

封闭式思维是一种走"套路"的思维模式，即用既有的套路和模式来解释和分析所有的认识对象和问题。从哲学角度讲，它就是本质主义的思维方式，即它是一种先在地设定对象的本质，然后用此种本质来解释对象的存在和发展的思维模式。本质主义思维方式具有决定性、预设性、确定性等特性。生命是一种开放性、生成性的存在，人的思维也应该具有开放性、生成性的特点。这是人的能力得以不断发展的内在机制。思维一旦模式化、格式化，就不可能有创新，能力发展也就停止了。不少学者批评我们的学生没有个性，"感觉好学生就是一个模式（培养）出来的，都是乖孩子，听话，缺乏独立性和批判性"。[①] 中国科学院动物学家杨卫平发出质疑："现在，我们一不缺钱，二不缺仪器设备，三不缺勤奋努力，为什么到头来原创性成果还是比不过别人？"[②] 这个问题的根源也是思维方式的问题。思维的模式化、格式化导致原创思维的欠缺和丧失。在应试教育中，学生只会解题，不会发现和提出问题；只会解常规题，不会解非常规题；只会求同，不会求异。

学校和教师要将培养学生的科学思维方式提升到奠基学生能力、关乎人生长远发展的高度来认识。当前，要从以下三点着力。第一，要注重科学精神和客观性思维能力的培养，即培养学生用事实进行论证、用逻辑进行推理的思维能力。孔子一生以"毋意、毋必、毋固、毋我"要求自己。"毋意"是指做事不能凭空猜测、主观臆断，一切应以事实为依据；"毋必"是指凡事不能绝对肯定或否定，所谓事无绝对，应一分为二地看待问题。非常明显地体现了辩证思想；"毋固"是指不能拘泥固执，每个人的知识都是有限的，一味地固执只能使自己偏离正确的轨道；"毋我"是指不要自以

---

① 陈吉宁.杰出人才不是"培养"出来的［J］.水木清华，2014（4）.
② 任荃.中国"牛顿"："苹果树"在哪［N］.文汇报，2004-10-19（5）.

为是。第二，要注重批判性思维和能力的培养，即注重培养学生独立、个性、新颖的思维和想象能力。第三，要注重把单向思维的培养改为双向思维的培养。具体来说，就是要把我国多年来偏重的演绎思维的培养变成演绎与归纳两种思维并重的培养。

三、素养的特性

素养有哪些特性？讨论这个问题有个基本的前提，即弄清素养与知识、能力的联系和区别。知识、能力、素养三者都是人所具有的，同时也是可以转化的。知识、能力可以转化为素养，素养也可以转化为知识、能力。这是三者相互联系的一面，而三者的不同突出表现在：

就结构而言，知识在人的外层，能力在人的中层，素养在人的内层。也就是说，素养跟人的关系最紧密。知识、能力一般只停留在人的认知领域，而素养则进入人的情意、精神，乃至于血液、神经，和人的整个生命融为一体，变成人的一种天性、习惯、气质、性格，所以它会在一切场合、一切活动中自然流露、表现出来，这是素养最本质的特点。

就成分而言，素养具有综合性、包容性。一般来说，能力包含知识，而素养则包含知识和能力，但值得强调的是，不是所有的知识和能力都能转化为素养。只有当知识由公共知识真正转化为个体知识，能力由特殊情境的能力（只在特殊情境下表现出来的能力，极端的例子就是应试能力）转化为有普适意义的能力（具有广泛的迁移性）的时候，知识和能力才会变成人的一种素养。反过来说，最有价值的知识和能力就是可以转化为素养的知识和能力。

就内容而言，素养具有广泛性。素养涵盖了除知识、能力之外的其他非常广泛的内容，是人的整体生命气象。这其中，有的跟知识、能力关系密切（甚至互为基础、互相转化），有的只有间接的关系，有的甚至没有什么必然联系。但是，它们也是素养的重要组成部分，对一个人的成长和发展同样不可缺少。从这个角度讲，只停留在传授知识和培养能力上的教育是远远不够的。

就表现而言，素养具有稳定性、一致性。构成素养的内容和特征必须是经常的、稳定的、一贯的表现，就像构成个性的特征一样。举个例子，对于开车遇到红灯要停这一交通规则，人们如果形成了一种素养，那么不管在什么时候（白天还是晚上抑或是深夜），不管有没有警察在场，有没有监控部署，有没有行人，遇到红灯都会自觉停车。同样的道理，一个人在待人接物方面的素养，也表现为对待所有人——不管是上司还是下属，是相识的还是不相识的——都一视同仁。学习方面的素养也一样，只有当学生身上能够一贯而稳定地表现出一种学习行为或思维活动的时候，才算形成了一种学识上的素养。比如，只有当一个学生能够经常提出新问题、冒出新创意时，我们才能说这个学生具备了创新的素养。

就功能而言，素养是一个人的精神财富，它是人生意义、人生价值、人生幸福的支撑。素养决定一个人的人生高度和深度，决定一个人的生活品质和品位。素养让人活得有尊严、有意义、有价值、有境界。对个人如此，对社会也是一样。一个社会的文明，取决于这个社会所有成员的素养。孟子有言，"人之有道也，饱食、暖衣、逸居而无教，则近于禽兽"。素养的本质在于人的精神生活，而不在于物质生活。联系到现实，现在物质生活水平大大提高了，但很多人虽腰缠万贯可精神却是空虚的，因而被称为"土豪"。而有素养的人则会像鲜花一样，无论何人看到，都会产生愉悦和舒适的感觉。古人说过，才胜德者谓之小人，德胜才者谓之君子。这也是"土豪"与"贵族"的区别。

个人的发展如此，国家、民族的发展也是如此。正如马丁·路德所说："一个国家的繁荣，不取决于它的国库之殷实，不取决于它的城堡之坚固，也不取决于它的公共设施之华丽；而取决于它的公民的文明素养，即取决于人们所受的教育、人们的远见卓识和品格的高下。这才是真正的厉害所在，真正的力量所在。"[①]

[①] 塞缪尔·斯迈尔斯.品格的力量［M］.刘曙光，等，译.北京：北京图书馆出版社，1999：1.

第二节 核心素养

素养渗透于人的整个心灵，涵盖了人的全部精神世界。它的形成是多种复杂因素相互作用的结果。从教育的角度讲，我们必须凸显素养中最重要的组成部分，即核心素养，它是学校教育的聚焦点和着力点。

一、核心的意蕴

（一）基础性

核心素养是其他素养发展的基础，是个人终身发展和可持续发展的基础。我们知道，基础教育就像地基，只有地基坚固，才能支撑起形态各异、风格独特的建筑。"基础教育的本质就在于它的'基础性'，它是与处在基础教育阶段的学生特点相联系的，它的特征就像是生命科学试验的'培养基'，其作用在于为处在本阶段的学生下一个阶段的发展和成长奠定基础。唯有坚守'基础性'，我们的教育才不至于偏离轨道，走向或唯智，或唯才，或唯考……进而出现'抢跑教育'。"[①] 有个关于毛竹成长的说法：毛竹在栽种后的最初4年中仅仅长了3厘米，但从第5年开始，它会以每天大约30厘米的速度疯狂生长，仅用6周就能长到15米。其实，在前面的4年中，毛竹已经将根在土壤里延伸了数百平方米。人的发展亦是如此，要在基础和根基上下足功夫，才能赢得未来。

（二）生长性

核心素养会生长出其他素养，就像受精卵一样，不断通过细胞分裂，形成一个鲜活的生命。如果说受精卵是生命的源头，核心素养则是一个人精神的源头，是其他素养的种子，为人的素养的全面形成提供持续的动力，因此也被称为"素养的DNA"。就像一个人一旦形成了道德的、人性的、

---

① 王红，吴颖民. 放慢知识的脚步，回到核心基础［J］. 人民教育，2015（7）.

利他的思维方式，就容易形成其他优秀的道德品质；相反，若一个人的思维方式是不道德的、非人性的、单一利己的，就不可能形成优秀的道德品质。"对于基础教育而言，积极的学习态度、进取心、抗挫力，应该比知识教学、能力训练更重要。一个人的知识可以不丰富，一个人的能力可以不突出，只要他的进取心在，抗挫力强，这个人的未来发展依然充满美好。"[1]这里的核心问题是：何种素养具备成为核心素养的资格呢？谢维和教授在谈及这个问题时说："什么素养对儿童和青少年学生未来的健康发展具有一种预示力？这种预示力的基本含义是儿童和青少年学生应该具备，并且能够一直持续影响他们一生的某些素养，是若干由此能够预测儿童和青少年学生未来基本走向，并使他们终身受益的素养。中国的俗话'三岁看大、七岁看老'反映的正是这样一种预示力。而这种预示力正是核心素养的基本资格。"[2]

（三）共同性

核心素养是每个人必备的素养。它不只归属于特定的人群，而是人之为人的"最大公约数"，是合格公民、优秀公民的共同基因，是每个人参与社会生活的必备条件；它也是人生发展、人生幸福的"最大公约数"，是所有人终身发展的共同的必备要素。人是社会性动物，需要共同生活、共同发展，所以必须具备共同的素养，这强调的是人的公共性。核心素养是一种普适性素养，它不只适用于特定情境、特定学科，而且适用于一切情境、一切学科。

（四）关键性

关键性有两层意思。一是说这些素养本身是关键的，核心即关键，关键性是核心素养最显著的特性。关键即少到不能再少了，这是从量的角度来讲的；从质的角度讲，关键即精，即精华所在。它要求我们从基础性、生长

---

[1] 姚虎雄.回到常识：再谈"素养为重"[J].人民教育，2014（14）.
[2] 谢维和.谈核心素养的"资格"[J].中国教育学刊，2016（5）.

性、共同性的素养中进一步筛选，最后提炼出精华。二是说这些素养形成的时间是关键的，即基础教育阶段是形成这些素养的关键时间，错过了这个时间，这些素养就很难形成了。正如有学者所说，人们在基础教育阶段读的书会进入血液和神经，会成为精神的一部分。错过了这一时段，就难以达到这样的效果了。

二、核心素养的内涵

教育部在《关于全面深化课程改革 落实立德树人根本任务的意见》中，明确把核心素养的内涵界定为"学生应具备的适应终身发展和社会发展需要的必备品格和关键能力"。为什么是品格和能力？这是因为品格（必备品格）是一个人做人的根基，是幸福人生（道德人生）的基石；能力（关键能力）是一个人做事的根基，是成功人生（智慧人生）的基石。品格是人作为主体最富有人性的一种本质力量，内蕴着人的道德性、精神性与利他性；能力则是人作为主体最引以为傲的一种本质力量，内蕴着人的创造性、能动性与内发性。

哲学家罗素认为，智慧不足和道德缺陷是人类灾难的两大根源。无论是对于个人的发展，还是对于社会的进步，智慧（能力）和道德（品格）都是具有决定性的两种力量，缺一不可。对于这一点，我们甚至可以从"人"字本身得到启迪。"人"字一撇一捺，一撇代表品格，一捺代表能力，两者相互扶持，相互支撑，才形成一个完美的人。它告诉我们，一个真正的人必须是德与才的和谐统一。高洁的品格和卓越的才干不仅是有志者腾飞的双翼，也是其终身的奋斗目标。套用现在时髦的话来说，能力是一个人的硬实力，品格是一个人的软实力。一个人有多大的能量，能走多远，能成就多大的事业，甚至能拥有多强的幸福感，都取决于他的实力——硬实力和软实力。从心理学的角度讲，能力是人的智力因素（智商，其中最核心的因素是创造力），品格是人的非智力因素（情商，其中最核心的因素是坚毅力），智力因素（智商）和非智力因素（情商）的结合才构成一个人完整的精神世界。从文化的角度讲，能力指的是人在科学维度上的素质

（科学精神），品格指的是人在人文维度上的素质（人文情怀），一个健全的人必须同时具备科学精神和人文情怀。

总之，能力与品格是人的两种最宝贵的精神财富，一方面，它们具有相对的独立性，表现为它们有各自的内涵、特点和形成机制。另一方面，它们又具有内在的关联性，表现为彼此在内涵上有交叉，在形成上相互促进。在核心素养的形成上，我们强调两者的互动和融合。

就实际表现而言，核心素养指的是个体在面对复杂的、不确定的现实生活情境时，能够综合运用特定学习方式所孕育出来的（跨）学科观念、思维模式和探究技能，结构化的（跨）学科知识和技能，以及世界观、人生观和价值观在内的动力系统，进行分析情境、提出问题、解决问题、交流结果的综合性品质。比如科学探究能力，就是个体在各种情境下持之以恒地观察现象，研究问题，形成猜想、假设或解释，通过一系列方法获取数据，对猜想或假设进行反复论证的过程中所表现出来的一种品质。

（一）关键能力

1. 能力的意义

从心理学角度讲，能力属于个性心理特征，是保证人们成功进行实际活动的一系列稳固心理特点的综合。能力有广义和狭义之分，狭义的能力指的是认识能力或智力，是保证人们有效认识客观事物的稳固心理特点的综合。我们所说的能力往往是指狭义的能力。当然，我们现在也强调各种实践能力和实验能力的培养，但是，从基础教育的性质和学生心理发展的规律来看，其主体、核心和基础应该是认识能力，特别是思维能力。能力与学校教育密不可分，它既是学校教育的基础和前提，又是学校教育的目的和结果。从学校教育的角度讲，能力有如下三个特点。

① 剩下来的东西

遗忘掉的东西是所学的具体知识和内容，而剩下来的就是所谓的能力和素质。智力是人在认识过程中逐步形成和沉淀下来的东西（一系列稳固心理特点），而具体的认识过程和任务则会被遗忘或过滤掉。就像人吃食物一样，经过人体咀嚼、吞咽、消化，有的被人体排泄出去，有的被人体吸收进来。教育中被吸收进来的东西，就会内化为人的素质，成为精神的一部分。反过来说，教育是允许遗忘的，我们不应该本末倒置地要求学生死记硬背所学的具体知识和内容，而要鼓励他们透过具体的知识和内容去把握、洞察、挖掘其所蕴含的思维方式、认识方法和价值观、文化意义。这些东西是最有价值的，是最应该被人吸收的。

从学生学习的角度讲，最重要的是要理解和体验知识的意义。正如朱小蔓所说："人们在掌握知识时，如果没有理解意义，那么，在知识被淡忘以后，它就很难留下什么；如果人们在学习知识时理解了它对生命的意义，即使知识已被遗忘,这种意义定可以永远地融合在生命之中。"[①] 从教师教学的角度讲，最重要的是要把课内与课外、知识与生活、理论与实践有机统一起来，将课堂教学转化为学生课外日常生活当中的成长行为，并逐步变成他们的成长自觉。

能力与知识是密切相关的。司成勇在论述两者的关系时说："能力不是无本之木，不是无源之水，它是由知识转化而来的。但能力又不是知识，它是知识被消化吸收以后，沉淀而成的知识的'结晶体'，是知识的'浓缩液'。没有知识的积累，也就没有能力。知识好比是花粉，能力好比是蜂蜜。或者说，知识好比是化学原料，能力好比是化工产品。……人们经常抨击的'高分低能'现象，实际上就是只注意知识积累、忽视能力培养的教育现象，即一个人虽然有了一定的知识积累，甚至是大量的知识积累，但他的知识只是死的知识，甚至机械记忆的知识，只注重了量的积累，而忽视了结构的改造，没有完成对知识的浓缩和结晶等加工制作的工作。这种知识一方面容易遗忘，另一方面不容易被有效地应用，更难以灵活应用。也就是说，他们的知识没有完成向能力的转化过程，是'夹生饭'，没熟，没有被彻底消化和吸收。所谓有能力的人，就是能够灵活地、创造性地运

---

① 朱小蔓.教育的问题与挑战：思想的回应［M］.南京：南京师范大学出版社，2000：179.

用知识的人。"[1]

② 带得走的东西

中小学教育是基础教育，其核心任务是为学习者的后续发展打基础，为学习者的终身学习做准备，所以学校所教的东西应该让学生"带得走"，应该陪伴学生行走一生。"带得走"的东西可以使学生终身受益，但并不意味着它就会立即生效，它往往要经过漫长的过程才会产生效果，但这种延迟显现的效果却是真正有效的甚至长效的。在普林斯顿高等研究院里，有一行字被书写在醒目的位置上："只有无用的知识，才是最终有用的。"这也正如庄子所言，无用之用，方为大用。

"带得走"的东西内涵相当丰富，在苏霍姆林斯基看来，它的核心内涵是指让学生掌握进行学习活动所不可缺少的最基本的技能技巧。实际上，它不仅是现在，也是将来学习和生活所必不可少的技能。这种技能是智力劳动须臾不离的，就像钉、锤、锯、刀对于工匠是须臾不离的一样。工具是带得走的，而作品是带不走的。苏霍姆林斯基把学生进行智力劳动的技能，也称作刀锯或工具。他把他认为最主要的五项基本技能——"阅读""书写""观察""思考"和"表达"称之为学习上的五把"刀锯"，认为这是人一生受用不尽的无价之宝。反之，一个人如果在年幼时不注意打好这个根基，以后的全部学习，乃至生活都将遇到极大的，甚至是无法克服的困难。带得走的显然是学习的技能和能力，而带不走或无须带走的则是学习的内容和结果。不要给学生背不动的书包，要给他们带得走的礼物。

③ 可再生的东西

能力指的是能增值的东西，即能力会产生和创造出其他知识、技能和能力。如果说知识是一棵大树的树叶，那么能力就是树根。树叶的生命不会长久，会在某些季节落下来，但是如果树根扎得深厚，足够茁壮有力，那么当老的树叶落了之后，新的树叶会在合适的季节重新生长出来。能力和树根一样具有生长性和可持续的发展性，有了能力就有了根，能够随时生长出知识。以前我们错误地以为知识是能力的基础，以为知识掌握好了，

---

[1] 司成勇. 教育之后"剩下来的是什么"[J]. 教学与管理, 2011（4）.

能力自然就有了。实践证明，就知识教知识，就知识学知识，很容易培养出"高分低能"的书呆子。

在基础教育阶段，我们应该将重点放在培养能力上，还是放在传授知识上？一位旅美教师对中美基础教育的对比可以提供启发："美国小学是知识的吝啬鬼，严格限制孩子得到知识的数量，一个月只允许孩子得到一个知识，孩子每得到一个知识都需要付出很多的汗水和辛苦。在这个过程中，动手、思考和感悟比知识本身更重要。孩子对知识总是有渴望的感觉。而中国的小学教育是一个贪婪鬼，把知识当成了免费的黄金珠宝。中国教育者不知道知识与智慧的关系，总是让孩子直接得到越来越多的知识。""美国教育一个月的知识量只相当于中国教育一天的知识量。相差 29 天，这 29 天就是感悟的时间。通过让孩子感悟，美国教育比中国教育多产生了一个东西：智慧。美国学生比中国学生多产生了一个东西：创新能力。"[①]

能力在学习中的突出表现就是举一反三、闻一知十。能力就像一根有灵性的红线，能够把散落的知识珍珠串起来；能力就像一块大磁铁，能够把一点点的知识铁屑吸引过去。有能力的学习能够达到事半功倍的效果。

2. 关键能力

我们从学习过程（认知加工）的角度，把学生的学习能力分为阅读能力（输入）、思考能力（加工）和表达能力（输出）三种。这三种能力是学生学习的基本能力、核心能力，具有基础性、生长性、共同性、关键性特征，其他能力如创新能力、研究能力、设计能力、策划能力等都是建立在其上的。这三种能力是人生走向成功的基石。

① 阅读能力——不会阅读的学生是潜在的差生

阅读是看书，但不是一般意义上的浏览，看并领会其内容才是阅读，领会意味着把看到的东西纳入已有的知识和经验中去，使其连成一体。

我们知道，阅读是学生获得新知识的主要手段，是发展学生智力的重要途径。苏霍姆林斯基在《给教师的建议》一书中说："必须教会少年阅

[①] 李帆. 寻找教育独特的灵魂：写在 2011 年岁末的思考 [J]. 人民教育，2012（1）.

读!凡是没有学会流利地、有理解地阅读的人,就不可能顺利地掌握知识。在小学中就应该使阅读达到完善的程度,否则就谈不上让学生自觉地掌握知识。"① 为什么有些学生在童年时期聪明伶俐、理解力强、勤学好问,而到了少年时期,却变得智力下降、对待知识的态度冷淡、头脑不灵活了呢?就是因为他们不会阅读。总之,阅读对学生的发展是至关重要的。不会阅读的学生是潜在的差生,阅读能力是最基础、最关键的学习能力,它直接决定着学生学习效果的好坏和学习效率的高低。

从教学角度讲,所谓的阅读能力也就是叶圣陶先生所讲的"自能读书"——自己能够读懂教材。当然这个阅读可能是个反复多次的过程,依学生的阅读水平和教材的难度而定。也就是说,课堂教学必须从以听讲为基础走向以阅读为基础,这是其一。其二,从教师角度讲,凡是学生自己能读懂的内容,坚决不讲、不教,教师讲的、教的必须是学生读不懂的知识。知识是学生自己学会的还是教师教会的,这对学生的发展具有截然不同的价值和意义。

② 思考能力——不会思考的学生是没有潜力的学生

思考无疑是一种思维活动,但什么样的思维活动才称得上思考?教育家杜威在《我们如何思维》一书中指出思维具有这样几个层次:"首先是一种广泛的甚至可以说是不严谨的用法——凡是脑子里想到的,都可以说是思维。第二种,是指我们对于自己并未直接见到、听到、嗅到、接触到的事物的想法。第三种含义则是更窄一点,指人们根据某种征象或某种证据而得出自己的信念。这一种含义又可以再区分为两种:在某些情况下,人们并没有多想,甚至完全没有去想根据何在,就得出自己的信念。在另一些情况下,人们则是用心搜寻证据,确信证据充足,才形成信念。这一思维过程就叫思考、思索。"② 杜威强调,只有这种思维才有教育意义。而《现代汉语词典》是这样表述的:"思考是比较深刻、周到的思维活动。"

---

① 苏霍姆林斯基. 给教师的建议[M]. 杜殿坤,编译. 北京:教育科学出版社,1984:52.

② 约翰·杜威. 我们如何思维[M]. 伍中友,译. 北京:新华出版社,2010:3.

据此，我们认为思考具有以下特点。

第一，有根据的思维。思考不是主观臆想，而是以事实、数据和已经得到证实的知识作为依据进行的推论和思维。

第二，有条理的思维，即周到、系统、有逻辑的思维。事物联系、发展、变化的秩序是其内在逻辑，逻辑混乱、杂乱无章就是无序，就不是思考。

第三，有深度的思维，即直抵事物本质的思维。深度既包括思维方式、方法和过程的深度，也包括思维对象的深度。

以上三点既是思考的特点，又是检验一种思维是否是思考的评判标准。

从教育的角度讲，思考强调的是主体性，即独立性和创造性。思考是学生个体独立自主的独特思维，而不是被思维，不是复制思维，只有这样，思考才能成为学生的一种思维能力和一种学科素养，否则只能沦为思维方式或技能。

能思考的人才是力量无边的人。思考能力是最核心、最根本的学习能力，直接决定学生学习的水平和质量。心理学研究告诉我们，在相同的时间内学习相同的内容，能进行深入思考的学生比只是记下教师所教内容的学生，能够更好地理解和记忆学习内容。学生只有通过思考才能理解知识，才能把外在的知识转化为内在的知识。只有思考的学习才是有意义的、有价值的学习；缺乏思考的学习是一种机械的、被动的、僵死的学习。孔子早就告诉过我们："学而不思则罔，思而不学则殆。"显然，读书是否有所得，关键在于思考。

爱因斯坦强调，应当始终将发展独立思考和独立判断的一般能力放在首位，而不应当把获得专业知识放在首位。在学习中，思考能力主要表现为提问能力，包括发现问题、提出问题、分析问题、解决问题的能力。张楚廷教授强调："能够带上满口袋问题走进课堂的课，算好课；能够在课堂上唤起学生也生问、发问、提问的课，算更好的课；能够唤起学生提问，居然被学生的问题问倒了（教师一时答不出来了）的课，算是最好的课。"[①]为此，他进一步指出："教学，从根本上说，是思考着的教学引导着学生思

[①] 张楚廷.大学里，什么是一堂好课[J].高等教育研究，2007（3）.

考，又让思考着的学生促动教师思考。而在这一过程中，问题是最好的营养剂；在这一过程中，教师的思考和问题意识起着主导的作用。"[1]联合国教科文组织国际教育发展委员会指出："教师的职责已经是越来越少地传授知识，而越来越多地激励思考。"[2]

③ 表达能力——不会表达的学生是没有影响力的学生

"所谓'表达'指的是，把自己内化了的知识以能够传递给他人的形式来表现的过程，或是由于外化而得以表现的内容。"[3]表达首先意味着学生要有自己的想法、观点或思想、感情（由阅读和思考等活动产生的东西）；其次意味着学生能够比较准确、清晰地用自己的语言将其表示出来；再次意味着有人倾听并进行互动和反馈（赞扬、补充、纠正等）。简而言之，表达就是用自己的语言说出对问题的认识。学生能用自己的语言从不同角度、不同侧面来阐述看法或发表意见，这既是理解的重要标志，也是从理解到创新的关键一步。教师在教学中常常发现，学生虽然听得懂，却不能用自己的话说出来，这说明他们没有真正理解，没有想透彻。因此，教师一定要鼓励学生大胆地用自己的语言阐述自己的认识和想法，这样才能促进他们独立思考，把书本的知识转化为自己的知识，同时也能暴露他们在理解过程中的认知错误，便于及时纠正。

从心理学角度讲，表达是一种心理需要，是表现欲得以满足和实现的过程。每个人都有表现自我、影响他人的需要。从教学论角度讲，教是最好的学。《礼记·学记》指出："学然后知不足，教然后知困。知不足，然后能自反也；知困，然后能自强也。故曰：教学相长也。"这段话论述的是一条学习规律。它指出，学不能仅限于潜心自得，还应当尝试施教他人，通过施教这一知识的外化过程强化自己对知识的理解和掌握。陶行知先生也说过："为学而学不如为教而学之亲切。为教而学必须设身处地，努力使

---

[1] 张楚廷.教师的四重奏：教学·学教·教问·问教[J].课程·教材·教法，2008（7）.

[2] 联合国教科文组织国际教育发展委员会.学会生存——教育世界的今天和明天[M].华东师范大学比较教育研究所，译.北京：教育科学出版社，1996：108.

[3] 钟启泉.重视儿童的表达活动[J].基础教育课程，2014（1）.

人明白，既要努力使人明白，自己便自然而然的格外明白了。"①所以他认为，教是最好的学。从社会学角度讲，表达即交往、互动，是一种影响和奉献，也是一种反馈和更正。学习不仅是个体获得知识和发展能力的过程，同时也是人与人之间的交往过程。人正是在与他人的交往和互动中学习着生存所需要的知识、技能和经验等，形成积极的人生观和主动的生存方式，并发展人之为人的一切方面。交往的认识意义表现在：第一，促使知识增值。知识在对话中生成，在交流中重组，在共享中倍增。学生通过交往，分享彼此的思考、经验和知识，丰富学习内容，寻求新的发现。学习过程因此成为课程内容持续生成与转化、课程意义不断建构与提升的过程。第二，活跃学生思维。《礼记·学记》言："独学而无友，则孤陋而寡闻。"缺少交往的学习很难产生思维的碰撞和创造的火花。学习中的交往和互动有助于激发灵感，产生新颖的观点和奇特的思路，从而增强思维的灵活性和广阔性。

表达能力是学习能力的最高体现和综合反映。只有通过表达，知识才能被激活，才能真正被转化、升华为能力，否则学生吸收的可能只是惰性的知识，而不是活性的知识。从学生个体角度讲，每个学生都有表现欲，教学要满足、培养学生的表现欲，给他们展示的机会，这是推动学生学习的内在永恒动力；从学生团体角度讲，表达的过程同时也是倾听的过程，它体现的是共同体的学习理念，即学习过程是同伴分享彼此的思考、经验和见解，交流彼此的情感、体验和观念，从而达到共享、共进的过程。这是儿童共同发展的秘诀。

阅读、思考、表达能力是学生学习的一般能力，是所有学科学习的通用能力。它们与学科能力的关系是一般与特殊、工具与内容的关系。就能力自身发展而言，它们是基础能力，是其他能力的基础。

第一，一般性。德国社会教育学家默滕斯认为，关键能力是那些与一定的专业实际技能不直接相关的知识、能力和技能，它使人在各种不同场合

---

① 华中师范学院教育科学研究所.陶行知全集（第2卷）[M].长沙：湖南教育出版社，1985：48.

和职责情况下做出正确的判断选择，以便胜任人生生涯中各种不可预见的变化。关键能力即通用能力、普适性能力，它指向人的一般发展。一般发展不同于特殊发展（某门学科或某组学科上的发展，如数学才能、语言才能的发展，音乐领域里的音乐听觉、音调感的发展等），苏联教学论专家赞科夫将一般发展与特殊发展两者的关系阐述为："一般发展指的是这样一些个性属性的形成和质变，这些个性属性是学生顺利地掌握任何一门学科教材的基础，而在从学校毕业以后，又是在人类活动的任何一种领域里从事创造性劳动的基础。"[1]"一般发展是特殊发展的牢固基础，并在特殊发展中表现出来，而特殊发展又在促进一般发展。"[2]

第二，工具性。按照对象分，能力可分为工具性能力和内容性能力。工具性能力意味着学生掌握了学习的基本工具和技能（如阅读、思考和表达），是学生在各学科学习过程中表现出来的普遍存在的共同能力（跨学科能力），是学生学习任何学科都会用到的那些通用能力，它构成了学生学习能力的公共项。内容性能力表现为学生掌握了所学学科的独特的思想和思维方法，能够以学科独特的视角提出问题、分析问题和解决问题。它是工具性能力与特定学科的结合体。

第三，基础性。阅读、思考、表达能力是最基础的学习能力，它们就像房屋的地基，其他能力如解题能力、实践能力、创新能力、作文能力、研究能力以及新课程所倡导的自主、合作、探究能力都是建立在它们之上的。这三种能力的基础打得牢固、扎实，其他能力的发展才能水到渠成。

（二）必备品格

1. 品格的意义

罗曼·罗兰曾说，没有伟大的品格，就没有伟大的人，甚至也没有伟

---

[1] 赞科夫.论小学教学［M］.俞翔辉，译.北京：教育科学出版社，1982：22-23.
[2] 赞科夫.教学论与生活［M］.俞翔辉，杜殿坤，译.北京：教育科学出版社，1982：25.

大的艺术家、伟大的行动者。黄解放先生在《当今学校人才培育缺少什么》一文中记录了这样一件事：有一名记者曾采访一位诺贝尔奖获得者，问："您在哪所大学学到了您认为最重要的东西？"那位诺贝尔奖获得者平静地回答："在幼儿园。"记者接着问："您在幼儿园学到了什么呢？"诺贝尔奖获得者说："学到把自己的东西分一半给小伙伴；不是自己的东西不要拿；东西要放整齐；饭前便后要洗手；要诚实，不撒谎；打扰了别人要道歉；做错了事要改正；大自然很美，要仔细观察大自然。我一直是按幼儿园老师教的去做的。"这位诺贝尔奖获得者的答记者问告诉我们两点：一是良好的品行和习惯是一个人事业成功的基本条件；二是小时候受到的教育对人终身发展的作用非常大。这两点是学校和家庭教育要特别重视的问题。少儿时期是孩子品格形成的关键期，在少儿时期忽视甚至放弃孩子的品格教育，必然给孩子的未来留下隐患甚至危险。《中国教育报》（2008年7月21日第3版）曾报道过河南省濮阳市油田第十九中关于品格塑造的做法：不随地吐痰，不随手丢垃圾，不随便拿别人的东西（"三省"）。该校数年来坚持从这些最简单的小事做起，从一个"三省"到几个"三省"。"省吾身，成小事，善为人"，从行为习惯到学习习惯，让习惯成自然，不仅解决了学生的各种行为问题，也塑造了学生良好的品格，当然也让学校的面貌焕然一新：干净的校园、整洁的宿舍、文明有序的学习生活、热情礼貌的学生。

好行为、好习惯是受用一生的财富，其价值远超所谓的海量知识和高分数。笔者曾应邀到一所农村小学指导课程改革，在听了两节课之后，上了一趟学校的卫生间，发现卫生间一点都不卫生，学生几乎到了随地大小便的地步。回到学校办公室，我非常认真地跟校长和老师讲，我们学校的当务之急不是搞课程改革，而是教学生学会正确如厕！有专家指出，衡量一个人是否受过教育的根本标准，不在知识，而在美德（除了各种良好的行为习惯外，还包括那些更具有道德意味的品德，如仁慈、公正、诚实、宽容、讲信用等）。正如肖川教授所指出的："一个受过教育的人，是具有某种品质的人，而不是只'上过学'的人，不是指获得某种学位的人、具有某种学历或文凭的人。"①"品格"二字突出的是一个"品"字,一定要把学生培养成有品质、有品位的人,这才是受教育者应有的形象。"谢谢你""对不起""请原谅"应该成为每个学生常说的话语,"诚信、宽容、感恩"应该成为每个学生常怀的意识。

概括来说,第一,品格即人性。人性是人之为人的东西,是只有人才具备的东西,是人区别于动物、机器的本质性东西。动物和机器也具有一些人的能力,但却不具有人性。人不仅有七情六欲,人还有自由的灵魂、独立的意志、高远的理想、永恒的信仰。第二,品格即精神。精神的本质是超越,人只有超越自己、超越物质、超越现实,才谈得上品位和格调,即品格。第三,品格即行为。品格表现在人的一切活动和言行举止之中,反过来说,人的一切活动和言行举止必定烙上"品格"的印记,这是人区别于人的外观表现。从另一个角度说,一个人的品行只有形成了习惯,达到了无须提醒的自觉,才算是形成了一种品格。

2. 必备品格

从基础教育的角度讲,必备品格就是具有基础性、生长性、公共性、关键性特征的品格。就其本质而言,品格处理的是人的关系。这种关系包括人与自我的关系、人与他人的关系、人与事情(工作、学习)的关系。据此,人必备的三种核心品格是:表现在人与自我关系上的自律(自制)、表现在人与他人关系上的尊重(公德)、表现在人与事情关系上的认真(责任)。

① 自律(自制)

"道德从根本上说是个人的事,道德的最高境界,自然是自觉的自我支配,即所谓的'自律'。"②按照柏拉图的说法,人的灵魂有三个方面:欲望、激情和理智。欲望在灵魂中占有最大比例,人充满欲望,欲望总是自私的、冲突的而且无法得到充分满足的。欲望的放纵能够导致一切罪恶和错误的

---

① 肖川.受过教育的人[J].青年教师,2005(4).
② 陈家琪.再谈公德与私德[J].人民教育,2014(4).

发生，因此，欲望必须被控制、被克制和被指导。当然，控制、克制和指导的主体既可以是外在的，也可以是内在的。一个人如果能够对自己的欲望进行自我控制、克制和指导，他就具备了自律的德性了，这是优秀公民必须具备的品格。自律最突出的表现就是良心（良知），弗洛伊德认为良心是一种内心的感觉，是对于躁动于我们体内的某种异常欲望的抵制。良心（良知）对人的约束是当下的、即时的，这种约束使得非道德、无良知的意念在刚出现时就被过滤掉了；而法律对人的制裁却是滞后的，是典型的"秋后算账"。正如梁晓声所说："人类有无良心，决定每一个人活得像人还是像兽。有无良心的前提是有无良知，良知其实便是一些人应该秉持的良好的道理、道德。这样的一个人，即使平凡，也是可敬的。即使贫穷，也有愉快。"[1]

② 尊重（公德）

道德的主要价值在于处理人与人的关系，它是处理人际关系的内在准则（法律是外在的准则）。尊重意味着尊敬和重视，在处理人与人的关系时，尊敬别人、重视别人是一切道德的根源和本质。尊敬别人，不影响、不妨碍、不伤害别人，推己及人，己所不欲勿施于人；重视别人，做到心中有他人，把别人看得和自己一样重要。尊重别人的本质是尊重自己，为他人着想的品格是人有教养的突出表现。"因为别人也是一个与你一样的'自我'，凡是你想'自我保护'的，别人也一定想'自我保护'，所以你希望别人尊重你，你就先要尊重别人。"[2]

从社会的角度讲，尊重是公德的精神意蕴和本质体现，"公德需要把人'抽象'对待，要求平等地、无条件地尊重所有人的权利"。[3] 公德贵在一个"公"字，这体现在：第一，要心中装着他人，具有"别人优先"的意识，做到时时处处以别人为先，先人后己；第二，要心中有"公共和规则"的意识，尊重规则、服从规则，它决定一个人在公共场合中的良好形象。规

---

[1] 牛新志. 拷问良知[M]. 福州：福建教育出版社，2013：27.
[2] 陈家琪. 再谈公德与私德[J]. 人民教育，2014（4）.
[3] 刘次林. 公德及其教育[J]. 教育研究，2008（11）.

则意识有助于学生形成法治观念，树立法治信仰，养成自觉守法、遇事找法、解决问题靠法的思维习惯和行为方式。

③ 认真（责任）

如果说自律和尊重关乎做人的态度，那么认真则关乎做事的态度。我们不仅要培养学生学会做人也要培养学生学会做事。人有"人德"，事有"事德"。我们现在提倡的"工匠精神"就是强调以认真负责的精神和态度对待万事万物，对待所有的工作。从学生的角度讲，就是要认真学习。正如1992年《九年义务教育全日制初级中学语文教学大纲（试用）》所指出的："字要规规矩矩地写，话要清清楚楚地说，课文要仔仔细细地读，练习要踏踏实实地做，作文要认认真真地完成。"这种返璞归真的实教实学看似不难，做好不易。实际上，各科学习和各种活动都必须秉承这样的态度和精神。俗话说"凡事就怕认真二字"，日本人和德国人的认真精神和态度是举世闻名的，正是凭借这种精神和态度，他们为世界创造了诸多的品牌和奇迹。

有了自律就遏制了恶的源头，有了尊重就有了善的开端，有了认真就有了进步的动力。这是最基本、最重要的品格，从根本上保证了人性的方向和内涵。其他良好的品格都是基于它们而形成和发展起来的。

然而，多年来，我们的学校教育忽略了对学生必备品格的培养，使学生在人格、道德、情感等方面出现了各种偏差和失误，以致有些学生对生命、对他人、对世事愈来愈冷淡、冷漠甚至冷酷，最终酿成了很多悲剧。因为我们的社会和教育过分关注能力和才华，而忽视了品德，所以我们应将立德树人摆在学校教育的首要位置。要知道，教育的终极使命是引导学生成为好人，成为具有人类美德的人。正如选择出家为僧的生物学博士马修在《僧侣与哲学家》一书中所说："我一直有很多机会接触许多极有魅力的人士，可是他们虽然在自己的领域中都是天才，但其才华未必使他们在生活中达到人性的完美。具有那么多的才华、那么那么多的知识和艺术性的技巧，并不能让他们成为好的人。一位伟大的诗人可能是一个混蛋，一位伟大的科学家可能对自己很不满，一位艺术家可能充满着自恋的骄傲。

各种可能，好的坏的，都存在。"①现实中，我们也常看到一些所谓的成功人士并不具备诸如善良、诚实等最简单的美德。著名学者、北京大学教授钱理群曾尖锐地批评我们学校正在培养出一批"绝对的、精致的利己主义者"："所谓'绝对'，是指一己利益成为他们言行的唯一的、绝对的直接驱动力，为他人做事，全部是一种投资；所谓'精致'，是指他们有很高的智商、很高的教养，他们所做的一切都合理合法无可挑剔。他们惊人地世故、老到、老成，故意做出忠诚姿态，很懂得配合、表演，很懂得利用体制的力量来达成自己的目的。"钱先生担心："这样的人一旦掌握了权力，其对国家、民族的危害，是大大超过那些昏官的。"②

值得强调的是，品格只能由品格来塑造，人格只能由人格来培养，要求学生做到的教师自己必须先做到。正如19世纪德国教育家第斯多惠所说，谁要是还没有发展、培养和教育好自己，就不能发展、培养和教育好别人。我们知道，教师的劳动是有其特殊性的。教师在引导学生认识周围世界的同时，他自己也作为周围世界的一个重要部分出现在学生面前，参与到学生的认识过程之中。苏联教育家加里宁说过，教育者影响受教育者的不仅是所教的某些知识，还有他的行动、生活方式以及对日常现实的态度。这是因为教学不仅是知识的输出，也是教师内心世界的展现，教师在教学过程中所自然流露的思想、品德、风貌、学识、才能、作风、言谈举止、待人接物等无不潜移默化地影响、感染和熏陶着学生的心灵，被学生视为榜样，被学生竭力模仿。

因此，教师要加强自我修炼，努力成为一名"有人格做背景"乃至有人格魅力的教师，以人格熏陶学生，塑造学生的品格。当然，教师也要吃饭，也要住房，也要赡养老人和抚养子女；教师也有追求生活的权利，也有博取名誉和地位的权利，也有享受人生的权利。但与从事其他职业的人

---

① 让-弗朗索瓦·何维勒，马修·理查德.僧侣与哲学家［M］.赖声川，译.上海：华东师范大学出版社，2014：2.

② 钱理群.大学里绝对精致的利己主义者［EB/OL］.［2015-05-20］.http://edu.qq.com/a/20150520/041737.htm.

不同的是，教师还需要有不畏清贫的品质、不急功近利的情操、不为名利诱惑的人格、甘做人梯的品质、把学生的成长视为自己成功的心态、钟爱孩子的激情、永不泯灭的童心、博大兼容的胸襟……这就是为什么说教师是太阳底下最神圣的职业的原因。

学校教育为什么强调关键能力和必备品格？从个人角度讲，我们很难预测未来个人发展与社会生活需要什么样的品格与能力，个人在受教育期间唯有发展关键能力与必备品格，打好基础和根基，才能以不变应万变，从容应对未来发展的需要。从学校角度讲，学校教育要解决的主要矛盾是无限的知识与有限的学习时间之间的矛盾。具体来说，由于知识呈几何级数增长，能力呈几何级数分化，学校教育是无法穷尽知识与能力的；由于社会生活愈加纷繁复杂，价值取向变得更加多元，学校教育也无法培养能够应对所有社会问题的各种素质。因此，学校教育只有专注于培养关键能力与必备品格，才能体现出其教育的有效性。

（三）关键能力与必备品格的关系

能力与品格是人的两种最宝贵的精神财富。一方面，它们具有相对的独立性，有各自的内涵、特点和形成机制；另一方面，它们又具有内在的关联性，彼此在内涵上相互交叉，在形成上相互促进。从核心素养的形成上，我们强调二者的互动和融合。"当能力具备了积极的文化价值，具有了利他的道德情怀，才会成为众人认同的'人的素养'。也就是说，要把学科教学的'学科关键能力'的习得过程，放到一个可以搓揉、浸润、发酵的充满正能量的文化关怀中，成为有文化价值的能力、有道德的能力，即'人的素养'。"[①]

三、中国学生发展核心素养的框架和内涵

学生发展核心素养，主要是指学生应具备的适应终身发展和社会发展

[①] 姚虎雄.从"知识至上"到素养为重[J].人民教育，2014（6）.

需要的必备品格和关键能力。研制《中国学生发展核心素养》，根本出发点是将党的教育方针具体化、细化，落实立德树人的根本任务，培养全面发展的人，提升21世纪国家人才的核心竞争力。2016年9月发布的《中国学生发展核心素养》研究成果确定了核心素养的框架和内涵。

（一）框架

中国学生发展核心素养，以培养"全面发展的人"为核心，分为文化基础、自主发展、社会参与三个方面，综合表现为人文底蕴、科学精神、学会学习、健康生活、责任担当、实践创新六大素养。根据这一总体框架，可针对学生年龄特点进一步提出各学段学生的具体表现要求。

（二）内涵

1. 文化基础

文化是人存在的根和魂。文化基础重在强调习得人文、科学等各领域的知识和技能，掌握和运用人类优秀智慧成果，涵养内在精神，追求真善美的统一，成为有深厚文化基础、有崇高精神追求的人。

① 人文底蕴

主要是学生在学习、理解、运用人文领域知识和技能等方面所形成的基本能力、情感态度和价值取向。具体包括人文积淀、人文情怀和审美情趣等基本要点。

② 科学精神

主要是学生在学习、理解、运用科学知识和技能等方面所形成的价值标准、思维方式和行为表现。具体包括理性思维、批判质疑、勇于探究等基本要点。

2. 自主发展

自主性是人作为主体的根本属性。自主发展重在强调能有效管理自己的学习和生活，认识和发现自我价值，发掘自身潜力，有效应对复杂多变的环境，成就精彩人生，成为有明确人生方向、有生活品质的人。

① 学会学习

主要是学生在学习意识形成、学习方式方法选择、学习进程评估调控等方面的综合表现。具体包括乐学善学、勤于反思、信息意识等基本要点。

② 健康生活

主要是学生在认识自我、发展身心、规划人生等方面的综合表现。具体包括珍爱生命、健全人格、自我管理等基本要点。

3. 社会参与

社会性是人的本质属性。社会参与重在强调能处理好自我与社会的关系，养成现代公民所必须遵守和履行的道德准则和行为规范，增强社会责任感，提升创新精神和实践能力，促进个人价值实现，推动社会发展进步，成为有理想信念、敢于担当的人。

① 责任担当

主要是学生在处理与社会、国家、国际等关系方面所形成的情感态度、价值取向和行为方式。具体包括社会责任、国家认同、国际理解等基本要点。

② 实践创新

主要是学生在日常活动、问题解决、适应挑战等方面所形成的实践能力、创新意识和行为表现。具体包括劳动意识、问题解决、技术应用等基本要点。

实际上，根据不同角度，我们可以构建出不同的核心素养体系，这其中有的有重复、交叉，有的有其特指的内涵和意蕴。我们认为还可以从以下几个角度来构建核心素养的体系。

第一，从人与世界的关系角度来构建学生的核心素养。

人所处的世界	核心素养
人与自身（自我）的关系	独立自主、自我控制、挑战困难、积极乐观、理性精神
人与他人（社会）的关系	乐群宜人、领袖品质、规则意识、团队精神、爱国精神
人与自然（外界）的关系	敬畏、亲近、兴趣与好奇心
人与文化（工具）的关系	理解、掌握、尊重与包容

第二，从教育的角度来构建，即从德、智、体、美、劳五个方面来构建学生的核心素养。

德方面的素养	正确的价值观、文明礼貌、责任担当
智方面的素养	基础知识、科学思维方式、学习能力
体方面的素养	身心健康、忍耐力、适应性
美方面的素养	发现美、欣赏美、表达美
劳方面的素养	劳动习惯、劳动技能、劳动态度

第三，从文化的角度来构建，即从真、善、美三个方面来构建学生的核心素养。

真的素养	科学态度、理性精神、认识能力
善的素养	人道关怀、人文精神、道德境界
美的素养	艺术眼光、审美意识、人格品位

第四，从社会的角度来构建，即从公民素养、做事要求和做人要求三个方面来构建学生的核心素养。

公民素养	诚实守信、法制观念、社会责任
做事要求	态度认真、执行力强、有开拓性
做人要求	与人为善、善于合作、奉献精神

第五，从心理学的角度来构建学生的核心素养。

知	准确的认知
情	丰富的情感
意	坚强的意志
能力	多元的智能
气质	高雅的气质
性格	完美的性格

四、核心素养研制的原则

（一）方向性原则

实现人的全面发展是党和国家的教育方针，是我们教育工作永恒的目的和终极的追求。学生发展核心素养是人的全面发展的具体体现。全面发展的主要内涵包括德、智、体、美、劳等几个方面，当然，在不同历史阶段会有不同的表述形式和强调重点。

1957年，毛泽东同志在《关于正确处理人民内部矛盾的问题》的报告中指出："我们的教育方针，应该使受教育者在德育、智育、体育等几方面都得到发展，成为有社会主义觉悟的、有文化的劳动者。"

1995年，《中华人民共和国教育法》总则第五条规定："教育必须为社会主义现代化建设服务，必须与生产劳动相结合，培养德、智、体等方面全面发展的社会主义事业的建设者和接班人。"

1999年，《中共中央国务院关于深化教育改革全面推进素质教育的决定》要求全面推进素质教育，从德育、智育、体育、美育多方面培养学生。在德育方面提出："要加强辩证唯物主义和历史唯物主义教育，使学生树立科学的世界观和人生观……培养学生坚忍不拔的意志、艰苦奋斗的精神，增强青少年适应社会生活的能力。"在智育方面，要"激发学生独立思考和创新的意识……培养学生的科学精神和创新思维习惯，重视培养学生收集处理信息的能力、获取新知识的能力、分析和解决问题的能力、语言文字表达能力以及团结协作和社会活动的能力"。在体育方面,要"使学生掌握基本的运动技能,养成坚持锻炼身体的良好习惯……培养学生的竞争意识、合作精神和坚强毅力"。在美育方面要"增强学生的美感体验,培养学生欣赏美和创造美的能力"。

2010年,《国家中长期教育改革和发展规划纲要(2010-2020年)》分别从德育为先、能力为重、全面发展三个方面,对教育应该培养学生哪些素养做出了规定:"坚持德育为先。……引导学生形成正确的世界观、人生观、价值观;……培养学生团结互助、诚实守信、遵纪守法、艰苦奋斗的良好品质。……树立社会主义民主法治、自由平等、公平正义理念,培养社会主义合格公民。""坚持能力为重。优化知识结构,丰富社会实践,强化能力培养。着力提高学生的学习能力、实践能力、创新能力,教育学生学会知识技能,学会动手动脑,学会生存生活,学会做人做事,促进学生主动适应社会,开创美好未来。""坚持全面发展。……加强体育,牢固树立健康第一的思想,确保学生体育课程和课余活动时间,提高体育教学质量,加强心理健康教育,促进学生身心健康、体魄强健、意志坚强;加强美育,培养学生良好的审美情趣和人文素养。加强劳动教育,培养学生热爱劳动、热爱劳动人民的情感。重视安全教育、生命教育、国防教育、可持续发展教育。促进德育、智育、体育、美育有机融合,提高学生综合素质,使学生成为德、智、体、美全面发展的社会主义建设者和接班人。"

核心素养是全面发展的具体化。为此,核心素养的研制必须以全面发展为方向,确切地说,人的全面发展的理论是人的核心素养研制和提炼的指导思想。显然,核心素养的建立必定有助于我们教育工作者在日常教育实践当中切实贯彻党和国家的教育方针,促进学生的全面发展。

(二)时代性原则

核心素养是全面发展的具体化,但核心素养的建立不能是全面发展内涵的简单的逻辑展开,核心素养要体现时代的要求和特点,即反映新时期社会对人才的新要求。当今时代,科技进步日新月异,知识经济迅猛发展,全球化、信息化步伐明显加快，对人的素养的要求也发生着明显的变化。

实际上，核心素养的提出本身也是时代的产物。时代发展对人的素养提出了新要求，而我们的学生因为缺乏或缺失某些重要素养而跟不上时代的发展，从而影响自身和社会的发展。时代性也就是针对性，我们的学生缺什么，我们就要强调什么。为此，当前我们特别强调创新精神、实践能力以及团队精神、合作能力。这是我们研制核心素养必须关注的内容。

从国民素质的角度来看，褚宏启教授在谈到"现代人与国民性"的问题时说：

> 尽管改革开放以来我国国民素质有了较大程度提高，不少国人的观念和行为却仍不具备现代人的精神气质，表现出典型"传统人"的诸多特征，具体表现在：第一，顺从权威。为人处世中，顺从如父母、长者、上司等威权人士，不敢质疑权威的合理性与合法性，没有个人主见或者不敢表达个人看法。漠视民主与法治，看重等级，注重关系，凡遇到事情往往要找关系即找"有权威的人"搞定，不信制度信关系，不信能力信关系。注重跟对人、站好队，害怕站错队，人身依附性很强而自主性不足。第二，保守自私。满足现状、与人无争、不求进取。即便对现状不满，为求自保，也往往不敢抗争而逆来顺受。心态封闭，不做非分之想。明哲保身，少管甚至不管闲事，不关心公益事务，事不关己高高挂起。第三，宿命自抑。相信命运及运气，认为人对强有力的外在环境（如钱财与权势）无能为力，不相信凭借自己的力量可以改变自己的命运、可以改进社会，认为"我命由天不由我"，不信自己信外力。第四，迷信鬼神。相信外在的、神秘的力量，相信神鬼，相信风水，求卜问卦，漠视科学。一些权力"精英"、财富"精英"、文艺"精英"对于一些所谓"大师"的崇拜与追随，很多民众求神拜佛、易被某些别有用心人士诱导忽悠等，都说明当前国民性中科学与理性精神的不足。

以上种种，说明国人依然主体性不彰、依附性很强。不少人精神深处封建余毒阴魂未散，梁启超、鲁迅等鞭挞的精神劣根性并未根除，中国之国民性需要进一步改造，否则，难以建立起真正的现代国家，难以实现真正的国家现代化。现代化学者英格尔斯和史密斯指出："在发展过程中一个基本的因素是个人，除非国民是现代的，否则一个国家就不是现代的。在任何情况下，除非在经济以及各种机构工作的人民具有某种程度的现代性，否则我们怀疑这个国家的经济会有高的生产力，或者它的政治与行政机构会很有效率。"

教育的首要问题即"培养什么人"的问题。教育现代化的目标是人的现代化和社会的现代化。教育为建设现代国家服务、为社会现代化服务，也必须通过培养人去间接完成。因此，教育现代化的最后归宿或者根本目标是人的现代化。而人的现代化，就是"把传统人变成现代人"。衡量我国教育现代化水平的根本尺度，是看我们所培养的人是否是现代人，是否具有现代的精神气质。悠悠万事，唯此为大！[①]

（三）国际性原则

"核心素养"是一个舶来品，英文是"key competencies"，从知识本位走向素养本位是世界教育共同的走向。国际性原则包括这几层意思。第一，强调培养学生的国际视野和意识。当前，无论是强调中国制造、中国创造、中国智造，还是强调中国领导、中国参与、中国合作，都需要我们培养具有国际视野和意识的人，需要反映到核心素养的框架之中。第二，核心素养的研制要参照国际上的先进成果和经验。本次课程标准修订和各学科核心素养的研制就是在学习和借鉴世界各国先进经验的基础上进行的。一方面要吸收世界先进的东西，另一方面要与世界接轨。对此，唐世平教授认为：

> 当下中国的政界和学界，都在大谈中国如何在国际社会或事务中"争夺话语权"。但是，"争夺话语权"和仅仅"发出中国的声音"有很大不同。中国可以发出声音，但如果没有接受你声音的受众，你只是

[①] 褚宏启. 培育现代人与改造国民性 [J]. 中小学管理，2016（4）.

在面对旷野呼喊，最多只有回音，却没人应声。"争夺话语权"更不是自己对自己喊"我要话语权"的口号：那样只是自娱自乐，自欺欺人。中国要想在国际社会或事务中有"话语权"，就不能只关心和谈论自己的话题，而是必须关心并且讨论别人的问题。唯有如此，我们才能获得一定的"话语权"，无论别人一开始听不听得进去我们的见解。

要想能够有水平地讨论别人的问题，那我们首先就必须先去了解别人。只有在了解世界的基础上，并进而为世界提供有用的知识，包括对世界问题的诊断和药方，从而能够对他人的福利有所促进，中国才会有真正的国际"话语权"。而这种诊断和药方显然不能建立在主观臆断上，而是建立在对世界的扎实的了解和研究的基础上。①

（四）民族性原则

核心素养的研制不仅要注重吸收国际先进经验，重视与国际教育的接轨，更要结合我国的实际情况，特别要重视发挥我国历史文化方面的优势。民族性是素养的源泉，一个民族的优秀传统和文化是该民族成员核心素养形成的重要源头，一个民族成员的核心素养一定会烙上这个民族的特性。正如林崇德先生所言："从中华传统文化来说，我们都有同一个根、同一个灵魂。我们的根、我们的灵魂是什么？就是中华传统文化。中华民族传统文化历来重视人的素养问题。从中华传统文化来看，我们看到了家国情怀、社会关怀、人格修养和文化修养四个方面。比如说家国情怀，涉及孝亲爱国、民族情怀、乡土情感等；社会关怀涉及仁民爱物、心怀天下、奉献社会等；人格修养涉及诚信自律、崇德弘毅、礼敬谦和等；文化修养涉及人文历史知识、求学治学方法、文字表达能力、追求科技发明等。"②

就当前而言，我们的教育工作要反映立德树人的时代要求，培养自觉践行社会主义核心价值观，具有社会责任感、创新精神和实践能力的全面

---

① 唐世平.多了解一点世界[J].南风窗，2015（3）.

② 吴爽.未来基础教育的基层理念是强化学生的核心素养：访北京师范大学资深教授林崇德[J].教育家，2015（9）.

发展的一代新人。核心价值观是一个社会凝聚力的精神内核，是一个国家立于世界的精神基石，是一个民族最宝贵的精神家园。当代中国的核心价值观，也就是中国特色社会主义核心价值观，它充分吸收了中华民族传统文化的精髓和治国理政的历史经验，对凝聚全民力量、牵引社会发展等方面发挥着至关重要的作用。社会主义核心价值观是当前我国全体公民要坚守的共同理念和追求，它包含了国家、社会、公民三个层面的价值准则，我们必须将这些内容有机地融入核心素养的内涵之中。

第三节　学科核心素养

学科核心素养＝学科＋核心素养。学科核心素养是核心素养在特定学科（或学习领域）的具体化，是学生学习一门学科（或特定学习领域）之后所形成的、具有学科特点的成就（包括必备品格和关键能力），是学科育人价值的集中体现。

学科核心素养是各门学科对核心素养的独特贡献，准确把握学科本质和学科特性是构建学科核心素养的前提。

一、学科核心素养的特性

（一）学科性

中小学教育是按学科进行的，每门学科都有其特殊性。学科核心素养是学科本质和教育价值的体现，它源自于学科的本质、性质、特点、功能和任务。

什么是学科本质？"学科本质即一门学科的根本属性，主要从以下几个方面体现出来。一是学科的研究对象和基本问题；二是核心的学科概念与范畴;三是基本的学科方法与思想,其核心是学科思维方式;四是核心的学科价值与精神。据此,我们可以将体现学科本质的教学内容识别为一个包含价值与精神(内层)、方法与思想(中层)、问题与概念(外层)的三重结构。"①

什么是学科的教育价值?它指的是学科独特的育人价值和功能,"事物之所以存在并拥有立足之地,继而具有独立甚至崇高的学科地位,更大程度上是由它无以替代的'功能'所决定的"。②关于学科独特的育人价值,培根有过经典的阐释:读史使人明智;读诗使人灵秀;数学使人周密;科学使人深刻;伦理学使人庄重;逻辑修辞使人善辩。凡有所学,皆成性格。对学科的育人价值,著名教育家叶澜教授曾有过精辟的论述:

> 每个学科对学生的发展价值,除了一个领域的知识以外,从更深的层次看,至少还可以为学生认识、阐述、感受、体悟、改变这个自己活在其中,并与其不断互动着的、丰富多彩的世界和形成、实现自己的愿望,提供不同的路径和独特的视角、发现的方法和思维的策略、特有的运算符号和逻辑;提供一种唯有在这个学科的学习中才可能获得的经历和体验;提供独特的学科美的发现、欣赏和表达能力。③

学科教学的育人价值不等于学科的德育价值。德育的要求无疑是育人的重要构成,但不是全部。育人价值指向学生个体精神发展的全部:包括头脑中的知识结构层级,思维方式与思维品质,符号理解、互换与整合、综合运用的能力;对未知领域的好奇,发现问题和解决问题的创造能力;对事物认识的穿透力和时空贯通感;对他人的善解、合作与处理矛盾和冲突的能力;对自然世界的感受、理解、理性相处

---

① 李松林.深度教学的四个实践着力点:兼论推进课堂教学纵深改革的实质与方向[J].教育理论与实践,2014(31).

② 林丹.学科性质、学科体系抑或学科功能:理性审思教育学学科地位的独立原点[J].教育学报,2007(3).

③ 叶澜.重建课堂教学价值观[J].教育研究,2003(5).

与和谐共生的自觉意识和能力；对人生中各种美之感受与欣赏，乃至创造愉悦与美的能力；最终归结到自我个性与人格、发展理想与信心、策划与在现实中践行的生命自觉意识与能力。也就是说，学科育人价值的意蕴远远超越于"德育"的范畴。如此丰富的内涵几乎在每一个学科内，都有不同程度的存在，或具有形成某方面精神世界发展的特殊资源和可能。没有一个学科可以被视作无足轻重，所以需要每一位学科教师深度开发，形成对本学科独特育人价值的认识与实践能力。①

关于学科的育人价值，我们既要注重其全面性，又要凸显其独特性。学科育人价值的独特性基于学科的精神特质。研制学科核心素养一定要"考虑所教学科的精神特质是什么，这样的精神特质对于学生的发展来说究竟意味着什么。只有抓住所教学科的精神特质，才能真正彰显这门学科对于学生发展的价值"。"如语文学科的教学应强调语文学科的精气神——文学素养的提升和人文精神的熏陶，教学活动安排应更多地让学生感受文学和文字的魅力，陶冶情操；数学学科的教学应强调数学的精气神——逻辑思维的训练和抽象思维的建构等，教学活动安排应体现一种严谨的思维态度和缜密的思维方法"。②

可以说，学科性是学科核心素养的最根本的特性。"一个有教养的人的特点，就是在每种事物中只寻求那种题材的本性所容有的确切性。要求一个数学家提出一个大致的说法，与要求一位修辞学家做出严格的证明同样地不合理。"③

（二）科学性

科学性有两层含义：一是规律性，即学科核心素养的提炼必须符合学生身心发展规律，遵循可接受性原则，既不超越学生的接受极限，也不限制、阻碍学生的发展可能；二是准确性，学科核心素养的内容表述必须准

---

① 叶澜. 融通"教""育"，深度开发学科的育人价值[J]. 今日教育，2016（3）.
② 徐祖胜. 论学科教学的个性化[J]. 教育科学研究，2011（4）.
③ 亚里士多德. 尼各马可伦理学[M]. 廖申白，译注. 北京：商务印书馆，2010：32.

确无误，不会产生歧义和随心所欲的解读，以便教师可以很清晰地以之指导自己的实践。

（三）教育性

学科核心素养是通过学科教育获得的，而不是通过日常生活自然形成的，它是可教育的素养，而且是必须通过学科教育才能获得的素养。例如，"地理核心素养应是最能体现地理学科价值的关键素养，是学科固有的，不应该是通过其他学科的学习能够替代的；地理核心素养应是学生借助地理学习过程中形成的解决实际问题所需要的最有用的地理知识、最关键的地理能力、最需要满足终身发展所必备的地理思维"。[①] 钟启泉教授也强调："核心素养是指学生借助学校教育所形成的解决问题的素养与能力。核心素养是作为客体侧面的教育内容与作为主体侧面的学习者关键能力的统一体而表现出来的。"[②]

（四）人本性

学科核心素养是为了人的、属于人的、服务人的、基于人的、以人为本的、对人是有价值和意义的。学科核心素养是使人生活得更美好、更有意义、更有发展潜能、更有发展空间的素养，而不只是为了学科学习或为了成为学科后备人才所需要的学科知识和技能。对于个体而言，学科核心素养是为了满足学生今后学习、工作和生活的需要；对于社会而言，学科核心素养是为了满足社会的健康发展和持续进步的需要。所有的教育都应该指向人，"使人视野开阔、兴趣广泛；使人产生对知识和真理的渴望，并且能够形成一种崭新的思维方法，最终成为一个文明的人、有教养的人、有健全人格的人"。[③]

---

① 汤国荣.论地理核心素养的内涵与构成［J］.课程·教材·教法，2015（11）.

② 钟启泉.核心素养的"核心"在哪里——核心素养研究的构图［N］.中国教育报，2015-04-01（7）.

③ 王开东.教育，病在何处？反思"人的教育"与"培养人才"［J］.河南教育，2011（10）.

显而易见，学科核心素养同样具备"核心"的意蕴，例如李家清教授在论述地理核心素养时就这样指出："地理核心素养应是在'地理素养'的基础上，更加关注个体适应未来社会生活和个人终身发展所必须具备的关键素养，其在本质上应是一般地理素养的精髓和灵魂，在数量上是少而精、在功能上是最重要和最必要的地理素养。""地理核心素养体系包括基于地理空间视角下的地图技能、地理信息技术能力、国际理解、全球意识、人地观念、可持续发展观这六大方面。"[①]

总之，学科核心素养的提炼必须体现以下四个原则：反映学科本质和教育价值、内涵清晰、可教可学、对个体和社会有积极意义。

二、学科核心素养的意义

（一）学科核心素养是核心素养落地的抓手

中小学是按学科进行教育教学的，学科是学校教育教学的根本依托，甚至可以说是学校教育之本。所有改革的理念和目标都必须落实到学科层面，否则，再好的改革蓝图也都是"空中楼阁"。相应地，核心素养也要分解和体现到学科核心素养之中，否则核心素养也就无法落地。如果说核心素养是培养目标（全面发展的教育目的）的具体化，那么学科核心素养就是核心素养的具体化。具体化是把理想转化为现实的唯一通道和路径。研制学科核心素养也是本次课程标准修订和课程改革的亮点和特色。

（二）学科核心素养是学科教育的灵魂

学科教育的内容和凭借是学科知识，但目的和落脚点是人，换句话说，学科是学科教育的手段，人才是学科教育的目的。怎么实现由学科向人的转变，是学科教育重建的关键。学科核心素养指的就是受过这门学科教育的人所展现出的形象、气质、行为、习惯、能力、素质，这些素养构成了

[①] 李家清，常珊珊.核心素养：深化地理课程改革的新指向[J].地理教育，2015（4）.

与没受过这门学科教育的人的差别。传统的学科教育过度地在学科上做文章，教师往往纠结于学科知识的容量（内容的多和少）和难度（内容的深和浅），虽然对所教学科的知识点和训练点烂熟于心，但对学科的本质和教育价值却知之甚少，对学生通过本门学科的学习要形成哪些核心素养以及怎样形成这些素养也不甚了解。高中学科教育更是被高考绑架，学科和学科教育严重工具化，而学科核心素养正是破解这个问题的一把钥匙。可以说，学科核心素养是学科教育的灵魂，只有抓住学科核心素养，才能正确引领学科教育的深化改革，全面发挥学科的育人功能。

实际上，学科核心素养是与该学科相关的所有学科和活动的教育产物，学科教育只是主渠道。也就是说，学科核心素养体现了超越学科的特性，这就要求我们学科教师要跳出学科看学科，让学科教育不再局限于学科，从而实现学科与学科的贯通、学科与生活的贯通、学科与活动的贯通、学科与大教育的贯通。从教学的角度讲，就是要实现课内外和校内外的贯通。

三、学科核心素养与核心素养的关系

核心素养是指学生应具备的适应终身发展和社会发展需要的必备品格和关键能力。学科核心素养是指学生在学习一门学科之后必须形成的重要品格和关键能力。两者在方向和性质上是统一的。

（一）两者的联系

1. 两者是上位与下位、整体与部分、抽象与具体的关系

学科核心素养是核心素养在学科上的具体体现，是核心素养的一个有机组成部分；核心素养是各学科核心素养的提炼和抽象，是学科素养的总括和综合。"如果说核心素养是作为新时代期许的新人形象所勾勒的一幅'蓝图'，那么各门学科则是支撑这幅蓝图得以实现的'构件'。"[①]

---

① 钟启泉.基于核心素养的课程发展：挑战与课题[J].全球教育展望，2016（1）.

2. 两者是目的、方向与手段、途径的关系

核心素养是整个基础教育的总目的和总方向，相对而言，学科核心素养是实现这个总目的、总方向的手段和途径。手段和途径是为目的和方向服务的，所以学科核心素养的研制和提炼必须以核心素养为依据，学科核心素养的落实要有利于核心素养的达成。但是，在实施过程中，它们又是互为目的和手段的，核心素养的形成要有利于促进学科核心素养的形成（核心素养为学科核心素养打基础），即一般为特殊服务。

3. 两者是相互包含、融合和有机转化、相互促进的关系

核心素养与学科核心素养是一般与特殊、共性与个性的关系，两者在内容上（内涵和外延的界定上）存在着相互包含、融合的关系，在形成过程中存在着相互转化、促进的关系，核心素养的发展有利于学科核心素养的形成，而学科核心素养的形成又有助于丰富、充实、充盈核心素养。

（二）两者的不同

1. 核心素养不是各学科核心素养简单机械的总和

尽管各学科核心素养是核心素养最关键的组成部分，但核心素养在内涵和外延上都存在着超学科的东西。学生核心素养的培育也不是单靠学科教育就能完成的，而要依托很多非学科的教育和活动来共同完成。学科核心素养也不是核心素养在学科上的简单演绎、体现或反映，它有着独特的内涵和外延，任何一门学科都有其不可取代的学科价值和育人价值。所以，各学科核心素养应该既包括本学科能够落实的核心素养，也包括各学科独特的核心素养。

2. 两者研制的出发点不同

核心素养的研制一般是从学生发展的角度出发的，即从学生终身发展、可持续发展的要求出发，来分析和定位某一阶段学生应具备的素质。这是纵向的角度，它体现的是核心素养的时代性、未来性。横向的角度则从学

生身心全面健康发展的要求出发,来分析和界定学生应具备的素质,它体现的是核心素养的人本性、和谐性。而学科核心素养的研制一般是从学科的本质、功能、价值、作用出发的,即挖掘和分析本学科对学生发展的独特的内涵和意义。

四、研制和撰写学科核心素养的要求

学科核心素养的研制和撰写怎样才能创造性地体现和反映核心素养呢?

第一,学科核心素养的研制要在方向性、思想性上体现核心素养的精神和本质,而不要纠缠于形式和内容。要知道,两者不是简单的逻辑、线性的对应关系。重要的不是去考虑体现和反映的多少与轻重,而是从学科出发,实事求是,把学科核心素养自身的内涵界定和阐述清晰。

第二,学科核心素养要在学科的特殊性上下功夫,要挖掘本学科对于学生发展的独特价值。即便是同样的名称和提法,也要进行富有学科特色的阐述。

第三,学科核心素养的研制既要遵循从一般到特殊的演绎路线,更要遵循从特殊到一般的归纳路径。如前所述,核心素养与学科核心素养的关系类似于"一般发展"与"特殊发展"的关系。一般发展是赞科夫提出的一个重要概念。他认为教学的宗旨就是"以尽可能大的教学效果,来促进学生的一般发展"。[1] 关于"一般发展"的含义和内容,我们可以将赞科夫的观点做如下几点解释。

第一,"一般发展……指的是个性的所有方面(包括道德感、观察力、思维、记忆、言语、意志)的进步。一般发展包括整个个性。"[2] "我们所理解的一般发展,是指儿童个性的发展、他的所有方面的发展。因此,一般发展也和全面发展一样,是和单方面的、片面的发展相对立的。"[3]

---

[1] 赞科夫.教学与发展[M].杜殿坤,等,译.北京:人民教育出版社,1985:41.
[2] 俞翔辉,等.赞科夫新教学体系及其讨论[M].北京:教育科学出版社,1984:45-46.
[3] 赞科夫.论小学教学[M].俞翔辉,译.北京:教育科学出版社,1982:20.

第二,"一般发展"不同于"特殊发展"。"一般发展是特殊发展的牢固基础并在特殊发展中表现出来,而特殊发展又促进一般发展。"①

第三,"我们所研究的教学与发展问题是有一定局限的:我们研究的是教学与儿童心理一般发展的关系。"② 这表明,赞科夫认为"一般发展"除了包括心理发展外,还应包括身体发展。

第四,"一般发展"同众所周知的德、智、体、美"全面发展"既有联系又有区别。"当谈到一般发展的时候,人们指的是人的发展问题的心理学和教育学方面……当谈到全面发展的时候,首先而且主要是指该问题的社会方面或者广泛的社会和教育方面。"③

第五,"一般发展"不是"唯智主义"的,即它不仅"发展学生的智力,而且发展情感、意志品质、性格和集体主义思想"。④

由此可见,赞科夫实验性教学体系中的所谓"一般发展",既不同于智力发展,也有别于特殊发展,又不同于全面发展,而是从心理学角度出发的完整的人的深刻全面发展,是既包括智力因素,也包括非智力因素的整个身心的全面和谐发展。总之,"一般发展"这个范畴的提出及其内涵和外延的明确化,是赞科夫对教学论的独到见解和独特贡献。而"特殊发展"只是特指一个特殊领域或学科的发展。每门学科的教学都应坚持以人为本,在促进学生一般发展特别是智慧发展和品德发展上下功夫。同时每门学科的教学都要反映学科的特色,挖掘和体现学科所特有的内涵,完成本学科教学的独特任务,促进学生在学科领域的特殊发展。

五、学科核心素养的例证

学科核心素养是学科本质和学科育人价值的体现,学科及其教学对人

---

① 赞科夫.教学论与生活[M].俞翔辉,杜殿坤,译.北京:教育科学出版社,1982:25.
② 赞科夫.教学与发展[M].杜殿坤,等,译.北京:人民教育出版社,1985:23.
③ 赞科夫.论小学教学[M].俞翔辉,译.北京:教育科学出版社,1982:20.
④ 赞科夫.和教师的谈话[M].杜殿坤,译.北京:教育科学出版社,1980:148.

的必备品格和关键能力的形成和发展起到了独特作用。学科核心素养具有学科性，这是学科个性所在；同时又具有非学科性，即跨学科性或综合性，这是学科共性所在。我们必须正确理解和准确界定学科核心素养的学科性和跨学科性及其关系，这样才能防止学科核心素养认识和实践的窄化和泛化，从而把学科核心素养真正落实到位。

本次高中课程标准修订所提炼的各学科核心素养分别为：

学科	核心素养
语文	语言建构与运用、思维发展与提升、审美鉴赏与创造、文化传承与理解
数学	数学抽象、逻辑推理、数学建模、直观想象、数学运算、数据分析
物理	物理观念、科学思维、实验探究、科学态度与责任
化学	宏观辨识与微观探析、变化观念与平衡思想、证据推理与模型认知、实验探究与创新意识、科学精神与社会责任
生物	生命观念、理性思维、科学探究、社会责任
历史	唯物史观、时空观念、史料实证、历史解释、家国情怀
地理	人地协调观念、综合思维、区域认知、地理实践力
政治	政治认同、理性精神、法治意识、公共参与
信息技术	信息意识、计算思维、数学化学习与创新、信息社会责任
通用技术	技术意识、工程思维、创新设计、图样表达、物化能力
体育与健康	运动能力、健康行为、体育品德
美术	图像识读、美术表现、审美判断、创意实践、文化理解
音乐	自主音乐需要、实践能力、情感体验、文化理解
艺术	感知能力、审美情趣、创意表达
外语	语言能力、文化品格、思维品质、学习能力

以语文学科为例，高中语文课程标准修订组提炼的语文核心素养有：语言建构与运用、思维发展与提升、审美鉴赏与创造、文化传承与理解。在这四个核心素养当中，语言建构与运用是唯一或主要属于语文的核心素养，这是语文核心素养的个性；其他的素养（如思维、审美、文化）是相

关学科都有的，即跨学科的素养，这是语文核心素养的共性。高中语文课程标准修订组组长王宁教授认为：(1)语言建构与运用是语文课程独特的课程素养，也是其他要素的基础，只有这一项是唯一或主要属于语文的，也就是说，它是语文课独有的。(2)任何学科都可以培养思维能力、健全思维品格，但语言是思维的工具，又是思想的直接体现。数学、物理的数理逻辑、生物的种属分类、哲学的辩证法，都要通过语言进行思考，也只有采用话语形式才能阐释、传授、拓展和进入情景。所以，语文是其他学科教育的基础，覆盖一切教育内容，也可以与任何学科结成联盟。(3)任何学科都包含文化，尤其是历史和艺术，但语文学科是以口语和书面语来负载文化信息的。语言文字是传播文化和构建文化生活不可取代的基础工具。而且，语言本身就是一种文化事象。(4)如果我们把审美界定为正确的价值取向，那么任何学科都面对审美问题，但只有文学与艺术才使审美专门化。语文审美是针对言语作品的审美，在这一点上，它与艺术具有媒质不同的分工关系。而且，语言文字本身也是审美的本体。

语文教育理应承担培养道德情操的责任，但也绝不能忽略语文教育本身的任务。正如朱自清在1925年发表的《中等学校国文教学的几个问题》中指出的："中学国文教学的目的只需这样说明：(1)养成读书思想和表现的习惯或能力；(2)发展思想，涵养情感。"并解释道："这两个目的之中，后者是与他科相共的，前者才是国文科所特有的；而在分科的原则上说，前者是主要的；换句话说，我们在实施时，这两个目的是不应分离的，且不应分轻重的，但在论理上，我们须认前者为主要的。"[①]实际上，1912年颁布的《小学校教则及课程表》就曾明确指出："国文要旨，在使儿童学习普通语言文字，养成发表思想之能力，兼以启发其智德。"文以载道，语文不能排斥思想性，关键是要正确处理思想性与语文性的关系，使二者水乳交融。具体而言，就欣赏方面，语文教学应当既强调文本的思想性，也要关注文本的语言美；就表达方面，语文教学应当既强调真情实感的表达，

---

① 朱自清.中等学校国文教学的几个问题[M].朱自清全集（第8卷）.南京：江苏教育出版社，1993：391.

也要关注用优美的语词营造令人愉悦的意境。需要指出的是，个性与共性是互相包含的关系，个性之中有共性，除了语文之外，其他学科也有促进学生言语智慧发展的作用；共性之中有个性，相对于其他学科，语文学科在促进学生思维品质、审美意识、文化素质的发展上有着独特的内涵和意蕴。这种"你中有我、我中有你"的关系恰恰就是素养的核心要义。素养就是要突破学科界限，强调学科的融合，最终指向人的一般发展。

再如，对于数学核心素养，高中数学课程标准修订组组长史宁中教授将其概括为："会用数学的眼光观察现实世界，会用数学的思维思考现实世界，会用数学的语言表达现实世界。而数学的眼光就是抽象，数学的思维就是推理，数学的语言就是模型。"[①] 抽象、推理、模型是数学的基本思想，是指向数学学科的关键能力。数学学科的简洁、严谨则是指向人的必备品质。两者的有机结合构成了数学学科的核心素养。具体而言：(1)用数学的眼光观察世界，发展数学抽象、直观想象素养；(2)用数学的思维分析世界，发展逻辑推理、数学运算素养；(3)用数学的语言表达世界，发展数学建模、数据分析素养。需要指出的是，数学核心素养虽然被划分为三个方面、六个关键词，但是实则是一个整体。用数学的眼光观察世界，即人从外界输入信息；用数学的思维分析世界，即人自身处理信息；用数学的语言表达世界，即人向外界输出信息。

学科核心素养是一个有机体，其各个要素不是孤立存在的，彼此在内容上相互交融，在逻辑上相互依存。以政治学科为例，其核心素养四大要素——政治认同、理性精神、法治意识和公共参与之间的关系是：政治认同决定着学生成长的方向，是理性精神、法治意识、公共参与之所以有中国特色的共同标识；理性精神是达成政治认同、形成法治意识、实现公共参与的基本条件；法治意识是公共参与的必要前提，是政治认同和理性精神的必然要求；公共参与则是政治认同、理性精神和法治意识的行为表现。

[①] 史宁中.什么是数学基本思想？[EB/OL].[2016-12-08].www.360doc.com/content/16/1208/18/33357069_613068203.shtml.

第四节　核心素养与三维目标的关系

2001年启动的新课程改革的一个基本标志就是从"双基"走向"三维目标",它的进步是不言而喻的。这其中既有量变也有质变,量变就是从"一维"(双基)到"三维",质变就是由强调基础知识和技能到强调学生的发展是三维整合的结果。从教学的角度讲,"所谓的三维目标,应该是一个目标的三个方面,而不是三个互相孤立的目标,对其理解,可以准确表述为'在过程中掌握方法,获取知识,形成能力,培养情感、态度、价值观'"。①三维目标使素质教育在课堂的落实中有了抓手。新课程改革强调三维目标的有机统一,只有实现三维目标整合的教学才能促进学生的和谐发展,缺乏任一维度目标的教学都会使学生的发展受损。显然,三维目标之于双基,既有继承更有超越。

核心素养之于三维目标同样也是既有传承更有超越。

传承更多地体现在内涵上,而超越更多地体现在性质上。作为核心素养主要构成的必备品格和关键能力,实际上是对三维目标的提炼和整合——把知识、技能和过程、方法提炼为能力,把情感、态度、价值观提炼为品格。能力和品格的形成即是三维目标的有机统一。以历史学科为例,正如吴伟教授所言:"历史素养是通过日常教化和自我积累而获得的历史知识、能力、意识以及情感价值观的有机构成与综合反映。其所表现出来的,是能够从历史和历史学的角度发现问题、思考问题及解决问题的富有个性的心理品质。"②

那么超越和创新表现在哪里?核心素养较之于三维目标究竟在认识和理论上有哪些突破?

一、核心素养更能体现以人为本的教育思想

从"双基"到"三维目标",再到"核心素养",其中的变迁基本上体

---

① 张聪慧.三维目标该如何统一[J].语文建设,2005(8).
② 吴伟.历史学科能力与历史素养[J].历史教学(中学版),2012(11).

现了从学科本位到人本位的转变。双基是外在的，主要是从学科的视角来刻画课程与教学的内容和要求；素养是内在的，是从人的视角来界定课程与教学的内容和要求；三维目标是由外在走向内在的中间环节，既有外在的又有内在的东西。

相对于双基，三维目标的理论比较全面和深入。这是因为，任何学科总是包含了知识、方法、价值这样三个维度的要素：其一，构成该学科的基础知识和基本概念的体系（表层）；其二，该学科知识体系背后的思考方式与行为方式（深层）；其三，该学科知识体系及其思考方式和行为方式背后的情感、态度、价值观（内核）。因此，双基对学科的揭示是单维度的，而三维目标是全面的。而且，三维目标不是学科之外强加于学科教学的价值追求，而是学科自身内在隐含的价值。也就是说，三维目标之中的方法与过程指的是学科特定知识形成的"过程"及其运用的"方法"；情感、态度、价值观也是知识与技能、方法与过程嵌入、蕴含的"情感、态度、价值观"。这是从学科（课程）的角度说的。从教学的角度说，教学不是简单的复制，生成性是教学的特性。教师、学生也是课程，他们在教学中除了接受、内化学科的三维目标（静态）外，也会创生出新的个人的三维目标（动态）。个人的三维目标既可能是学科三维目标的延伸、拓展、补充，也可能是超越、创新，甚至是质疑、反叛。只要是有价值的，都应该鼓励，正如钟启泉先生所说："'学校知识'即使是通过正式课程加以授受的，也存在着教学过程中借助师生之间的交往和相互解释而加以再定义、再建构的一面。"[①] 知识如此，方法、态度更是如此。

但三维目标依然有不足之处，其一是缺乏对教育内在性、人本性、整体性和终极性的关注，其二是对人的发展内涵，特别是关键的素质要求缺乏清晰的描述和科学的界定。"现有的课程标准虽然在总目标中提及类似学科核心素养的目标，但没有以学科核心素养为纲，没有将学科核心素养一以贯之地落实到课程标准的各个方面，特别是各个学段或年级或水平的表

---

① 钟启泉.“学校知识”与课程标准［J］.教育研究，2000（11）.

现标准。"① 这就需要从三维目标走向核心素养。只有从三维目标走向核心素养，才能够实现教育对人的真正的全面回归。

相对于三维目标，素养更具有内在性和终极性的意义。素养是素质加教养的产物，是天性和习性的结合。素养完全属于人，是人内在的秉性。它使人成其为人，决定人的发展取向。素养让我们真正从人的角度来思考教育、定位教育。素养导向的教育更能体现以人为本的思想。

核心素养则是素养系统中具有根本性和统领性的成分，是人之为人的根本，是人进一步成长的内核。抓住了核心素养也就抓住了教育的根本。

学科核心素养既是学科对发展人的核心素养所起到的独特贡献和作用，又是学科独特教育价值在学生身上的体现和落实。学科核心素养是学科本质观和学科教育价值观的反映。厘清学科核心素养，清晰界定和描述各学科对人的发展的价值和意义，体现各学科对学生成长的独特贡献，能够使学科教育真正回到服从和服务于人的发展的方向和轨道上来。总之，只有抓住学科核心素养，才能抓住学科教育的根本。

在学科核心素养的视域下重建课程是本次课程改革的亮点。学科核心素养是一根主线，统领着学科课程知识的选择、课程内容的组织、课程难度的确定、课程容量的安排以及课程的实施和学业质量标准的确立。同时，学科核心素养也是课程标准的"魂"，课程标准中因此有了"人"的身影，得以和学生的发展融为一体。学科核心素养使课程标准的形态从教学大纲（双基）、内容标准（三维目标）走向了成就标准（核心素养），即以学生应该达到的素养作为课程标准的纲领。

二、核心素养来自三维目标又高于三维目标

从形成机制来讲，核心素养来自三维目标，是三维目标的进一步提炼与整合，是通过系统的学科学习之后而获得的；从表现形态来讲，核心素

---

① 邵朝友，周文叶，崔允漷. 基于核心素养的课程标准研制：国际经验与启示 [J]. 全球教育展望，2015（8）.

养又高于三维目标,是个体在知识经济、信息化时代,面对复杂而不确定的情境,综合应用学科的知识、观念与方法解决现实问题时所表现出来的必备品格与关键能力。显然,三维目标不是教学的终极目标,而是核心素养形成的要素和路径。教学的终极目标是能力和品格。

从"双基"到"三维目标"再到"核心素养",知识的地位和作用似乎在不断地被弱化,很多人为此提出质疑:知识难道就不是素养了?没有学科知识哪来学科素养?这个问题实际上就是知识与素养的关系问题。

知识是学校教育活动得以展开的一个"阿基米德点",教学活动离不开知识,教学活动对知识具有绝对的依赖性,但是,教学绝不能止于知识,人的发展更不限于掌握知识,教学的根本目的和人的发展的核心内涵是人的素养的提升,也即,教学是通过知识的学习来提升人的素养的一种教育活动。目前教学中存在的突出问题是:作为工具、媒介、手段、材料的知识反倒变成了教学的目的,知识被绝对化、神圣化了,教育成了为了知识的教育,而能力和素养反被弱化、边缘化,有知识、没能力、缺素养成为我们教学中最突出、最致命的问题。因此,从教育思想的角度讲,我们要把为了知识的教育转化为通过知识获得教育,知识是教育活动中促进学生发展的一种文化资源和精神养料。

那么,究竟如何才能把学科知识转化为学科素养呢?我们认为,学科知识只是形成学科素养的载体,是不能直接转化为素养的,学科活动才是形成学科素养的渠道。学科活动意味着对学科知识进行加工、消化、吸收,并在此基础上进行内化、转化、升华。这其中,三维目标中的"过程与方法"起着重要的作用。但是,"过程与方法"毕竟也不是素养本身,它只是素养形成的桥梁。本次高中课程标准修订用"学科活动"来统整三维目标中的"过程与方法"以及学习方式中的"自主、合作、探究学习",目的就是为了强化学科教学的学科性,聚焦学科核心素养的形成。教师在设计和开展教学时必须以学科核心素养为导向,充分体现学科的性质和特点,使学科教学过程成为学科核心素养的形成过程。一位物理教研员反映:"深入物理课堂听课,你往往会有一种感觉,好像物理课与其他学科没有什么两样:不做实验,或以讲代做,一旦检测学生实验,其实验技能的缺陷便暴露无遗；新授课与习题课一样，题海茫茫苦作舟……物理课的特点在哪里？物理课的特点就在于'物'和'理'。'物'即事实证据，必须以实验为基础；'理'即理性思维，要以思维为中心。通过实验，创设情境，观察表象，通过理性思维抽象出具体的理论，再通过具体的原生态问题，得到建构和升华。……显然，把活生生的物理仅肢解为知识，而又把知识的获得归结为习题的训练，这样的物理是没有魅力的。"[①]可以说，这样的物理课背离了物理的本质和特性，不仅没有魅力，也不能形成物理学科的素养。

情感、态度和价值观是三维目标中最能体现"以人为本"的目标。从学科核心素养的角度来看，我们要强调两点：第一，情感、态度与价值观要体现并聚焦于学科的精神、意义、文化，反映学科之情、之趣、之美、之韵、之神，从而使之与"学科知识""学科活动"融为一体，只有这样才能形成学科核心素养；第二，要在"内化"上下功夫，只有把情感、态度与价值观内化为学生的品格，转化为学生的精神世界，使学生成为一个精神丰富的人、有品位的人，这一维度的目标才有终极的意义。

学科核心素养是学科特性和教育内涵的有机融合。从"三维目标"走向"核心素养"，是学科教育在高度、深度和内涵上的提升，是学科教育对人的真正的回归。学科核心素养的提出意味着学科教育模式和学习方式的根本变革。

[①] 何蓁.中学物理高效课堂的思考[J].当代教育论坛，2012（4）.

第二章
学科核心素养的形成机制

> >> 学科核心素养究竟是怎样形成的？这是本次课程标准修订和深化课程改革的关键问题。围绕学科核心素养的形成重建学科教育范式是当前基础教育课程改革的重头戏。学科知识与学科活动是学科核心素养形成的两翼，以语文为例：语文知识是语言和言语、文章和文学的抓手，主要包括听说读写的事实、概念、原理、技能、策略、态度等，是形成学生语文素养的重要基础和载体；语文活动即听说读写的言语实践活动，是培育语文素养的主要途径。

第一节 学科核心素养形成的主要载体——学科知识

"巧妇难为无米之炊。"学科核心素养不可能凭空形成，学科知识是学科核心素养形成的主要载体。那么，什么样的学科知识，或者说怎么选择、组织、设计学科知识，才有利于学科核心素养的形成？这也是对英国教育家斯宾塞在 19 世纪提出的"什么知识最有价值"命题的时代回应。

一、学科知识的内涵和类型

（一）学科知识的结构

任何知识都具有内在结构，即知识的内在构成。现代认识论告诉我们，知识具有三个不可分割的组成部分。

1. 符号表征

作为人类的认识成果，任何知识都是以特定的符号作为表征的。符号所表征的是人类关于世界的认识所达到的程度或状态，即"关于世界的知识"。认识论立场中的知识其实反映的是人类认识的成果，是以理论化的符号形式呈现的。

....

2. 逻辑形式

知识的逻辑形式是指人认知世界的方式，具体包括知识构成的逻辑过程和逻辑思维形式。任何知识的形成，都经历了分析与综合、归纳与演绎、分类类比与比较、系统化与综合化等逻辑思维过程，都包含着概念、判断和推理等逻辑思维形式。如果说符号表征表明的是人对世界的具体看法或认识结果，那么，逻辑形式则体现的是人认识世界的方式和过程。没有逻辑形式的知识是不存在的。

....

3. 意义

知识的意义是其内具的促进人的思想、精神和能力发展的力量，是知识与人的发展之间的一种价值关系。作为人类认识成果的知识蕴含着对人的思想、情感、价值观乃至整个精神世界具有启迪作用的普适性的或"假定性的"意义。这种普适性的或"假定性的"意义的存在，使学生通过知识习得建立价值观成为可能。

....

在知识的内在结构中，符号是知识的外在表达形式，是知识的存在形式，即符号存在。离开了符号，任何人都不可能生产或创造知识，也不可能理解知识。而逻辑形式是知识构成的规则或法则，逻辑形式是人的认识成果系统化、结构化的纽带和桥梁，是认识的方法论系统，没有了特定的逻辑形式，同样不能构成知识。意义是知识的内核，是内隐于符号的规律系统和价值系统。只有把握住符号、逻辑形式、意义之间的内在关联，才能从整体上理解知识和掌握知识。[①]

[①] 郭元祥. 知识的性质、结构与深度教学［J］. 课程·教材·教法，2009（11）.

学科知识的外在结构即学科知识之间的关系，按照美国认知教育心理学家奥苏伯尔的分类，这种关系有纵向的上下位从属关系和横向的并列关系两种。奥苏伯尔据此把有意义的学习分为以下几种模式。

1. 下位关系和类属学习

当学习者认知结构中的原有观念在包摄和概括的水平上高于新学习的知识时，新知识便构成旧知识的下位关系（新观念是原有观念的下位观念），相应的学习便称为类属学习。类属，是将新材料纳入并整合到认知结构中适当部位的过程，使得认知结构进一步按层次进行组织和分化。类属学习按上下位关系的性质的不同，又可分为派生类属学习和相关类属学习两种。

① *派生类属学习*

其特征是，通过新旧知识相互作用，新观念获得意义，但认知结构中的原有观念不发生实质性变化。这是因为新观念完全可以从原有的观念中派生出来，只对原有观念起支持或证实作用。例如，学生通过学习直角三角形、锐角三角形、钝角三角形，在头脑中形成了三角形的内角和等于180°的概念（上位观念）。在学习等腰或等边三角形时，其内角和为180°的命题（下位观念）很快就获得意义，且原有观念得到充实或证实。由于新旧知识实质性内容相同，即使非实质性的特殊细节或现象相异，这种学习也很容易进行，因此新知识容易被固定，学习效果既快又好。

② *相关类属学习*

其特征是，通过新旧知识的相互作用，新观念获得意义，原有观念被扩充、精确分化、修改或限制。这是因为新旧观念虽有类属关系，但新观念不能单纯从原有观念中派生出来。例如，学生已通过对三角形、四边形的学习，掌握了平面几何中高的概念（上位观念），现在要学习立体几何中圆锥体的高（下位观念），两者虽有上下类属关系，但高的概念有本质上的不同，所以新观念不能直接从原有观念中派生出来。与派生类属学习相比较，相关类属学习要普遍得多，但学习效果不如派生类属学习。这是因为相关类属学习中上下位观念的相似程度较低，主要表现在：首先，上位观念不能完全代表下位观念的意义，下位观念也不能完全蕴含上位观念的意义；其次，上位观念所类属的下位观念之间，含义的差别也较大。

2. 上位关系与总括学习

当学习者认知结构中的原有观念在包摄和概括的水平上低于新学习的知识时，新知识便构成旧知识的上位关系（新观念是原有观念的上位观念）。在有意义的学习中，当学习者认知结构中已经形成了几个观念，在此基础上想要学习一个抽象程度更高的观念时，便会产生总括学习。总括学习实际上是一种常见的由特殊到一般、由具体到抽象的归纳式学习。学生在形成概念或被要求通过发现或解决问题的活动获得概括性的观念时，都要进行这种学习。在总括学习中，新旧知识之间的相似表现在：上位观念寓于下位观念之中，是对下位观念实质意义的概括和抽象；下位观念则是上位观念具体而特殊的例证及派生的事实。所以，总括学习与派生类属学习的性质是一样的，两者在实质意义上是相同的，只是学习的方向相反。

3. 并列结合学习

当新的观念与认知结构中原有的观念既不产生类属关系，也不产生总括关系，而只是具有某些非从属关系或上下关系的相似性时，两者便可能形成并列结合关系，从而出现并列结合学习。这种学习又可分为同类别并列结合和不同类别并列结合两种。如鲁班发明锯，是因为他被草叶上的一排尖齿划破了手指，从而想到用铁制作一排尖齿来拉断木头，这就是利用不同类别的事物具有某方面的相似特征进行并列结合学习的例证。而像数学教学中同一单元的不同章节之间以及同一单元的例题与习题之间、语文教学中的范文与习作之间等，则属于同类相似。显然，同类相似的学习较之不同类相似的学习要容易得多，但相对于类属学习和总括学习，不管是同类别还是不同类别，并列结合学习由于缺乏上下观念的固定作用而不易进行，且不易保持。

应强调的是，以上三种学习的同化模式只是凭借理论抽象来分析新旧知识的相互作用过程。实际上，在有意义的学习中，它们总是处于错综复杂的状态，不是截然分开的，而是相互包含、你中有我、我中有你的。但是，奥苏伯尔提出的这几种同化模式使我们更具体、更明确地了解了有意义的学习过程的内在机制。

（二）学科知识的分类

现代认知心理学把知识分为陈述性知识、程序性知识和策略性知识三类。具体来说，陈述性知识是关于"是什么"的知识，包括事实性知识、概念性知识和原理性知识；程序性知识是关于"为什么"或"怎么做"的知识，包括方法性知识、过程性知识和操作性知识；策略性知识是关于"怎么思维和认知"的知识，即元认知，它是以认知过程与结果为对象，是调节认知过程的认知活动，所以是对认知的认知。如果说，陈述性知识、程序性知识是知识，那么，策略性知识则是知识的知识。元认知对内进行认知的调节、控制、监测、协调，其作用是促进认知活动的正确有效运行和高水平展开，对外揭示知识背后所蕴含的逻辑、根据、标准与价值，即学科思维方式、学科思想观念、学科精神文化等，从而实现对学科的深度学习。值得强调的是，认知心理学的这一分类更适合于科学领域，而不完全适合于人文领域。虽然在人文学科知识中也有陈述性知识、程序性知识和策略性知识，但是，人文学科知识中所包含的丰富的情感性和价值性的知识因素，特别是一些只可意会不可言传的知识，却很难划归这三类。为此，知识的分类还要结合学科的特点和性质。

二、学科知识的价值和意义

（一）学科认知功能

知识是客观事物的属性与联系的反映，是客观事物在人脑中的主观映像。"从学生发展的角度看，知识其实是一面镜子，是学生看待自然世界、社会世界和人的精神世界的一面镜子。通过这面镜子，学生应该能够认识和理解客观世界。"① 值得一提的是，在认识世界的活动中，"对同一事实，由于每个人关注的问题不同，每个人的回答可能都不相同；即使关注同一问题，由于对问题思考的层次和角度不同，每个人的回答也可能不相同"。② 这对学科教学的启示是，我们必须注重方法论和认知方式的教育。这里，特别值得一提的是德国社会学家曼海姆所谓的认识的"视角"。"曼海姆认为，视角意味着'人们观察客体的方式'，它不仅决定着思想的形式，而且还决定着思想的实质性内容。缺乏这种视角，一个人就缺乏认识和分析事物的能力。"③ 因此，教师要结合学科的性质和特点，引领学生形成观察和思考问题的独特的学科视角。唯有用学科独特的视角审视问题、分析问题和解决问题，才能形成真正意义上的学科素养。

学科就好比眼镜，每学习、了解、掌握了一门学科，就能帮助我们进一步提高视力，把这门学科所反映的各种现象看得更清楚。有时候，这副眼镜好比显微镜，能帮助我们看到很多肉眼看不到的微观世界；有时候，这副眼镜又好比望远镜，能帮助我们看到很远很远的太空世界。有句老话说得好："外行看热闹，内行看门道。"内行为什么能够看到门道？就是因为他有"眼镜"，有"显微镜"，有"望远镜"，能够看到别人看不到的内在的、本质的、深刻的东西。

（二）生活导向功能

现代人拥有两个生长家园：生活世界是人直接感知和面对的世界，是人正经历着的世界，是与人发生着千丝万缕联系的、对人有价值和意义的世界；科学世界是人在生活世界的活动中衍生出来的特殊的理性视域，是人为了进一步把握生活世界中各种现象间的关系，理解世界的本质，从而驾驭世界而运用理性逻辑过滤掉生活世界中的偶然性和主观性，在抽象层面上描述的世界结构。对人的生命存在而言，生活世界是一个直观的世界，

---

① 郭元祥. 知识理解的条件与深度教学 [J]. 新教师，2016（3）.
② 李海. 从现代走向后现代：知识论对课程理念的影响 [J]. 江苏高教，2004（3）.
③ 石中英. 知识转型与教育改革 [M]. 北京：教育科学出版社，2001：150.

科学世界是一个抽象的世界。科学世界能够提升生活世界的意义。通过科学及其教育，人学会理解生活，感受生活，创造生活；通过科学及其教育，人的生活内涵不断丰富，生活视野不断开阔，生活世界不断充盈；通过科学及其教育，人的生活品质不断改善，生活境界不断提高。总之，通过科学及其教育，人生活得更好。任何学科知识就其来源而言，都来自生活和实际；就其性质而言，都高于生活和实际。正是由于学科知识来自生活又高于生活，所以能够引领、提升、指导生活。

以化学学科为例。"首先，化学教育要回归生活世界。这并不是要庸俗地、简单地用'生活世界'来统领学校教育，而是在学习化学知识之前，教师应紧密联系学生已有的生活经验，调动其个体知识。比如，空气、水、有机化合物、金属材料、非金属材料、化工生产等，均与学生的生命活动、衣食住行等休戚相关。其次，利用化学知识、原理培养学生洞察生活中化学问题的能力，养成一种敏锐的'化学眼光'。比如，引导学生设计健康的饮食方案、污水等废物的处理与绿色化学、迷信的揭秘与科学素养、食品与药物等的安全感知等，以使学生更好地理解化学与生活的共生关系。再次，将生活世界里的复杂性与科学世界里的逻辑线性进行比较，让学生感知科学发现与科学知识之间的关联。总之，科学世界里系统的、客观的、逻辑的知识并不是一蹴而就的，而是人们在丰富的生活世界里，通过思考、激情和想象等个体的、主观的和漫长的努力而获得的。"[①]

（三）情趣激发和审美涵养功能

每门学科的知识都有其内在的情趣，都是神奇美丽、奥妙无穷的，都有激发情趣和涵养精神的价值。王金战老师曾说："30年来，我一直在教数学、教初中、教高中、教竞赛，越教越觉得数学好玩、好学，越教越觉得数学很美、很酷。我常常被数学的波澜之势、高瞻远瞩之能、对称和谐之美、茅塞顿开之境所陶醉。"王金战告诉记者，他一直有个愿望，"就是从数学全局入手，用深入浅出的语言把数学讲得浅显易懂，用诗情画意的语

[①] 吴晗清，郑冬梅.化学教育价值及其实现［J］.教育理论与实践，2014（2）.

言把数学讲得异常精彩,用风趣幽默的语言把数学讲得生动有趣"。他说,现在很多中小学生讨厌数学到了想放弃的地步,害怕数学到了恐惧的程度,这绝不是数学本身的原因。兴趣是最好的老师,学生对数学的兴趣一旦得到激发,那么学好数学就很容易。王金战很骄傲地说,每接一届学生,前半个月他都不讲课本,而是以"大话数学"为题来挖掘数学的内涵,提炼数学的规律,揭示数学的特点,深化数学的应用,张扬数学的魅力,学生听得神情激昂,也就再没有对数学的恐惧和拒绝,有的只是学好数学的信心和激情。"所以我虽然不用布置太多的作业,他们却能轻松学好数学。"①

实际上,任何学科都是美丽的。如果我们无论学习什么学科,都能感受到其中的美,获得精神享受,这将是一件美丽而富有诗意的事。只有引导学生体验学科之美,才能培养他们对学科的热爱和崇拜,激发他们的学习兴趣,使他们保持持久的学习动力。

教学中,教师要尽可能让学生对学科的知识内涵产生兴趣。在当前的考评机制影响下,"试问,学科内在的精神价值和学生成长过程的快乐是不是被考分剥夺了呢?例如,教文言文时,我们思考过比文言文知识更高位的文本内涵吗?思考过文言文教学的价值吗?我们的文言文教学仅仅停留在为了考题的解释、翻译而进行的逐字逐句、从头到尾、不厌其烦、无所遗漏的串讲上,仅仅停留在'常见的文言实词、文言虚词、文言句式的意义或用法'上,基本上放弃了课标强调的'体会其中蕴涵的中华民族精神,为形成一定的传统文化底蕴奠定基础……从中汲取民族智慧'的内容,基本上不管学生成长需求的营养,将丰富饱满的文言文课文资源压缩成干巴巴的字词饼干,以换取'金钱',扫荡尽学生'为自己玩——为自己的人生发展学习'的好奇心与快乐"。②

究竟我们需要培养学生什么样的兴趣呢?是培养学生对知识本身的兴趣?还是培养学生使用知识的兴趣?就实际教学情况来看,培养学生对知识本身的兴趣,可以让学生将学习过程的乐趣与学习结果带来的成就感融

---

① 却咏梅.数学其实很美很酷[N].中国教育报,2010-05-20(5).
② 应永恒.文言文有效性教学的探索[J].福建教育(中学版),2011(1).

为一体，使学生更有可能在学习这条道路上坚持走下去；培养学生使用知识的兴趣，容易使他们只专注于学习的结果，而忽略求知的过程。

（四）思维和智慧启迪功能

每门学科不仅有自身的研究对象和概念体系，而且有自身的思维方式和表达方式。从大的方面来说，东西方的思维方式差异明显。如西方文化崇尚理性，注重形式论证；中国传统文化则强调感性直观，注重感性体验。从小的方面来说，不同学科的思维方式和表达方式也不一样。"不同学科的研究对象与方法不同，其知识表达形式亦不相同……数学、物理、化学中的符号、概念、公式、方程式，文科的论文写作，文学作品中的小说、散文、诗歌、戏剧表达方式，音乐中的音符、乐谱，美术中的线条、色彩，舞蹈中的动作、韵律等，都是一些学科特有的表达方式。对于学科知识的学习，教师除了让学生理解知识内容外，还应让学生理解各种表达形式、格式及其内在的思维方式、技巧，学会学科式表达与思维，关注学科表达的独特方式及其逻辑性、清晰性，做到合乎规范、逻辑，准确地表达自己的认识与思想。在正确、经常地使用该学科概念与表达方式的过程中，习得学科思维，要尽可能减少经验的、日常生活的表达方式，用学科表达方式与思维方式改造日常经验的表达方式与思维方式。"[①]以历史学科为例，要彰显"回到现场"的历史思维特征，我们就要站在历史的角度，设身处地地看待历史问题，而不是以今人的视角去臆测古人。具体地说，回到历史现场，就是"不仅要回到一定的空间位置，回到事情发生的那个时代或那段时间，而且要设法回到当时当地，回到事情正在发生的过程之中"。"就是要和历史人物一起经历其事，而且不是作为旁观者，也不仅仅是参与者之一，而是和所有亲历者一起经历他们各自所经历的全部过程。"[②]

[①] 潘洪建.知识形式：基本蕴涵、教育价值与教学策略［J］.课程·教材·教法，2014（11）.

[②] 桑兵.从眼光向下回到历史现场：社会学人类学对近代中国史学的影响［J］.中国社会科学，2005（1）.

三、学科知识的选择、组织、设计

为了使学科知识及其学习具有核心素养的价值和作用，我们在学科知识的选择、组织、设计上应强调以下几点。

（一）学科大概念

大概念指的是反映学科本质及其特殊性的、构成学科框架的概念，它是一种高度形式化、兼具认识论与方法论意义、普适性极强的概念。大概念不仅仅是一个简单的词汇，它的背后潜藏着一个意义的世界，是学科思想和理论体系的负载体。

从学科知识关系的角度讲，大概念是奥苏伯尔所说的上位知识，它的抽象性、概括性、包容性最高，解释力最强。这是因为，大概念是学科知识体系的细胞核，它内含遗传密码，最具生发力、再生力和预示力，是活力和繁殖力最强的一种知识类型，也是一切其他知识得以生发与依附的"根"。如果说学科知识具有"内核+围绕带"的结构，那么，大概念就位于其最中心圈层，其他知识依照与大概念的逻辑关系依次排列在它的外围，构成一种"众星捧月"式的结构。在这一结构中，其他知识构成了核心知识的生存背景与生长土壤，成为将之凸显出来的光屏。可以说，一切外围知识都是学习者逼近核心知识，最终将之消化、理解的垫脚石与助跑器。

从学科认识论角度讲，大概念是一种学科思维方式，是一种认识武器，是学生认识世界的"眼光""心态"和"尺度"。

从学生学习角度讲，大概念是一个"纲"，纲举目张；是一个"组织者"，整合所学的知识；是一根红线，把知识串起来。也就是说，抓住了大概念，学科的其他知识和相应的教学活动都可以被统摄进来。可以说，大概念教学是学科整个教学活动的连心锁，是赋予教学活动以整体性的关键。

从课程知识角度讲，大概念"可以把现行的极其丰富的学科内容精简为一组简单的命题，成为更经济、更富活力的东西"。[①] 通过大概念构建简

---

① 钟启泉.现代课程论[M].上海：上海教育出版社，2003：134.

洁、简约、精简的课程知识内容框架，以达到少而精的目标。

从心理学角度讲，大概念是一种元认知，它就像人的"元气""元神"那样，是一门学科最为精华的灵魂。

学科大概念是学科知识的精华所在，是最有价值的知识，是最能转化为素养的知识。学科大概念是教学内容选择的优先对象和主体对象，凸显学科大概念，实现学科教学内容的"少而精"，有助于实现学生的"精细化"学习，促成知识向素养的转化。学科教学内容的组织必须以学科大概念为中心、为纲领、为主线，平铺直叙和平均用力的教材和教法，无助于学科素养的形成。以美国国家研究理事会2010年发布的《K-12年级科学教育的框架》为例：

> 该《框架》追求面向公众的"更少、更高、更清晰"的科学教育标准。在教什么的问题上追求"更少"，让儿童有充分的时间和机会，进行更深入的探究，避免选择大量的主题，或纠缠于大量细节。"更少"需由"更高"保证。"会当凌绝顶，一览众山小"，否则，所见非常有限，成了"井底之蛙"。而"更清晰"不仅是课程设计指导作用发挥的前提，也是科学内在品质所要求的。科学本来就拒绝含糊不清。《框架》将更少、更高、更清楚的科学教育定位在"科学和工程内部以及交叉部分有限的几个核心观念"上，使学生"有机会参与科学调查论证以及获得对物质世界的更深入的理解"。如生命科学方面的核心观念有4个：
>
> 1. 有机体有对它们的生命发展、成长和繁殖有利的结构和功能（从分子学到有机体、结构和过程）。
>
> 2. 有机体有传递一代到另一代的机制和进程（遗传—继承或特征的变异）。
>
> 3. 有机体和特定的有机体群从它们的环境中获得必要的资源。环境包括其他的有机体和物质的因素（生态系统、相互作用、能量和动力）。
>
> 4. 生物进化解释了物种的统一性和多样性。
>
> 每个核心观念都伴随着一个问题以及若干子问题。如生命科学的

第一个核心观念的问题是：生物是怎样做它们需要的，以便能够生存、生长和繁殖？它包括3个子问题：

1. 有机体的结构是如何帮助它们执行生命功能的（结构与功能）？

2. 有机体的结构和功能是怎样随着它们的生长和发展而变化的（有机体的生长和发展）？

3. 有机体是怎么获得它们生存和生长的物质和能量（生物体中物质和能量流动的组织）？

每个核心观念以命题而非概念术语的方式表达，以清楚地说明其内涵与学习要求。相关问题既与儿童关于世界的疑问相关联，也与正在出现的社会、科技和环境的主要问题相关联，清楚地表明了寻求这些问题的答案对于科学研究来说是至关重要的。显然，这些核心观念及相关的问题引导，既不同于若干自然与生命现象的罗列、标识而日积月累的常识，也不同于对这些现象的分类、排列、抽象所形成的概念性知识，而是更为上位的思考，是对物质与生命世界发生与发展机制的整体性描述与揭示。面向大众的科学教育内容原来可以变得这么简明！可见，与学生发展核心素养相适应的教育教学内容多为具有统摄性与衍生性、位于最中心圈层的核心概念（其他知识依次排列在它的外围），它是其他知识依附的"根"。

关注"大概念"并非不要"小概念"，而是强调用"大概念"组织教学内容，从认识周围世界的各种现象入手，逐步提升科学探究的水平，从小概念向大概念不断扩展，逐步建立大概念与相关小概念之间的有机联系，从而把课堂知识串联起来，使之成为有机关联的整体。①

（二）学科结构

学科知识不是学科各个知识点的简单排列和堆积，而是一个有结构的有机整体。正如《化学课程标准》所指出的："化学教学内容的组织，应有

---

① 柳夕浪. 走向深度的课程整合[J]. 人民教育，2014（4）.

利于促进学生从化学学科知识向化学学科核心素养的转化,而内容的结构化则是实现这种转化的关键。"

所谓结构,简单地说,就是事物的联系,它表现为组织形式和构成秩序。我们知道,整体功能大于各要素功能之和,而这恰恰是由整体内部各个要素间的有机联系所决定的。知识间的这种内在联系是客观存在的,它体现在科学知识本身的逻辑关系以及人类认识科学知识的序列之中,教学内容必须以一种有利于学生学习的方式再现这种联系。对此,我们可以从静态和动态两个方面进一步理解。在静态方面,学科知识应该形成经纬交织、融会贯通的网络,这样能够帮助学生在头脑中将知识"竖成线,横成片",或"由点构成线,由线构成面",从而形成由点、线、面筑成的立体式的整体知识结构网络。这样做,不但有助于记忆,而且使学习变得容易。在动态方面,学科知识应该形成一个自我再生力强的开放系统,以充分发挥学科知识结构区别于科学知识结构的特有功能。为此,教材教法必须合理地设置孕伏关系,使前后内容互相蕴含、自然推演,为学生提供一个由已知到未知的通路。这样做,有利于帮助学生形成一个具有生命力的处于运动中的思维网络,从而使他们深刻领会概念的实质,掌握蕴含在概念关系中的各种思维模式。

传统的教学过于关注"知识点",这样的教学可称之为"细节教学"或"细节教育"。整体虽然由细节构成,但是,如果学习者过于关注知识点的细节,就可能导致整个教学活动的失败。因为"教学中常见的问题是,教学者或指导者常常不由分说地将整个'细节'……引入烦琐的讲解、讨论之中,或者进入那些填空、简答、名词解释、多项选择等形式的频繁的练习或考试中。'细节'一旦被不恰当地突出为'焦点'之后,学生常常会因此陷入'怯场''焦虑'等低迷的情绪"。[①]

俄国教育家乌申斯基说过,智慧是一种组织得很好的知识体系。碎片化的孤立的知识是没有价值的。学者鲍鹏山曾指出:"当知识不成体系时,

---

① 林秋玉,刘良华.立足于自然法的教学改革及其行动研究[J].全球教育展望,2015(2).

它是无用的，只是碎片。举个例子，曾有一家报社搞国学知识竞赛，其中有一道题目问：中国历史上哪一个时代的宦官是可以娶妻的？这是非常严肃的知识。如果你专门研究宦官，把他们的生存状况、心理状态以及他们在中国历史上的地位、影响、作用都搞明白，你将会成为一名了不起的专家。可是假如你的主要精力不在此，这样的知识碎片，对你一点用处也没有。"①

现在人们已经习惯了通过微信、QQ、微博等网络信息交流平台进行阅读，碎片化阅读已经成为人们获取信息的主要方式。对此，有位知乎网友的观点值得借鉴："碎片化知识通过连续的新鲜内容，不断刺激你的大脑，让你始终处于'啊！又知道了新的东西'的喜悦中，从而难以自拔，这也就是我们难以抑制刷微博、刷朋友圈的缘故，因为我们只需要付出很少，就可以沉浸在'获得了新东西'的刺激里面。但是，这些获得的信息，因为它们缺少跟其他信息的'联系'，因此难以被我们'提取'，而'提取'得少的内容，会被提取得多的内容挤压在记忆的底部——因此，这些碎片化的信息极其容易被我们遗忘。你以为你得到了很多，但其实你什么都没有得到。"②

值得强调的是，长期接受碎片化信息，容易使人们养成用孤立的眼光去看问题的习惯，最终会弱化人们对复杂事物的思考能力。要记住，即使你拿回无数粒知识的沙砾，也只能聚成一片沙漠而已，而人们爱看的，是沙砾集合成的金字塔——有组织的知识才有核心竞争力。教育心理学把学习定位为认知结构的组织和重新组织，也是这个道理。没经过学生组织的知识，没有纳入学生认知结构的知识，都不能被学生真正地理解和吸收。

（三）学科本质

从狭义上讲，学科知识包括学科事实、学科术语、学科符号、学科概念、学科命题、学科原理等"可视的内容"（学科的表层结构）；从广义上讲，学科知识还包括学科方法、学科思想、学科观念、学科精神等"隐性

---

① 鲍鹏山. 境界与知识[J]. 环球人物，2015（10）.
② Lachel. 长期通过微博、微信、知乎等平台接收碎片化的知识有什么弊端？[EB/OL].[2015-06-16].https://www.zhihu.com/question/30489442.

的内容"(学科的深层结构),也即学科本质。它不仅是学科知识的重要组成部分,而且是学科核心素养最重要的源泉和基础。以物理学科为例,邢红军教授把物理学科比喻为一棵大树,很值得我们借鉴。

第一,一棵大树的树叶好比物理知识。这是因为,当人们观察树木时,最容易映入眼帘的就是树叶。树叶不仅数量多而且醒目,这就对应于物理学具有大量的概念与规律的特点,也容易解释为什么在物理教育中人们通常关注物理知识教育的缘由。但是,如果把物理知识教育等同于物理教育,那么就会陷入"一叶障目,不见泰山"的危险。令人遗憾的是,我们目前的物理教育似乎仍然处于这样一种状况。

第二,一棵大树的树枝好比物理方法。之所以这样比喻,是因为树叶与树枝的关联很好地表达了物理知识与物理方法的关系。一方面,树叶往往是从树枝上生长出来的,这就恰当地说明了物理知识需要经由物理方法才能得出。另一方面,从远处看树木,只能看到树叶而不能看到树枝。只有走到近处,人们才能看清树枝的形状,这很好地说明了物理知识显性而物理方法隐性的特点。

第三,一棵大树的树干好比物理思想。树枝长粗到一定程度时,就变成了树干,喻为物理方法进一步升华形成物理思想。树干没有树枝那么多,但树干才是一棵树最有价值的部分。把这种比喻迁移到物理教育中,我们可以发现,物理思想的内容没有物理方法的内容多,但物理思想比物理方法更重要。在现实生活中,树干和树枝是很容易区分的。但在物理教育中,人们却往往把物理方法教育与物理思想教育混为一谈。从物理教育的层次上看,物理思想教育居于物理方法教育的上位,它植根于物理方法教育但不等同于物理方法教育。在内容上,物理思想教育与物理方法教育亦有清晰的边界,如同树干与树枝具有明显的区别一样。

....

第四,一棵大树的树根就好比物理观念。树根是树的根基,既是树干的延续,又是树苗能够长成参天大树的基础。然而,不能把树根理解为树干，两者具有明显的区别。因此，在物理教育中，物理观念教育不同于物理思想教育。物理观念是物理思想的凝结，它位于物理思想教育的上位。在内容上，物理观念教育与物理思想教育也有清晰的边界。物理观念教育与物理思想教育表征物理教育的不同层次，具有不同的内涵。

第五，物理精神教育具有与物理知识教育、物理方法教育、物理思想教育和物理观念教育不同的特点。在一定意义上，物理精神教育如同一棵大树生长所需要的水分和养料，它不构成大树本身，却是大树生长不可或缺的营养。甚至可以说，缺少了物理精神的物理教育，这棵树苗是断然不能长成参天大树的。

基于观察大树的形象认识看待物理教育，我们不难看出，这种观点下的物理教育内容既相互关联又相互依存，呈现出层层递进、逐步升华的样态。从物理教育之树的营养（物理精神）到物理教育之树的树根（物理观念），再到物理教育之树的树干（物理思想），借助物理教育之树的树枝（物理方法），最终抵达物理教育之树的树叶（物理知识），既形象又符合逻辑地展现了物理教育的全貌，使我们对物理教育的应有内容有了全新的认识。[①]

学科本质要求我们：一要超越简单的具体知识，去理解和把握具体知识背后的学科方法、学科思想与学科价值；二要超越表层的符号形式，去理解和把握符号形式背后的逻辑根据、思想方法与价值意义；三要超越庞杂的知识点本身，去理解和把握同类知识的组织结构和属性特征。唯其如此，学科知识的教学才能有助于学科核心素养的形成。

（四）学科情境

学科情境指的是学科知识产生、提出、发展的条件、背景、过程或故事。从教学的角度讲，它是对促进学生学习、理解、消化、建构学科知识

---

① 邢红军，张抗抗.论物理思想的教育价值及其启示［J］.教育科学研究，2016（8）.

的具有社会化色彩的学习环境的概括。以数学为例：一张纸折叠多少次之后就比珠穆朗玛峰还要高？这是乘方概念的一个情境；国际象棋棋盘有64个方格，如果在第一个方格里放1颗麦粒，第二个放2颗，第三个放4颗，以此类推，每次都放前一格数量的2倍，那么把64格放满需要多少颗麦粒？这是有关指数运算之和概念的一个情境。物理学中关于浮力原理的发现也有一个经典情境：相传叙拉古的赫农王让工匠替他做了一顶纯金王冠，做好后，国王疑心工匠在金冠中掺了假，但这顶金冠确与当初交给工匠的纯金一样重，到底工匠有没有捣鬼呢？国王请阿基米德来检验。最初，阿基米德也是冥思苦想而不得要领。一天，他去澡堂洗澡，当他坐进澡盆里时，看到水往外溢，同时感到身体被轻轻托起，突然悟到可以用测定固体在水中排水量的办法来确定金冠的体积。经过进一步的实验以后他来到王宫，把王冠和同等重量的纯金放在盛满水的两个盆里，比较两盆溢出来的水，发现放王冠的盆里溢出来的水比另一盆多。这就说明王冠的体积比相同重量的纯金的体积大，证明王冠里掺进了其他金属。阿基米德从中发现了浮力定律——物体在液体中所获得的浮力，等于它所排出的液体的重量。

如果说学科知识是形成学科素养的载体，那么学科情境则是学习学科知识的载体。从广义的角度讲，学科情境也是学科知识的一个组成部分。学科知识要转化为学科素养，离不开学科情境的介入和参与。

综上所述，学科最本质、最有价值也是最能促进学科核心素养形成的知识包括以下几种。

（1）核心概念与命题。任何一门学科都是由若干基本的核心概念与命题组成的知识体系，它们是学科最基本的结构。（2）本质与规律。学科本质是能判断该学科能够成为"学科"的最根本的属性；规律是事物、现象及过程内在的、本质的、必然的联系，是学科的主要研究对象。（3）思想与方法。学科专家提出的对尔后学科发展和学科学习最具影响力的那些观念、思想和见解，是"知识"背后的"知识"，是学科的精髓与灵魂。（4）产生与来源。学生的学习不能仅仅局限于了解学科及学科知识是什么、怎么应用,在建构主义背景下,通过对学科及学科知识的追本溯源,让学生掌握学科及学科知识的产生与来源对于学生整体把握学科乃至发展学科尤为关键。(5)关系与结构。学科之所以为"学科"而不是简单概念与知识要点的堆砌,其中非常重要的原因在于学科有着自己独特的结构,学科知识之间存在着不可割裂的内在联系。掌握了学科的关系与结构,学生就能从整体上把握学科及学科知识。(6)价值与精神。学科的价值追求、学科所蕴含的精神虽然难以体味,也难以捉摸,但是对于学生作为一个活生生的个体——人的后续的学习发展的重要性是不言而喻的。[①]

值得强调的是,学科知识是学生学习的对象和材料。超出学生认知能力范围的学科知识,不仅于形成学科素养无补,反而会阻碍学科素养的形成。知识是为素养服务的,过难、过深的知识无助于素养的形成。当然,量力性原则也意味着尊重和开发学生的潜力,过易、过浅的知识无法刺激学生的思维,也无法让学生的思维达到一定的深度,同样不利于学生素养的形成。

第二节 学科核心素养形成的主要路径——学科活动

如果说学科知识是学科核心素养形成的主要载体,那么学科活动则是学科核心素养形成的主要路径。能力只有在需要能力的活动中才能得到培养,素养只有在需要素养的活动中才能得到形成。杜威指出,真正的知识应该是主体与客观对象在相互作用的过程中,主体与经验材料紧密联系在一起的结果。因此,他强调"把各门学科的教材或各部分知识恢复到原来

---

① 李松林.论教师学科教材理解的范式转换[J].中国教育学刊,2014(1).

的经验"。教师"考虑的不限于教材本身，而是把教材作为在全部的和生长的经验中相关的因素来考虑的。这就是使教材心理化"。①

一、学科活动的哲学论解读

完整的学科活动应包括实践活动（动手，感性）和认识活动（动脑，理性）两个方面。按照马克思主义的观点，实践活动是一种主观见之于客观的过程，而认识活动则是一种客观见之于主观的过程。就实践与认识的关系而言，实践是认识的基础，实践决定着认识的产生、发展，是认识的检验标准和最终目的。同时，认识对实践又具有能动的反作用，即指导作用。学生在学科学习活动中的实践和认识的关系也是如此。不同的是，学生在学习活动中的实践和认识具有自身的特殊性，最终目的也不只是为了认识世界和改造世界，也是为了自身的发展，即学科核心素养的形成。

二、学科活动的教学论价值和意义

学科教学的实质就是学科活动，包括教师教的活动和学生学的活动，其中学的活动是根本。学科教学过程即学科活动的过程。以语文为例，"现在很多语文课堂不是由教学活动和学习活动组成的，而是由内容的堆积、问题的罗列、形式的呈现、概念的演绎以及结论的传递，甚至就是由一个个题目和一个个答案组成的一堂课。而从课堂教学的基本要求看，语文课堂教学必须由语文活动组成。什么是语文活动呢？语文的活动，就应该是以语言为核心的活动，听、说、读、写应该是基本形式，但很多语文课把大量时间花在其他活动上"。② 数学学科也是一样，"数学素养是主体在经历的数学活动中产生的，它难以通过传授与习得来获得，其生成依赖于主体

---

① 约翰·杜威.杜威教育论著选［M］.赵祥麟，王承绪，编译.上海：华东师范大学出版社，1981：89-90.

② 黄厚江.把语文课上成语文课［J］.语文建设，2013（13）.

对数学的体验、感悟、反思和表现"。[①] 荷兰数学教育家弗赖登塔尔也强调数学学习是一种活动。他认为这种活动与游泳、骑自行车一样，不经过亲身体验，仅仅靠看书本、听讲解、观察他人的演示是学不会的。

三、学科活动的特性

（一）实践性

学科活动中的实践，本质上是一种学习，即实践型的学习或学习型的实践。从学科学习的角度讲，实践性包含以下几层意思。

1. 凸显直接经验

学科知识即间接经验，与此对应的是直接经验。应该承认，强调书本知识的学习是符合教学过程的规律和特点的，它能快速而有效地促进学生认知的发展。但是，我们不能因此忽视直接经验的作用，这是因为：

第一，没有一定的直接经验，学生难以理解和掌握间接经验。对此，陶行知先生有过一个精辟的比喻——"接知如接枝"。他说："我们要有自己的经验做根，以这经验所发生的知识做枝，然后别人的知识方才可以接得上去，别人的知识方才成为我们知识的一个有机部分。"[②]

第二，间接经验是基于直接经验和为了直接经验的，是无数直接经验整合的结果。只有当间接经验真正转化为学生的直接经验的时候，它才具有教育价值，才能成为人的发展价值。直接经验是储备金，是母乳；间接经验是纸币，是代乳品。

2. 强调身体参与

现代脑科学研究表明，"大脑本身并不能独立完成高级认知活动，大脑和通过身体与外部世界的互动，对于理解高级认知过程起着关键的作

[①] 梅松竹. PISA2012数学素养精熟度水平评价研究[J]. 教育测量与评价, 2014（3）.
[②] 陶行知. "做学教合一"的总解释[J]. 重庆陶研文史, 2016（4）.

用……对于心智的理解必须放到它与身体的关系背景中,而这个身体是与外部世界互动的身体"。① 为此,现代认知科学强调具身认知。具身认知的核心内涵即是身体的参与。

因此,"教师在教学过程中注意引导学生在参与互动中学习,在交往中学习,在体验中学习,在游戏中学习,在探究中学习,在生活中学习,在各种亲自操作和实践活动中学习。让作为主体的学生的身体进入教学中,发挥身体知觉的认识能力,让学生把每一种感官都调动起来,以自己的方式来与物体交流,让线条、色彩、形状成为对事物的思考方式,打通感官之间的屏障,联系感官之间的感觉,发现声音的视觉、颜色的听觉,达到对事物本质的认识"。②

学习不仅要用自己的脑子思考,还要用自己的眼睛看,用自己的耳朵听,用自己的嘴巴说,用自己的手做,也就是说,用自己的身体去亲自经历,用自己的心灵去亲自感悟。这不仅是理解知识的需要,更是激发学生生命活力、促进学生生命成长的需要。

在身体参与中,陶行知先生特别强调手脑并用的意义。他说:"人身两个宝,双手与大脑。用脑不用手,快要被打倒。用手不用脑,饭也吃不饱。手脑都会用,方是开天辟地的大好老。"③ 苏联教育家阿莫纳什维利也认为,学生单靠动脑,只能理解和领会知识。如果加上动手,他就会明白知识的实际意义;如果再加上心灵的力量,那么认识的所有大门都将在他面前敞开,知识将成为他改造事物和进行创造的工具。中国也有"纸上得来终觉浅,绝知此事要躬行"和"纸上得来终觉浅,心中悟出始知深"的古训。杜威的"做中学"理论更是全面深刻地阐述了动手的价值和意义,他认为,个体要获得真知,就必须在活动中主动体验、尝试、改造,必须去"做",

---

① Inui T.Editorial:Experimental Approach to Embodied Cognition. *Japanese Psychological Research*,2008,48(3).

② 杨晓.知觉教学:身体现象学对教学改革的启示[J].课程·教材·教法,2015(12).

③ 华中师范学院教育科学研究所.陶行知全集(第2卷)[M].长沙:湖南教育出版社,1985:606.

因为经验都是从"做"中得来的。

3. 重视感性因素的作用

从心理学的角度讲，感性和理性是指人的两种不同的心理机制与功能。感性是指人的感知、想象、情感、灵感、直觉等心理机制与功能；理性是指人运用概念进行推理、判断的心理机制与功能。从人类学的角度讲，感性和理性是指同时存在于现实生活中的人身上的两种因素。感性因素是指人的本能、欲望、感觉、情感等；理性因素是指人的理智、思考、抽象思维等。感性和理性具备的不同特性和功能，决定了两者在人的身心发展中的不同作用和价值。对人的生长而言，这两种因素都是不可或缺的，这是人性丰富完满的必然要求。

然而，在认识世界的过程中，人们往往重理性、轻感性。从认识角度讲，即重理性认识、轻感性认识。人们认为，感性认识是低级的、粗糙的、不可靠的，只能提供认识的具体材料，唯有理性认识才是高级的、精确的、牢靠的，才能把握事物的本质。于是，感性认识与理性认识之间被人为地设置了一道鸿沟，前者被认为只有经过"飞跃"才能到达后者。这种重理性、轻感性的观念导致教学凭空追求理论化和抽象化，其结果使学生只能在理论层面掌握知识，使知识成为空中楼阁。

教育心理学研究表明，学生掌握知识的过程是一个感性认识和理性认识相结合的过程。如果学生的感性认识丰富、表象清晰、想象生动，形成理性认识及理解书本知识就比较容易。反之，要掌握书本上的概念、公式、原理等就比较困难。为此，教学不仅要关注和发展人的理性因素，同时也要关注和发展人的感性因素。重理性、轻感性只能造成对人性的肢解。而传统课堂教学缺乏人情味，缺乏对人的感性因素的刺激和满足，也就丧失了应有的感染力和召唤力。

值得强调的是，对于感性认识和理性认识，我们不仅要看到两者的纵向联系，重视感性认识的基础作用，还要看到两者的横向联系，即感性认识和理性认识是相互交错、相互渗透的，两者总是具体地统一在一定的认识水平之上的。

4.倡导"用中学"

学习与应用是相辅相成、相互促进的关系。传统教学以学为本、以学为先,以此定位两者的关系,从而导致重学轻用;现代教学则强调以用为本、以用为先来定位两者的关系。有学者将"用中学"的内容归纳为以下三个方面。

第一,着眼于目的,将"用"知识作为"学"知识的重要目的,强调学习知识的目的在于运用知识于社会实践,即"因用而学""学以致用"。学而无用的知识使人迂腐,使人软弱;学而有用的知识使人聪慧,使人有力。心理学把理解不了的知识称为"假知",把应用不了的知识称为"惰性知识"。

第二,着眼于功能或作用,将"用"知识作为"学"知识的一种手段和方法,强调知识的运用可以促进知识的学习,可以发挥"以用促学"的功效。陶行知先生非常强调知识的运用,甚至提出要以"用书"来替换"读书"。在他看来,"书只是一种工具,和锯子、锄头一样,都是给人用的。我们与其说'读书',不如说'用书'。书里有真知识和假知识。读它一辈子不能分辨它的真假;可是用它一下,书的本来面目便显了出来,真的便用得出去,假的便用不出去"。

第三,着眼于过程,将"用"知识的过程看作"学"知识的过程("用中学"的本义),认为知识的运用过程也包含着知识的学习过程,或者知识运用本身就是一种知识学习过程。如毛泽东就曾指出:"读书是学习,使用也是学习,而且是更重要的学习。"后来的"学用结合"思想深受毛泽东这一知识学习观的影响,非常强调知识学习要密切联系实际,以达到活学活用的学习效果。[①]

学生的学习有其特点,我们不能否定"用前学"即先学后用的意义,但是我们同时还要倡导"用中学",即边用边学或边学边用,努力把知识的

[①] 张琼."用中学":指向实践能力发展的一种知识学习方式[J].教育研究与实验,2014(5).

学习过程渗透和融入知识的运用过程，因为这种学习更有助于把知识转化为素养。

（二）思维性

思维主要指抽象概括与逻辑分析的一种认知过程、方法或能力，它是学生接受知识、发现知识和建构知识的基本前提。学科认识活动的核心是学科思维，其认识过程本质上是一种学科学习的思维过程，是学科特有的理解问题和分析问题的思维方式，使学生像学科专家一样深入思考问题。

首先，就学科知识本身而言，它是思维的产物、智慧的结晶。学科知识在内容上包含着深刻的思维和丰富的智慧，而在形式上却简单、呆板，是现成的结论和论证。学科教学绝不仅仅意味着展现教材上的现成结论和现成论证，而应重在揭示隐含在其中的精彩而又独特的思维过程，并引导学生深入到学科知识的发现或再发现中去。唯其如此，学生才能真正理解和掌握学科知识，并把教材上的智慧转化为自己的智慧。教材编写和学科教学内容的组织、设计必须凸显学科知识的形成过程，即学科问题的发现过程、学科概念的提炼过程、学科命题的论证过程等。

其次，就学生认识活动而言，它主要是学生自主阅读、独立思考的过程。苏霍姆林斯基认为，所谓真正地拥有知识，就是对知识有深刻的理解并且经过多次反复思考。孔子也说过："学而不思则罔。"所以说，学习过程必定是思考的过程。现代教育心理学研究指出，学生的学习过程和科学家的探索过程在本质上是一样的，都是一个发现问题、分析问题和解决问题的过程。这个过程一方面是暴露学生各种疑问、困难、障碍和矛盾的过程，另一方面也是展示学生聪明才智、独特个性、创造成果的过程。有这样一个小故事：一个人发现已裂开一条缝的茧中，一只蝴蝶正在痛苦地挣扎，他于心不忍，便拿起剪刀把茧剪开，想帮助蝴蝶破茧而出。可最终这只蝴蝶因身体臃肿、翅膀干瘪，根本飞不起来，不久便死去了。这个人不知蝴蝶必先在痛苦中挣扎，把翅膀练强壮之后，方能破茧而出，振翅高飞。他这么做，看似帮蝴蝶免除了痛苦，结果却适得其反。学生的学习不也是这样吗？传统教学排斥了学生的思维参与，把教学过程庸俗化到无须思考，只须听讲和死记硬背就能掌握知识的程度，便培养出掌握了知识却不知思考知识、追问知识、评判知识、创造知识的"好学生"。这实际上是对学生智慧的扼杀。捷克教育家夸美纽斯曾指责中世纪学校变成了儿童恐怖的场所，变成了他们才智的屠宰场；恩格斯批评英国的爱北斐特中学流行着一种非常可怕的背书制度，认为这种制度只花半年时间就能将一个学生变成傻瓜；毛泽东同志也曾批评旧的教育摧残人才和青年，使学生越读越蠢……他们指的都是这种情况。

再次，学科思维是体现学科性质和特点的思维活动。它既不是静态的学科知识与技能，也不是某剂解决问题的简单"处方"，而是探寻思考、解决和评价学科问题的有效方法的思维方式或模式。它植根于学科内容之中，是学科的灵魂。

（三）自主性

学科活动，无论是实践过程还是实践认识，都是一种"有我"的活动，而非"无我"的活动即"被活动"。正如第斯多惠所说："发展与培养不能给予人或传播给人。谁要享有发展和培养，必须用自己内部的活动和努力来获得。"[①] 这里所说的"有我"的活动具有以下几个特征。

1. 主动性

喜欢活动是人的天性之一，中小学生尤其如此。教学要想更有效地利用好学生的这一天性，关键要把这种冲动和欲望转化为富于理性、持之以恒的学习热情和自觉的学习行为。对此，可以从以下四个方面进行衡量："一是对实践活动有特别的爱好和追求；二是有强烈的实践主体意识，并能迅速转化为发起和积极参与实践活动的外显行为；三是能充分体验实践活动成功的喜悦；四是对实践活动中遇到困难的问题，具有克服和解决的兴

---

① 第斯多惠. 德国教师培养指南［M］. 北京：人民教育出版社，1990：78.

趣和耐心。"[①] 实践活动如此，认识活动也一样。

2. 完整性

完整的活动，指的是以活动为主线、为主体的完整学习过程。学科活动作为学科核心素养形成的主要路径，从教师教学的角度讲，无论是整门学科的教学还是主题单元的教学，都要强调其完整性和整体性，而不能是碎片的、局部的。从学生认识发展的角度讲，一定要让学生经历从感性到理性、从现象到本质、从猜测到验证的过程，经历从片面到全面、从浅到深、从易到难的过程。

3. 独立性

学生的独立性包含以下四层意思：第一，每个学生都是一个独立的人，真正的学习都要基于学生自身的独立活动，任何人都不能替代；第二，每个学生都是独立于教师的头脑之外、不以教师的意志为转移的客观存在；第三，每个学生都有强烈的独立倾向和独立要求；第四，除有特殊原因之外，每个学生都有相当强的独立能力（包括学习能力）。无论是认识过程还是实践过程，都要强调学生的独立参与，而不能一切按照教师的意志来安排和设计行动；无论是活动的过程，还是活动的设计、组织以及活动的总结、评价，学生都应该是主角、主体。

（四）教育性

学科活动的价值归宿是学生的发展，即学科核心素养的形成。这是学科活动与其他类型的实践活动的区别。一般类型的实践活动都是以认识或改造客观世界为主要目的的，而中小学生的学科活动是以发展和完善素养为目的的。学科活动是一种学习活动，这种活动具有研究性，但本质上又不是一种研究活动，它与学科研究活动的价值取向不同，它的最终指向不是学科问题的解决，而是学科教育价值的实现。

---

① 傅维利，等. 论中小学生实践活动的特点及发展过程［J］. 教育研究，2000（9）.

值得强调的是，学科核心素养是学科知识与学科活动相互作用、产生"化学反应"的结果，两者缺一不可，而且必须是"化学反应"而不是"物理反应"。相对而言，学科知识彰显的是教学的深度，学科活动彰显的是教学的温度。深度强调的是学科知识的科学化、学术化处理，关注、强化的是学科知识的概念化、科学化、规范化、学术化、逻辑化，其核心和本质是学科思维、思考和文化，其宗旨是强调学生及其学习的学科化。而温度强调的是学科知识的教育化、心理化处理，把学科知识生活化、经验化、情境化、活动化，其核心和本质是学生化。学生的学科、学生的知识、学生的思维，是学生学习的根本。从一定角度讲，这是把学科知识浅化、宽化的过程，从而让学科知识走进学生的经验、生活，变成学生自己的知识。

就学生与学科的关系来说，学科知识把学生描述成"一个人在学习学科知识"。教师按照学科结构，固守学科的逻辑来传递学科知识，学生则按照学科逻辑来接受、复制、被动地掌握既定的学科知识。课堂学习成为一种纯粹的学科知识传承、恪守学科知识逻辑的流程。这种教学把学生排斥在课堂之外，成了课堂的局外人。而学科活动则把学生描述成"一个学习学科知识的人"，学生按照自己的意愿和兴趣，从自己的生活、经验出发，通过自己的实践和认识建构自己的学科知识。

没有深度的课堂，必然是平庸、表层的课堂；没有温度的课堂，必然是机械、乏味的课堂。深度和温度的均衡分布，最有利于课堂教学效益最大化。当然，深度和温度的具体分布比例，要取决于学科的性质、学生的基础和教学的任务等因素。

在课程内容组织、教材编写与教学设计中，两者的关系呈现出主线与辅线、明线与暗线、显性与隐性的表现形式。有些学科的教材和教学以学科知识为主线和明线，即学科知识是显性存在；有些学科的教材和教学则以学科活动为主线和明线，即学科活动是显性存在。我们要依据学科核心素养形成与培育的要求，同时考虑学科特点和学生特点，来处理两者的关系，使学科教学过程真正成为学生学科核心素养形成的过程。

第三节　学科核心素养形成的主要条件——学科教师

有好的教师，才有好的教育。教师拥有什么，才能够给予学生什么。《礼记·学记》云："记问之学，不足以为人师。"教师只拥有知识，就只能给学生知识。唯有智慧才能启迪智慧，唯有素养才能培育素养。学科教师是学科核心素养形成的主要条件，要从知识教学走向素养教学，教师必须从知识型教师转变为素养型教师。

一、问题与反思

在我们中小学，经常可以看到有些学生对学科知识掌握得很好，解题能力也很强，但是相处之后我们似乎总能感到他身上缺了点儿什么东西，这东西就是素养。素养的缺失表现在：视野狭窄，除了书本的知识外所知甚少，学识单薄；底蕴不厚，缺乏思考力和批判力，人云亦云；修养不足，缺乏爱心、礼貌和责任感；情趣不多，功利心强，缺乏自由和幸福感。

素养缺失对人的影响是致命的。很难想象一个只有知识、只会考试的人能走多远，也很难想象他们将来能成为什么样的人才。因此，学科教学要努力把学生培养成知识丰富、思维深刻、人性善良、品格正直、心灵自由的人。

教师群体中也存在这样的状况。窦桂梅曾指出："在不少课堂上，我们可以看到许多教师能流利地讲述文本的思想内容、艺术特色，耐心详细地讲解课后的思考练习题，面带笑容地倾听学生的讨论，灵活熟练地操作多媒体，一切都好像完美无缺，但是这个现象的背后却蕴含着巨大的缺憾，那就是教师文化素养的缺失。"[①] 这一缺失导致教师的讲述可能是流利的，却是就事论事、浅薄、平面化的；教师的答疑解惑可能是耐心细致的，但缺少更高意义上的关怀和考量；教师的声音可能更多地来自喉咙，而不是内

---

① 窦桂梅.读书,我们必须的生活[J].语文教学通讯,2003(25).

心；教师的目光亲切柔和，但缺少深邃和睿智。在现实中我们也经常发现，不少教师对所教学科的知识点、解题训练点烂熟于心，讲起课来也是一套一套的，但对于学生通过学科知识点的学习究竟要形成哪些素养以及如何形成这些素养所知甚少。

特别要指出的是，理科教师同文科教师一样，同样需要文化的滋养，需要大视野的支撑，需要阅读的搀扶。很多时候，学生掌握了公式、定律、定理，却不知其本质，也不知其背后的故事，除了将它们用于解题，根本不知道它们还有什么意义和价值。理科教师仅有学科专业功底和解题技能是远远不够的，还要有非常丰厚的文化素养。教师的文化素养显然不等同于教师的学历层次和知识水平，它是教师的学识水平、知识视野、思维品质、创新意识、审美能力、气质品味、价值取向、人格修养等的总和。

二、课程改革与教师素质

课程改革"成也教师、败也教师"。加拿大教育学者迈克尔·富兰指出："教育变革的成败取决于教师的所思所为，事实就是如此简单，也是如此复杂。"① 教师素质是决定教学改革的最终力量和最终依靠，教师素质跟不上，一切教学改革都将流于形式，提高教学质量更是无从谈起。正如朱永新先生所言："一次次改革之所以最终走入形式主义的老路而成效甚微，根本原因在于教师专业素养的不足。"② 反过来说，教学改革的使命就是提高教师的素质。《纽约时报》在2012年刊发的一篇文章指出：'如果学生受教于水平在倒数1%的老师的班级，其负面影响相当于缺失全学年40%的课；但如果受教于水平在前20%的老师的班级，其正面影响相当于比他人多学了一至两个月.'更为有趣的是，该文援引的一项研究表明，学生即使在由平均水平老师执教的班级，也比由倒数5%水平老师执教班级的学生在将来的职业

---

① 迈克尔·富兰.教育变革新意义［M］.赵中建，等，译.北京：教育科学出版社，2005：121.

② 朱永新.过一种幸福完整的教育生活［EB/OL］.［2012-07-18］.http：//blog.sina.com.cn/s/blog_4eb83de1010144h3.html.

生涯中平均每人多挣140万美元。我想，我们不用去追究究竟这140万美元是如何获得的，但教师对学生一生的影响如此之大，由此可见一斑。"①

从理论上讲，教学是由师生双方共同决定和完成的一项活动，教学的水平和质量取决于教与学双方的潜能、智力以及责任心和积极性的充分发挥。缺乏任何一方的努力和贡献，教学都不可能达到理想的境界和效果。而事实上，教师虽然是学生发展的外因和条件，却是主导性甚至是决定性的外因和条件。学生在学校的学习、生活基本上都是在教师的影响下度过的，学生能不能学得好、能不能生活得快乐、能不能成长得健康，直接取决于教师的素质。

三、教师的核心素养

素养来自于知识技能，又高于知识技能，素养是智慧，是文化，是精神。教师的核心素养包括学科素养和教育素养。

（一）学科素养

加拿大教育学家马克斯·范梅南说过："老师就是他所教授的知识。一个数学教师不仅仅是碰巧教授数学的某个人。一个真正的数学教师是一位体现了数学、生活在数学中的教师，从一个很强意义上说，他就是数学的某个人。"②试想，"'体现了数学、生活在数学中'能是纯粹的认知事件吗？这种境界至少包含了一个数学教师对于数学的痴迷与深爱，并包含着一个数学教师的数学天赋。实践中最优秀的教育者，基本上都是体现学科知识、生活在学科知识中的人。这样的教育者，已经不是一个简单的言教者，而成为一个身教者，他的教育效率和效果可想而知"。③

---

① 蔡金法.小学数学教师的专业素养：以如何上好一堂课的视角来探讨[J].小学教学（数学版），2014（7）.

② 马克斯·范梅南.教学机智：教育智慧的意蕴[M].李树英，译.北京：教育科学出版社，2001：104.

③ 刘庆昌.教育家必先具有教育精神[N].教育时报，2010-04-14（2）.

自古以来，优秀教师都表现出对所教学科和内容的热爱，并在唤起学生对学科的热爱中获得满足。教师对学科的爱和投入会显著地影响学生对学科的态度。实践证明，那些在学科教学中体验到意义、价值、激动和欢乐的教师，会向学生传达出一种强有力的邀请意愿，邀请学生也来分享这种体验，从而使学生相信学习的内在价值。

痴迷与深爱所教学科，能够使教师在学科教学中体验到意义、价值、激动和欢乐，这就是教师学科素养的表现。就其内容而言，学科素养包括教师对学科知识之外或潜藏于学科知识之中的学科文化、学科精神、学科观念、学科思想、学科方法的系统把握和感悟。就学科知识本身而言，素养表现在以下几个方面。

1. 深刻

深刻者，一针见血、入木三分也。赞科夫认为，为了顺利地完成教学任务，教师应当掌握深刻的知识。确实如此，名师之所以成为名师，首先在于他能够独立钻研和分析教材，并把教材编写意图看透，从而挖掘出教材的精髓内涵。用一个成语来形容就是"深入浅出"。教师把教材钻得深，悟出来的道理就透彻，这样讲起课来就简单，能够讲到点子上。正所谓一语破的，一语解惑，一语启智，一语激情，教师一句精辟的话，常能久久萦绕于学生的脑海，令他们终生难忘。

与深刻相对立的是肤浅，肤浅的实质是智慧的缺失。肤浅就像二十七八度的温水，既没有沸水那样烫人，也没有寒冰那样刺骨。因此，你不要指望从肤浅者的教学中去寻找刻骨铭心的印象。

2. 独到

独到者，独具慧眼也。名师对教材常常有真知灼见，能够于平凡中见新奇，发人之所未发，见人之所未见。他们的课如同一首诗、一幅画、一段旋律、一项发明，是独一无二的创造。学生听这样的课就像是在欣赏一片风景。

从心理学角度说，独到的见解实际上是一种创造性思维，这种思维的特点之一就是首创性。首创性只承认第一,无视第二,它拒绝雷同和模仿。特点之二是独创性。独创性是思维最宝贵的品质,任何新见解、新观点、新理论、新方法都是独创性思维的产物。教师的创造性教学正是源于教师的独创性思维。

独到的对立面是平庸,平庸的特征是从众。平庸者只肯定别人肯定的,也只否认别人否认的。你想从平庸者的教学中讨到开窍的钥匙,往往是徒劳的。

3. 广博

广博者,知识广阔博大也。苏霍姆林斯基在《给教师的建议》中说:"教师所知道的东西,就应当比他在课堂上要讲的东西多十倍,以便能够应付自如地掌握教材,到了课堂上,能从大量的事实中选出最重要的来讲。""在你的科学知识的海洋里,你所教给学生的教科书里的那点基础知识,应当是沧海一粟。"① 的确,名师不仅应该是他那一门学科领域的专家,也应是博览群书的饱学之士。五湖四海、古今中外、上下五千年、纵横八万里,他都应该有所涉猎。努力开拓知识面,深挖知识层,这样才有可能口含灵珠、游刃有余,讲起课来才能纵横捭阖、左右逢源、随手拾来、旁征博引、妙趣横生、见地别具、吐语不凡,令学生流连忘返。这样的课堂教学活动是教师在汲取人类文明史的丰富营养后,厚积薄发的艺术精品,能收到让学生"听君一席话,胜读十年书"的奇效。

与广博相对立的是单薄、干瘪,知识贫乏的教师讲起课来干巴巴的,他们不善举例和比喻,不善联系和联想,不能把知识扩展和深化。枯燥乏味是其课堂教学的主要特征。

(二)教育素养

教育素养来自教师对教育教学规律,特别是学生学习规律的尊重、敬

---

① 苏霍姆林斯基.给教师的建议[M].杜殿坤,编译.北京:教育科学出版社,1984:86-87.

畏以及深刻的理解、掌握和自觉而成熟的应用与贯彻；来自教师对学生学习潜能的信赖与开发，对学生独立学习能力的爱护与保护，对学生人格和个性的尊重与欣赏；来自教师对教育、对学生的责任感。

从形而下的角度讲，教育素养是一种教育方法。有学者说过，平庸的教师只是叙述，较好的教师讲解，优秀的教师示范，伟大的教师启发。启发是一种教育方法，更是一种教育素养。启发是有条件的，就事论事、照本宣科是谈不上启发性的。只有当教师对教材有深刻、独到的见解，并对自己要讲的一切都烂熟于心，确信无疑，"使其言皆若出于吾之口，使其意皆若出于吾之心"，他在课堂上才拥有可供发挥能动性的自由度，才能真正做到游刃有余、指点有方、循循善诱，使课堂教学散发出磁性和魅力。这才是真正意义上的启发。

启发的最高境界是以灵气启迪悟性。富有灵气的教师善于激疑布惑，诱导学生向着未知领域探幽发微，把学生带进"山重水复疑无路"的困境，然后点拨提示，使学生豁然开朗。

从形而上的角度讲，教育素养是一种教育智慧，其突出的表现就是教育机智。教育机智是教师在教学实践活动中一种随机应变的能力。乌申斯基曾说："不论教育者怎样地研究了教育学理论，如果他缺乏教育机智，他就不可能成为一个优秀的教育实践者。"[①] 这是因为，课堂教学是一个复杂的人-人系统，它充满了变化和问题。教师不论事先如何周密地设计，总会碰到许多新的非预期性的教学问题。教师若是对这些问题束手无策或处理不当，课堂教学就会陷入困境或僵局，甚至还会导致师生产生对抗。而富有教育智慧和机智的教师在面对偶然性问题和意外情况时，总能灵感闪现，机动灵活地应变。

教学灵感是教学机智的上乘表现，是教师用整个生命与课堂活动相撞击而产生的创造火花，是一种典型的突发性、突破性的创造活动。灵感可遇不可求。从根本上讲，教学灵感的产生源于教师教育理论水平的提高，源于教师教学经验和教学机智的丰富、积累和掌握，以及其他众多方面的

---

① 乌申斯基.人是教育的对象［M］.李子卓，等，译.北京：科学出版社，1959：27.

高度修养。在今天的时代背景下，教师的素养应该着重强调以下几方面。

1. 信息素养

"信息素养"一词，是美国图书馆学会1989年提出的，如今已被普遍接受。从教师专业发展的角度来看，信息素养至少表现为以下内容：有获取新信息的意愿，能够主动地从生活实践中不断地查找、探究新信息；能够较为自如地对获得的信息进行辨别和分析，正确地加以评估；可灵活地支配信息，较好地掌握选择信息、拒绝信息的技能；能够有效地利用信息表达个人的思想和观念，并乐意与他人分享不同的见解或信息。

2. 创新素养

教师的创新素养主要表现为：对教育教学具有挑战心、好奇心、想象力；鼓励学生的创新，把学生当作创新主体，促进学生在学习中张扬创新的主体性；宽容学生的失败，鼓励学生适当冒险，营造教学中激励创新的氛围；把教育教学看作学生主动学习、探究反思、变化更新的创新过程；在教学中为学生提供创新的时间和空间，形成激活学生创新欲望、培育学生创新潜能的作用力；自己在教学中持续不断创新，把每次教学都当作创意设计和实施的过程等。

3. 跨学科素养

跨学科素养，要求教师不仅要系统掌握本学科本专业知识，而且要有意识地提高自身跨语文、跨数学等方面的素养，要对生活的各个层面（时事政治、经济发展、科技动态、乡土人情……）所涉及的各种知识有所把握，要细心研究如何从学科相联系、相交叉、相渗透之处提出探究问题。

4. 媒体素养

教师媒体素养指的是教师认识、评判、运用传媒的态度与能力，既指教师面对传媒各种信息时的选择能力、理解能力、质疑能力、评估能力，也指教师在认识媒体的基础上对媒体的巧妙运用。

5. 社会参与和贡献素养

这一素养要求教师参与到政府事务中去，参与到社会事务中去，在社会参与中体现自己的价值，甚至由于教师的特殊身份和知识占有的便利条件，成为公众参与社会事务的引领者。同时也要求教师主动承担社会责任，参与学校周边环境建设，通过发挥自身的教学资源优势，服务社区居民，提升学校的社会影响力和知名度，为社会做贡献。

6. 自我管理素养

自我管理注重的是教师的自我教导及约束的力量，亦即行为的制约是通过内控的力量（自己），而非传统的外控力量（校长、专家），简单来说就是知道自己应该做什么，知道自己应该怎么做，能够有效采取行动。教师的自我管理素养涉及很多内容，如目标管理，明确自己的努力方向，并不断积极向这个方向迈进；时间管理，能够区分任务的轻重缓急，对时间做出统筹安排，对工作不会有拖延症；沟通管理，善于针对不同沟通对象采取不同的沟通行为，对影响沟通的事情抓苗头、抓早、抓小；情绪管理，能够控制自己的情绪，不在情绪激动或失控的情况下采取不当行为，冷静地对事物做出判断；健康管理，认识自己的身心状况，经常锻炼，保持健康体魄，经常进行心理自我调适，保持积极乐观情绪等。①

第四节 学科核心素养形成的主要保障——学科考评

考试评价是教育教学的指挥棒，它直接决定教师学科教学的方向和内容。考什么、评什么就教什么，这是教师最现实也是最无奈的选择。考试评价改革是让核心素养落地的最直接、最重要的保障。只有建立以学科核心素养为导向的考试评价体系，学科核心素养才能真正落地。

---

① 郑金洲，吕洪波. 教师应具备的七大素养［J］. 人民教育，2016（11）.

一、考试评价改革的理念和目标

（一）建立学业质量标准，实现教学与考评的一致性

考评在方向、内容上应与教学一致，教、学、考、评如果不能保持一致，教学就会陷入无序的状态，教学质量自然无从保证，核心素养的形成更是无从谈起。本次高中课程标准修订通过建立基于核心素养的学业质量标准来实现教学与考评的一致。所谓基于核心素养的学业质量标准是指：基础教育阶段的学生在完成各学段教育，或者结束基础教育阶段教育时，应该具备的各种核心素养以及在这些素养上应该达到的具体水平的明确界定和描述。而基于学科核心素养的学业质量标准则是指：学生在完成某个学科的学习或某学科的某些模块的学习之后，应该具备的学科核心素养以及在这些素养上应该达到的具体水平的明确界定和描述。各学科的学业质量标准实际上是学科核心素养与学科具体内容的结合，或者说是学科核心素养在学科各个模块上的体现。学业质量标准既是考评的标准和依据，也是教学的标准和依据，从而使学科核心素养通过学业质量标准进入考评，进入教学，并使两者在方向和内容上保持一致。

研制学业质量标准是实现教学与考评一致性的重点和关键，也是本次课程标准修订的重大突破和创举。现行课程标准对学生学什么和学多少讲得比较详细，但对学到什么程度要求不够明确，也不够清晰，因而难于量化和分级。这样就带来了两个问题：一是学科教学活动不好把握，容易出现偏难、偏深等教学问题；二是评价缺乏统一、具体、可操作的能力表现标准，各地各校不同教师评判学科教学质量的标准不一致。研制、建立学业质量标准，就是要着力解决这两个问题。美国教育家布鲁姆曾说，有效的教学始于准确地知道需要达到的目标。他所说的这个目标既是教学的目标，又是考评的目标。学业质量标准有利于教师确立正确的标准意识、目标意识和质量意识，从而让教师从容地按照学科核心素养形成的过程和学生学习的规律，循序渐进地进行教学。

（二）整合过程性评价与终结性考试，建立促进学生核心素养发展的评价体系

考试评价按照功能和时间的不同可以分为过程性评价与终结性评价。其中，过程性评价指的是在日常教学中对学生学习状况的评价，主要用于了解学生学习的表现，目的在于诊断、反馈、纠正和督促。核心素养形成的关键在于过程，在于平时，在于积累。因此，教师要强化过程性评价的反馈与纠正功能，让评价服从并服务于教师的教学和学生的学习以及学科核心素养的形成。千万不能用考试来干扰、绑架教学，而应用它来诊断教学，改进教学，服务教学。终结性评价指的是当一个模块或一门课程学完之后对学生达到的学业质量水平的评价。在高中阶段，它主要用于学分认定、学业水平认定以及高校招生录取。

我们要以核心素养发展为主轴，以学业质量标准为纽带，设计不同学习阶段或表现水平的评价任务，综合多种形式的日常性评价和终结性考试，构建考查学生素养发展的相对完整的评价体系。将这种评价体系和学科教学过程相整合，可以构建一个促进学生核心素养发展的评价、反馈、反思、改进和提升的持续性过程。

二、考试评价改革的要点和重点

（一）提升基于核心素养的命题改革

试题的命制包括立意、情境、设问三个方面，立意是试题的考查目的，情境是实现立意的材料和介质，设问是试题的呈现形式。

1. 立意

2014年《国务院关于深化考试招生制度改革的实施意见》在深化高考考试内容改革方面明确要求："依据高校人才选拔要求和国家课程标准，科学设计命题内容，增强基础性、综合性，着重考查学生独立思考和运用所学知识分析问题、解决问题的能力。"

那么我们究竟要考什么？是知识、技能，还是能力、素养，这是命题工作的方向和灵魂。所谓"千古文章意为高"，可以说，立意是文章的灵魂，也是命题的灵魂。我们要确立以核心素养为本的命题理念，致力于考查学生学科核心素养的发展水平，即有价值的学业成就；要改变强调碎片化知识和孤立技能的习得，改变过分关注确定性解题过程和标准答案的现状；要重点关注学生综合运用（跨）学科思想方法和探究能力，运用结构化的知识、技能及价值观念，创造性地解决复杂的、不确定性的现实问题的能力。

具体来说，要从关注碎片化、固定化的学科知识技能的习得，到关注复杂、不确定性的学科问题的解决；从关注对书本知识的理解、复制、反应，到关注个人对知识的建构、解读、感悟；从关注学什么，到关注如何学习和学会学习。教师和命题人员要准确把握核心素养的内涵和学业质量标准，制订系统明确的评价目标，要充分认识核心素养发展的连续性，对学段、模块或主题、单元和课时评价目标进行整体规划和设计，深入理解学业质量标准与不同课程内容及不同学习阶段的学业要求之间的关系，结合具体内容和学生实际，确定具体明确的评价目标和表现预期。着力改变以学科知识点为纲、以知识点掌握水平为标准划分依据和表述方式的学业质量观，树立以核心素养为本位的学业质量观。

2.情境

核心素养的形成离不开情境，核心素养的考查也离不开情境。应对各种复杂的、开放的现实情境，不仅是学生核心素养形成和培养的途径和方式，也是评价学生核心素养发展水平的重要依托。学生在学校所"获得"的很多学科知识或技能，之所以无法迁移到现实生活中去，关键就在于学校学习活动所依存的情境被过于人为地简化和抽象化，丧失了和现实生活的连接。教师和命题人员要深刻认识到复杂的、开放性的真实生活情境在评价核心素养中的重要价值和作用。

情境要实现生活问题与学科问题、原始问题与课本问题的统一。所谓原始问题，是指对自然界及社会生活和生产中客观存在的、能够反映科学概念和规律本质且未被加工的科学现象和事实的描述。而课本习题则是把科学现象和事实经过一定程度抽象化后加工出来的练习作业。两者的关系如下。

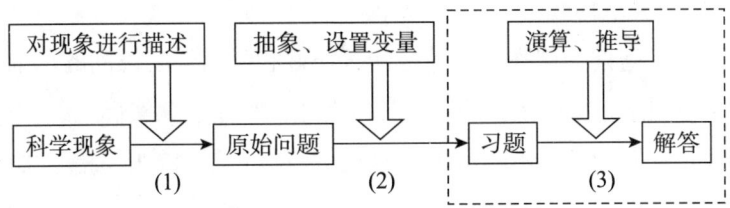

核心素养的考试和评价题目应来自真实生活而不是凭空想象。好的试题情境在内容上应该是学科性和生活性的有机统一，要防止戴帽子和机械叠加的做法。真情境是问题的真正来源，假情境只是问题的外套。好的试题情境在形式上应该是语言简洁、表述有趣、结构新颖的。

近年来高考命题在情境创设上显示了两大走向或特点。

第一，创新试题情境设计，注重考查信息处理能力。改变传统教学中所采用的文字描述的方式，通过表格、图片、漫画等形式，创新试题情境设计，增强试题材料的友好度，注重考查信息的获取、加工、分析、整理等能力。

第二，试题素材紧密联系实际，突出考查应用能力。命题注重将学科基本规律与科学研究进展、生产实践、生活实际紧密联系，突出考查学生应用学科的基本原理解决实际问题的能力。

3. 设问

问题不仅是素养形成的载体，也是素养测评的载体。人的能力特别是思维能力只能在解决问题中表现出来。

好问题的主要特征有：第一，灵活，只靠死记硬背和一般理解是回答不了的；第二，能够反映学科本质，涉及对学科观念、学科思想、学科思维方式以及学科精神、学科文化的领悟和理解；第三，开放，允许并鼓励学生有个性地回答。

近年来，我国高考命题在设问上出现了这样的走向：第一，增强试题的开放性和探究性，注重考查思辨能力；第二，放宽试题条件或提高结论开放程度，给予考生独立思考和个性表达的空间，鼓励多角度思考、多层次阐释，充分展现考生在解决问题过程中的思维品质。

立意的方向性和层次性、情境的真实性和学科性、设问的思维性和开放性，是命题走向核心素养的三个基本要求。但是，从实际来说，"学业评价是个难点。题海泛滥的主因其实是烂题泛滥，学科教师选题的眼光、命题的水准，就整体而言都亟待提高。衡量一位教师教学水平高下的重要尺度，也是看他能否科学设计出评价样题。学科教研组应花大气力研究命题，以确保教学行为有正确的价值指向；应该抓住考查立意（取向偏差无法实现测试价值）、材料情境（陈旧情境只会鼓励多做成题）、设问方式（设问失范无法培养缜密思维）三个基本点，把磨题作为教研的经常性内容，研究探索学生核心素养的学科表现形态、培养路径以及检测方法，以期通过命题改进促进学生终身发展必备品格、关键能力的形成"。[①]

值得强调的是，纸笔测试有其无法克服的局限性。其一，评分只能看解题的程序和结论，不能看学生学习的过程，即忽视学生是如何学会解题的，而不管他是自己学会的还是老师教会的，不管他是自己独立思索出来的还是死记硬背（套题、背题、猜题）出来的。其二，有些能力和品质是难于付诸纸笔测试的。所以，无论我们如何改进纸笔测试，它的局限性都是存在的。要想全面考察学生的核心素养，除了纸笔测试之外，我们还必须借助其他评价手段。

（二）大力推进综合素质评价

2014年《国务院关于深化考试招生制度改革的实施意见》中明确提出要规范高中学生综合素质评价。综合素质评价主要反映学生德、智、体、美全面发展情况，是学生毕业和升学的重要参考。建立规范的学生综合素质档案，客观记录学生成长过程中的突出表现，注重社会责任感、创

---

① 唐江澎.专业地组织校本教研［N］.中国教育报，2016-11-23（7）.

新精神和实践能力，主要包括学生思想品德、学业水平、身心健康、兴趣特长、社会实践等内容。严格程序，强化监督，确保公开透明，保证内容真实准确。

从评价的类型和方法来讲，综合素质评价采用的主要就是表现性评价和成长记录评价。

1. 表现性评价

通俗地说，所谓表现，指的是学生把自己的想法、感受、态度等内在素养通过体态、动作、图画、语言、符号等媒介表达出来，它可以是学习过程中的表现，也可以是呈现出来的结果。而表现性评价就是指通过观察学生在完成实际任务时的表现来评价学生已经取得的发展成就。表现性评价不仅能够评价学生"知道什么"，还能评价学生"能做什么"；不仅能够评价学生行为表现的"结果"，还能评价学生行为表现的"过程"；不仅能够评价学生在课堂中的表现，还能评价学生在模拟真实或完全真实的情境下的表现。

可以说，表现性评价体现了新的评价理念，它重视过程性评价、重视质性评价、重视非学业成就评价，能够弥补纸笔测试存在的"纸上做实验""岸上考游泳"的不足。

有效实施表现性评价，关键在于设计科学合理的表现性任务。表现性任务是与表现性评价紧密联系的一个重要概念，是指在表现性评价过程中，评价者要求学生完成的具体任务。因此，能否设计出适当的表现性任务是保证表现性评价的信度和效度的基本前提。在学校教学情境下，常用的表现性任务主要有六种类型：结构性表现任务、口头表述、模拟表现任务、做实验或调查、创作作品、完成研究项目等。在实际教育评价活动中，到底选择哪一种或哪几种表现性任务，需要教师根据具体情境来决定。当然，在选择表现性任务时，教师除了要考虑评价内容的特质以外，还要考虑学生的发展水平和时间、空间与设备条件的限制。

具体而言，表现性评价主要有以下一些方式。

① 口头测验

口头测验主要用于考查：使用特定语言回答问题的能力；综合有关信息提出问题的能力；阐述观点并为自己的观点做解释与辩护的能力；口头表达时的逻辑思维及概括能力；知识理解的广度与深度；态度、气质与情感方面的特殊表现。

② 论辩或辩论

通过论辩不仅可以评估和考查学生的表达能力，还能反映学生的随机应变能力、论证的逻辑性、思维的敏锐性、言语的深刻性、回答问题的针对性以及知识储备等能力品质。将论辩方法应用在课堂教学中时，需要教师事先准备好适宜的论题，并运用行为评价表来描述和评定学生的表现，以便在有限的时间内及时记录学生的表现。

③ 短文题考试

短文题考试即通常所说的论述、问答、概述等题型的考试，它可以有效地评价学生对某个问题或某门学科的理解程度。

④ 写作测验

写作能力被认为是一种高级的学习成果，向来受到人们的重视。写作测验主要用于评价学生的写作技能，诸如语言文字表达力、想象创造力、描述事实与整理资料的能力以及根据写作要求清晰表达思想观点的能力等。写作测验通常分为一般作文题和科学论文题两类。

⑤ 过程反应题

过程反应题要求学生不仅给出问题的答案（这种答案可能不是唯一的），而且要把得出结论的过程有条不紊地加以叙述，它有利于记录及评价学生的思维过程和方法，对于描述学生的学习特点以及诊断学生的学习困难起着重要的作用。过程反应题的类型较多，常见的有证明、作图、数量关系分析及计算等。

⑥ 实验技能教学考试评价

实验技能教学考试评价是结合教学过程，要求学生操作实验设备和材料直接去感知事物的一种综合性考试评价。

学校课程中规定的各种实验，不仅有助于发展学生的更高层次的认知技能，也给学生提供了直接感知与体验事物的机会，从而促进学生动作技能、心智技能的全面发展，帮助他们获取知识和发展积极的学习态度。

表现性评价的类型丰富多彩，且因学科的不同而有所区别。除了上述几种外，常用的表现性评价还有作品、公开演示、展览等。

基于核心素养的表现性评价要求教师必须思考和回答以下三个问题：为什么需要用表现性评价来评价学生的核心素养？如何通过表现性评价来评价学生的核心素养？表现性评价如何与课程和教学进行统整并促进学生核心素养的养成？

2. 成长记录评价

也有人将"成长记录"称作"成长记录袋""档案袋""卷宗夹"或"学习档案录"。成长记录是根据教育教学目标，有意识地将学生的相关作品及其他有关证据收集起来，通过合理的分析与解释，展现学生在学习与发展过程中的优势与不足，反映学生在达到目标过程中付出的努力与进步，并通过自我反思激励学生取得更高的成就。它具有以下特征。

① 成长记录的基本成分是学生作品

成长记录主要收集学生在学习过程中生成的各种作品（如论文、手工、表演录像等），用以展现学生的努力、成就与进步。描述学生学习的过程与结果，是它与传统评价方式的最大不同，也是它的一个特色。正是从这个意义上来说，将成长记录理解为一个无所不装的大口袋，只要是能反映学生发展情况的资料就不分主次地装进去，或者只是将传统评价中产生的各种评价结果（如分数单、测验卷、检查表、奖状等）简单地收集起来，都不尽符合成长记录的特点与要求。

② 学生作品的收集是有目的的，不是随意的

创建和使用成长记录的目的，在很大程度上影响着记录收集的内容、方式、渠道，以及这些内容的分析与应用。因而应依据特定目的来收集成长记录中的材料。如果创建成长记录的目的是为了展示学生的最优成果，

那么收集的内容就应是学生认为最满意或最重要的作品；如果创建成长记录的目的是为了描述学生在某一时期内学习与发展的过程，以便发现其优势和不足，那么收集的内容就应不仅包括学生的最终作品，还要把过程性的东西（如一篇文章的草稿）也装进去；而如果创建成长记录的目的是为了评估学生学习与发展的水平，那么收集的内容就要结构化或半结构化，以便在不同学生之间进行比较。

③ 成长记录给学生提供发表意见和对作品进行反思的机会

重视学生在创建和使用成长记录过程中的参与，尤其是学生的自我评价和反思，是成长记录的一个重要特色。在自我评价和反思的过程中，学生依据标准和要求评价自己的作品，反思自己的学习过程，发现自己的优势和不足，形成追求进步的愿望和信心，明确改进的目标和途径。这不仅是构建双向的、活泼的、着眼于学生发展的评价体系的需要，也是培养学生主动学习的态度和对学习负责的精神，让学生学会学习的重要举措。

成长记录评价应坚持以学生成长为导向的原则，通过对学生成长过程的观察、记录和分析，促进学校及教师把握学生成长规律，了解学生的个性与特长，不断激发学生的潜能，为更好地促进学生成长提供依据。唯其如此，成长记录评价才能成为促进学生核心素养发展的有力工具。

第二篇

核心素养导向的教学观重建

核心素养导向的教学观重建

>> 观念是行动的指南,任何改革都是从观念开始的,教学改革也不例外。以核心素养为导向的教学改革首先必须确立以核心素养为导向的教学观念。基于立德树人的教学是就教学方向而言的;基于课程意识和学科本质的教学是就教学内容而言的;基于学生学习的教学是就教学主体而言的。这是核心素养导向的教学必须确立的三大基本理念。

第三章

基于立德树人的教学

>> 真正的教学是教人，而不是教书，学科教师不是教学科，而是用学科来教人，这是培育学科核心素养首先必须确立的教学观念。

第一节 人是教学的对象和目的

从课程的角度讲，教育界一直存在着学科本位和人本位之争。学科教学的重心是在学科还是在人，反映了两种不同的教育价值观。学科本位论把学科凌驾于教育之上，凌驾于人之上，使得学科成为中心，成为目的，学校教育、课程教学成为促进学科发展、培养学科后备人才的手段，学生成为学科发展的工具，学生的生活和学习不得不围绕学科以及学科考试成绩来运转。这种只见学科不见人的教育观从根本上背离了基础教育，特别是义务教育的基本性质和使命。改革教学必须进行价值本位的转移，即由以学科为本位转向以人的发展为本位。学科本位论的错误不在于学科本身，而在于指导思想。学科教学依然要体现和重视学科知识的特点、遵循学科发展的规律，但是，一定要以人的发展为本，服从和服务于人的个性自由和全面健康发展。

从教学的角度讲，教育界一直存在着教书和教人之争。很多教师往往把自己定位在教书上，似乎把书教完了、教好了，也就万事大吉了，就是一个好教师了。其实，真正的教学是教人，而不是教书，例如，语文教师不是教语文，而是用语文教人；数学教师也不是教数学，而是用数学教人。各门学科的性质、任务有所不同,但在育人上的使命和任务是一样的,人才是教学的共同对象。正如叶圣陶先生在《如果我当教师》一文中所言:"我如果当中学教师,绝不将我的行业叫作'教书'。……我与从前书房里的老先生,其实是大有分别的。他们只须教学生把书读通,能够去应试、取功名,此外没有他们的事儿了;而我呢,却要使学生能做人、能做事,成为健全的公民。我无论担任哪一门功课,自然要认清那门功课的目标,如国文科在训练思想,养成语言文字的好习惯;理化科在懂得自然,进而操纵自然之匙。同时,我不忘记各种功课有个总目标,那就是'教育'——造成健全的公民。每种功课犹如车轮上的一根'辐',许多根辐必须集中在'教育'的'轴'上,才成为推进国家民族的整个轮子。"[①]我们强调,"人是一切事物有意义和价值的源头。没有人就没有一切,无论何时,教育必须首先要去培养一个人,然后才是培养一个律师或医生,而不能相反。教育的最终目的是人性的实现,是让人成为人,而不是把人变成工具"[②]。

强调人是教学的对象,在认识和实践上必须凸显以下几点。

一、人是教学的出发点和归宿,人的利益高于一切

我们认为,在学科教学中,知识的获得、能力的培养、成绩的提高,这些都很重要,但是这一切必须服从和服务于学生的健康、幸福、尊严和个性的发展以及内心的自由。的确,在现有的体制下,追求分数是不可避免的,但是,任何时候我们都不能以牺牲儿童的健康、幸福、品行为代价来换取所谓的高分。那样做不仅得不偿失,也会使分数异化,变成毫无价值的东西,最终造成对人性的扼杀。对教师而言,至关重要的就是学会尊重和宽容。每个学生的潜能和素质不一样,个性和兴趣不一样,知识和能力的基础不一样,追求和理想也不一样,教师在鼓励或要求每个学生都学

---

① 叶圣陶. 叶圣陶集(第11卷)[M]. 南京:江苏教育出版社,1991:96-97.
② 王建华. 论人类的教育[J]. 清华大学教育研究,2014(4).

好学科内容（考高分）的同时，一定要尊重和宽容那些学得慢的，甚至根本学不了的、没有兴趣学的学生。我以前常常在农村高中听课，课堂上老师往往声嘶力竭，可不少学生无动于衷。究其原因，正是由于老师眼中只有学科的教学任务和教学成绩，却丢掉了活生生的人。我们的教学除了成绩和升学，难道就别无所求了吗？我们究竟给了学生什么？让我们来看看家长和企业的说法。

"我的孩子已经两次进入高考补习班了，不知这次高考能否成功。在孩子成长的过程中，我们家长费尽了心血，家庭生活再拮据，都会尽一切办法供孩子读书。我的孩子也不是不用功，从上学开始，他几乎没有多少休息的时间，特别是进入高中后，孩子几乎没有一天休息过。我们觉得供孩子读书很苦，而孩子觉得更苦，但考不上大学，这么多年的辛劳岂不是白费了吗？！邻居家的孩子高考失败后便开始工作，他所学的知识对他的生活和工作没有任何帮助。其实，如果孩子在学校里学习的知识对他本人的生活和工作有价值，我们也就不再要求孩子一定上大学了。现在学习的知识只是对考大学有用，对孩子的生活和工作没用，所以，如果孩子考不上大学，我们一家的努力都前功尽弃了，孩子也变成了一个'废人'，我们心不甘哪……"一位家长如是说。

一位企业人事经理说："这几年做企业人事工作，我感触最深的是应聘的人才似乎'满腹经纶'，却一无是处。他们只会做题、应付考试，或者复述书本上的东西，一旦遇到实际问题就不知道如何解决了。换言之，他们既没有'活学'，更不会'活用'，知识对他们来说实际上是一种负担。另外，几乎所有应聘人员的动手操作能力、发现问题的能力都很差，更不用说创新能力了。在已经录用的员工中，我们还发现他们缺乏必要的合作意识和团队精神。学历越高、毕业学校的名气越大，问题越突出。众所周知，员工的合作意识和团队精神对于一个企业来说是至关重要的，它甚至高于员工的业务能力。至于这些员工的生活能力就更差了，大多数的年轻员工不会生活，也不懂得去生活。生活没有情调，更没有品位。总之，为了我们企业的发展，也为了营造企业文化，我们需要投入大量的人力、物力和精力去重新塑造他们，这种塑造几乎从零开始。造成这些问题的因素或许有很多，但学校教育需要承担的责任应是最大的。所以，我们呼吁各级学校调整教育目标，改变教育方式、教育内容和评价标准，为社会培养出真正有用的人才。"①

教师在教学中，有责任引导和启发学生做好自己的人生选择，让学生无论是在现在还是在将来，都过得有尊严、有意义、有幸福感。如果没有这样的担当和意识，那么，教师越努力，就越可能误导学生。正如傅树京教授所指出的，教育的真谛在于："首先，教育应该让学生有价值感。教育是培养人的活动，在这种活动中，知识、技能的传授固然重要，但教育最本质的内在性是养成学生强烈的价值感，让他们变成有意义、有价值的人。当教育不能使学生产生价值感时，这样的教育就违背其初衷了。其次，教育最核心的价值是要让学生对未来充满希望。当学生早上醒来时，他期盼来到学校；当学生走在上学路上时，他期盼坐在教室里；当学生遇到困难时，学习会帮助他渡过难关；当学生产生疑问时，学习会帮助他解决问题。再次，教育应该让学生变成快乐人。它包括两层含义：一是要让学生具有寻找快乐的能力，让他们有追求幸福生活的信心，产生深层的生活激情，让他们真正成为富有生活情趣的快乐人；二是应该带给学生快乐，这种快乐可以体现在评价的结果中，也可以体现在学习的过程中。既没有结果又没有过程的快乐是失败的教育。"②

二、了解儿童、研究儿童是教师的"第一专业"

"教师既要有自己的学科专业，又应有超越学科的专业——'第一专业'。'第一专业'具有在先性、前提性、统领性和牵引性，这'第一专业'

---

① 钟启泉，崔允漷.新课程的理念与创新：师范生读本［M］.北京：高等教育出版社，2003：44.
② 傅树京.教育应给予学生快乐、价值和希望［J］.教育测量与评价，2013（2）.

就是儿童研究。教师在'第一专业'发展中，逐步成为儿童研究者，成为儿童研究专家，以至成为儿童教育家，这既是教学改革的走向，又是教师专业发展的伟大目标。"① 美国当代著名教育学家爱莉诺·达克沃斯明确指出，不仅儿童研究是教学的基础和前提，而且教学本身就是一种儿童研究，教学的过程就是儿童研究的过程，儿童研究的目的是"诞生精彩的观念"。这里涉及两个问题：一是教师要研究儿童，研究儿童是怎样学习、思考和发展的。教学过程既是教师引导、组织儿童学习的过程，又是教师观察、研究儿童学习的过程。二是儿童的学习过程也是儿童自己的研究过程，这个过程绝不仅仅是儿童从书本和老师那里接受知识和观点的过程，也是他们发现知识和诞生精彩观念的过程。马克斯·范梅南指出，教育学是迷恋儿童成长的一门学问。我认为，这里也有两层意思：第一，教师要学会研究儿童，关注、迷恋儿童的成长。儿童究竟是怎么成长的？儿童究竟是怎么学习的？儿童到底是怎么把知识学会的，以及是怎样把课本的知识变成自己的知识的？儿童成长和学习的内在机理是什么？儿童的兴奋点和兴趣点在哪里？儿童看问题、想问题和我们成年人究竟有什么不同？不研究、不了解这些问题，要想搞好教学恐怕是不可能的。教师把儿童琢磨透了，对教学自然也就得心应手了，自然就会"能别人所不能"了。第二，教师要学会欣赏儿童，发现、赏识儿童的精彩表现。儿童自有自己的眼光和智慧，具有无限的潜能和未来，所以发现和欣赏儿童使教师这一职业成为太阳底下最幸福的职业。不善于发现和欣赏儿童的教师，会觉得教师这个职业就是一种苦役。所以说，儿童研究是教师的第一专业。

下面是研究儿童的两个案例。第一个案例告诉我们，研究儿童要从备课开始；第二个案例则说明，研究儿童要将心比心。

案例一："认识面积"教学的课前慎思

1.什么是面积？"面积"概念的核心是什么？学生理解面积的概念要理解什么？会背"物体的表面或封闭图形的大小就是它们的面积"

---

① 成尚荣.教学的再定义及其变革走向[J].人民教育，2012（18）.

是不是就理解了面积的含义？

2.对于"长度、面积、体积"这些度量概念，学生有一种与生俱来的直觉。如何充分运用学生的直觉和已有的生活经验来帮助他们学习"面积"？"摸面"活动有助于学生感知抽象的"面"吗？还有哪些经验有助于学生理解"面积"？

3.学生理解"面积"概念有哪些困惑？为什么学生容易将"周长"与"面积"混淆？从度量一维的"线"的长短到度量二维的"面"的大小，学生的困难究竟是什么？怎样的学习活动能帮助学生突破难点？

4."比较两个图形面积的大小"的目的是什么？是体会比较策略的多样性，还是体会"面是有大小的，是可以用单位度量的，是可以用'数'描述'面'的大小的"？两者孰轻孰重？

5.如何设计有效的活动，层层推进，帮助学生实现面积概念的深度建构？"学"与"导"的着力点在哪里呢？[①]

案例二：用分解、对比巧析"除法计算"

在一节"除法计算"的课堂教学中，教师设计了"24÷2"和"72÷3"两道例题。教师首先用"分小棒"讲解利用竖式计算"24÷2"的方法。在这一过程中，看不出学生有任何困难。接下来"72÷3"要求学生用同样的方法自主探究计算过程并写出相应竖式，结果全班几乎没有一个学生写出正确结果。

……………

"分小棒"的过程大致可以分为4个步骤。下面的表格把两道题4个步骤中必须思考的内容分别列举出来，并进行对比。

[①] 朱德江."学"与"导"应着力于学习的"关键点"："认识面积"教学实践与思考[J].小学数学教师，2016（3）.

思考步骤	24÷2	72÷3
第1步 分整捆（每捆10根）	把2捆小棒平均分给2个人，每人得到1捆	把7捆小棒平均分给3个人，无法分 把7捆小棒拆分成6捆和1捆 把6捆小棒平均分给3个人，每人得到2捆
第2步 分零根	把4根小棒平均分给2个人，每人得到2根	把剩下的1捆小棒拆开，与原有的2根小棒相加得到12根小棒 把12根小棒平均分给3个人，每人得到4根
第3步 得结果	把每个得到的1捆小棒和2根小棒相加，得到最后结果12	回忆先前得到的每人2捆 将每人得到的2捆与4根相加，得到最后结果24
第4步 写竖式	建立思考过程与竖式的联系	建立思考过程与竖式的联系

············

学生在学习过程中可能出现困难的内容通常具有两个特征：第一，思考过程过于复杂；第二，与已有的知识和经验没有联系或相悖。第二个例题相对于第一个例题来说，同时具备了这两个特征。因此，学生对第二个例题感到困难，也就不足为奇了。

如果教师在教学之初知道第二个例题中存在"无法分"这样一个思维障碍，将教学的着力点放在将"无法分"的情况转化为"可以分"的情况，不仅可以突破难点，还适时渗透了"化未知为已知"的方法论思想。[①]

三、学生要成为教师在课堂教学中关注的中心

既然教师是教人而不是教书，那么教师在课堂中的关注中心当然是人，

[①] 郜舒竹，李硕琦. 分解、对比看"难点"[J]. 教学月刊小学版，2016（6）.

也即学生了。学生是课堂的中心,教师的眼睛要看着学生,心里要想着学生,并根据学生的学习状态组织、实施和调整教学。

课堂上以学生为中心,需要教师高度关注学生的学习状态。学生的学习状态可以从以下五个方面进行评价。

1. 学生的情绪状态

新课程改革倡导,不仅要关注学生的知识、能力发展,还要关注学生在知道和能力获得过程中的情感体验。学生的情绪状态主要体现在是否具有浓厚的学习兴趣,学习过程中是否充满好奇心与求知欲;是否能长时间保持学习兴趣,是否能自我控制和调节学习情绪;学习过程是否愉悦,学习的意愿是否持续增强。"真正好的教师要使孩子的表情变得丰富而活跃。在课堂上,我最关注的莫过于孩子的表情了,他们的表情是判断教学好坏的重要标准。对我来说,最好的表情就是孩子们快乐的笑脸,如果孩子默然或者噘嘴的话,就说明孩子不开心了。我期望孩子们放松身心,自由地思考。"[①]

2. 学生的参与状态

学生的参与状态主要表现在参与的主动程度、深度和广度上。考察学生参与的主动程度,具体可以看学生在课堂上是否积极主动地投入思考或踊跃发言,是否兴致勃勃地投入学习和讨论。参与的深度体现在学生的参与是否包括行为参与、认知参与和情感参与等。……参与的广度则表现在"学生自主活动和学习的时间有多少,学生回答问题和动手操作的人次有多少;是否全体学生参与了学习,是否投入了学习的全过程"[②];参与活动的感官种类是否包括口、手、脑等。

3. 学生的交往状态

教学是一种特殊的社会交往形式,是教师的教和学生的学的统一,这种统一需要通过师生交往和生生交往来完成。考查课堂上学生的交

[①] 陈静静.学校发展的愿景:学习共同体[J].教师月刊,2012(6).
[②] 叶碧玲.课堂教学评价重在"评学"[J].丽水学院学报,2008(2).

往状态，要看学生之间是否有良好的合作；师生之间和学生之间能否协调、沟通各自的想法，联合力量为达到某一个目的而相互作用；是否有较多的信息交流和信息反馈；交往是否处于互相尊重、互相信任的状态，交往的气氛是否民主、宽松、和谐，学生在交往中是否能大胆发言、提出问题和不同观点；学生的好奇心和自信心是否得到保护，等等。

4. 学生的思维状态

思维能力的发展是学生全面发展的重要内容之一。对学生思维状态的评价，必须关注学生在课堂上是否有足够的智力劳动量。表现在学生是否围绕重点的问题积极思考，敢于质疑，敢于提出具有挑战性和独创性的问题；学生回答问题的语言是否流畅、有条理，善于用自己的语言阐述观点等。

5. 学生的生成状态

在新课程的理念下，教学活动是一个动态生成的过程。生成性是指学生理解的过程不是简单的知识搬运、转移的过程，而是依据其自身的经验来建构、发现和领悟的过程。课堂上师生是否能生成预设内容，是否能自主地生成非预设内容，得到意外的收获，这是衡量课堂教学成功与否的一项重要内容。①

学生的学习状态决定课堂教学的质量和水平。学习状态不仅是教师观察的对象，也是教师教学工作的重点。教师教学的重要任务就是要激发、营造、构建学生良好的学习状态。对学生的关注实质上就是对学生的尊重，所以它本身就体现着良好的教育精神。只有基于对学生的关注和尊重，教师才能真正创造出适合学生的教学。也就是说，"适合的教学，应当是既适切又适度的教学。适切的教学即适应学生多样性的要求，学生在性别、认知风格和智力等方面存在差异，教学要照顾到学生的多样性和个别差异。适度的教学即适应学生的发展性要求，学生在发展水平和发展速度等方面

---

① 沈健美．以学论教：课堂教学评价中静悄悄的革命［J］．中国教师，2010（5）．

均存在差异，教学要关注学生的最近发展区和最佳发展期。教学既要适合学生发展的'质'又要适合学生发展的'量'。"①

第二节　知识的育人价值与精神意义

知识不是为学科而存在的，也不是为认识世界而存在的，归根到底它是为人而存在的。挖掘知识的育人价值和精神意义，是教学从知识导向走向素养导向的基本前提。

一、知识的育人价值

知识是教育活动得以展开的一个"阿基米德点"，教育活动离不开知识。没有了知识，教育活动便成为无源之水、无本之木。实际上，知识是个体成长的精神食粮，它蕴涵着极其丰富的育人价值，是教育的个体性价值得以实现的一个必要条件。这里强调的是知识之于教育活动的育人性、本体性价值，而它正是我们所要阐述的内容。

（一）知识具有育智价值

之所以说知识具有育智价值，是因为它对个体的智力开发、智慧增长具有积极的促进作用。我们知道，知识是人类从实践活动中得来的，是对客观事物及其运动和变化发展规律的正确反映，是人类智慧的结晶。"它不仅是外部现实及客观规律的反映，而且更为重要的是知识中凝聚了千百年来人类的智慧，积淀了生产者在劳动过程中的才华、能力和追求，人类认

---

① 黄忠敬.什么是适合学生的教学［J］.当代教育与文化，2012（9）.

识世界、改造世界、创造新事物的方式亦浓缩其中。"[①]就具体的教育教学而言，个体在学习过程中除了接受、领会知识本身的内容外，还会主动吸收积淀在知识中的智慧、才能和思维方式等，实现知识内在的育智价值。凝聚在知识中的智力因素是与个体的学习过程紧密相关的，知识的育智价值总是体现在知识的学习过程中。为了获得真知，个体的思维必须卷入知识的原生产过程中去。正所谓"学而不思则罔，思而不学则殆。"学习知识的过程，本身就是智力活动的过程。从知识内容本身的角度来说，学习是知识的智力价值得以展开的过程；从学习者的角度来说，学习是个体智力得到锻炼和发展的过程；从两者的结合来说，学习就是将人类的智慧转化为学习者个体智慧的过程。可见，学习知识一方面有助于充实和丰富个体的知识体系，另一方面有助于促进个体的智力发展。这里蕴涵着知识实现育智价值的内在机制。

（二）知识具有育德价值

知识不仅是人类智慧的结晶，而且具有丰富的道德因素，体现着人类的道德理想和精神品质。就知识的育德价值而言，苏格拉底的"知识即美德"这一命题最为经典。在他看来，知识与道德是统一的，人的一切品德，包括勇敢、公正、正义等，如果没有真知识，都可能是恶的。他主张用知识去照料人的心魄、改善人的灵魂，强调通过知识去除人生的愚昧与遮蔽，达成善的品性和高贵的精神。不仅苏格拉底，夸美纽斯、赫尔巴特、科尔伯格等教育家都或明或暗地认同这种观点，并分别对此做过相关论述。但是，就我国基础教育发展的实际而言，目前，在探讨知识的育德价值时，人们关注最多、批评最多的却是德育的内容与形式、认知与情感、认知与行为的割裂问题，即将更多的目光用来打量"知识德育"的实际效用问题。

所谓"知识德育"，是指用道德知识的传授与习得来代替真正意义上的道德教育，方法上偏重于理论说教与灌输，将认知、概念、记忆、机械训练等贯穿于德育过程。这种德育模式在实践中极易造就明知故犯、言行脱

[①] 潘洪建.教学知识论［M］.兰州：甘肃教育出版社，2004：93.

节的空头"道德家",造成受教育者有理想而缺行动、有知识而缺修养、有文化而缺能力、有理论而缺实践。其实,苏格拉底对"知识德育"的恶果早有阐释。在他看来,"明知故犯"只是表象,实际上是"不知不应犯而犯"。譬如,一个人之所以盗窃,是因为他认为盗窃是好的,能给他带来好处,尽管在法庭上他也会说出"盗窃不好,不道德"之类的话,但这只是敷衍之词。如果他真的认识到了盗窃不好、不道德,就根本不会去盗窃了。对此恶果我们并不否认,也不否认应该把德育的中心引向学生,引向生活,引向生活中的学生。但是,这里需要强调的是,不仅德育不可能摆脱关于知识的认知性教育,而且关于知识的认知性教育本身就是德育的基本形式、基本载体和前提条件。有研究者指出:"在一个人思想品德的形成发展中,道德认知的提升对道德过程的良性推动具有关键意义。道德认知规导道德情感,没有理性的规导,情感的发展会步入盲目之境;道德认知是道德意志实现的基础,有没有形成自觉的道德意识,是判断个体的行为是否成其为真正的道德行为的重要依据之一。"[①]

总之,道德是人的一种社会规定性,知识是德育的必要条件,知识教育对于道德意识的形成具有决定性的作用。知识镌刻着人类探索真理的艰辛、科学精神的奥义以及勤奋刻苦的意志,包含着科学家、思想家、文学家崇尚真理、热爱生活、追求人生幸福的道德情感。学习和掌握知识,可以提高人的精神文化修养,净化人的心灵,使人具有高尚的情操和趣味。"知识的精神化育价值表现在知识不仅是人类认识活动的结晶,而且是人类道德理想、精神品质的体现,人类在探究知识的过程中所展现出来尊重事实、依据事实、反映事实、敢于冲破教条的束缚、批判谬误、破除迷信的科学精神,为人类自由和解放、为维护真理而敢于牺牲的献身精神,高度的社会责任感和谦虚诚实的品格以及团结协作、共同奋斗的团队精神,对于知识的学习者来说具有深刻的、能够触及心灵的精神化育作用。"[②]一句

[①] 成双凤,韩景云.走出知识德育的误区[J].江苏大学学报(高教研究版),2005(1).

[②] 辛继湘.课程评价改革的当代知识论基础[J].课程·教材·教法,2005(6).

话，知识能够充实人生，克服无知和偏见，完善道德人格，而无知必然造成精神的空虚、思想的偏见和人格的堕落。更进一步说，"所有的知识，不管是自然科学的还是社会科学的，都是包含道德意义的知识，是人的世界观、人生观和价值观的构成性因素。道德是蕴含在知识中的一种价值倾向，是知识的一种内在属性，是与知识相伴随的内在特性。这是道德教育所以存在的知识论原因"。[①]

（三）知识具有育美价值

个体的审美能力不是天生的，它需要经过后天的训练与教育才能被真正地激发出来。人们习惯上将这种对个体的审美能力进行教育的活动称为美育。知识具有陶冶价值，美育离不开知识。知识能够提升人的精神生活能力，使人不仅能够发现美、鉴赏美，也能自觉去追求美和创造美，这是知识的育美价值所在。一方面，人类的文化知识是个体审美能力的前提和基础。没有一定的知识、技能的积累，任何形式的审美活动都将是空中楼阁而难以展开。正是在这样的语境下，我们说，美育首先需要智育的参与。一般情况下，审美教育包括审美知识、审美技能、审美趣味与审美精神等多方面内容，其中审美知识与审美技能显然要靠智育来完成。另一方面，知识本身不仅具有认知价值，也具有审美价值。"知识不仅是认知的媒介，更是精神态度、价值伦理的载体，传导着人类千百年来对世界的认识，也运载着人类在探究知识的过程中所表现出来的精神气质、审美情怀和价值追求。即使认知价值十分明显直接的科学知识，也具有精神培植、人性发展的价值，因为科学知识是人类认识客观世界的产物，但人类在探寻科学知识的过程中所表现出来的追求真、善、美的精神，所展现的人的本质力量，能够让人受到心灵的震撼、精神的激励。至于原本就可以直接与之进行心灵对话、精神交流的人文知识，对于陶冶人的情感、发展人的心灵、形成完整人格方面具有独特的作用，其价值远远

[①] 孙彩平，蒋海晖. 知识的道德意义：兼论学科教学中道德意义的挖掘[J]. 中小学德育，2012（10）.

不只在认知方面。"① 研究表明,在科学发展史上,许多科学家的重大发明或发现都是以审美作为向导的。"美积淀在知识之中,并借助知识的结构美、内容美、形式美、逻辑美、理性美、意境美表现出来。"② 一个人的知识越丰富,思维能力越强,对美的领悟也必然越深刻。这是知识具有育美价值的实际意义所在。

总之,知识是人的智、德、美诸方面发展的基础,当然也是个体的创造能力得以形成和发展的基础。在教育活动过程中,不同类型的知识相互补充,共同作用于个体的精神乃至身体,进而促进个体的不断完善。

二、知识的精神意义

20世纪以来,"哲学的一个基本走向,就是迈向意义的世界"。③ 人们开始广泛关注起知识的意义向度。"意义问题已经逐渐进入人们的研究视野,并成为时代主题。生命哲学、存在主义、解释学、现象学等无不把人的意义世界作为一个基本的关注焦点。"④ 在传统认识论的视野和框架里,人与知识被定位为一种认识关系或反映关系,即知识是人认识和反映的对象。其中,人是一种认识性存在,而知识则是一种被认识性存在。作为认识主体的人与被认识客体的知识彼此外在,主体正确地反映了客体,也就是掌握了知识、认识了真理。美国批判课程理论的代表人物亨利·吉鲁曾经指出:"传统课程范式中的知识主要被作为一个客观'事实'的领域而对待。也就是说,知识好像是'客观的',因为它是外在于个体或强加于个体的……在这种情况下,知识就从生成自我意义系统的自我形成过程中被剔除了。"⑤ 从反映论的角度

---

① 辛继湘.课程评价改革的当代知识论基础[J].课程·教材·教法,2005(6).
② 潘洪建,吴中才.知识价值:教育学的视野[J].扬州大学学报(高教研究版),2004(4).
③ 俞吾金.迈向意义的世界[J].天津社会科学,1992(2).
④ 李召存.课程知识的生存论透视[J].教育理论与实践,2006(8).
⑤ 张华,等.课程流派研究[M].济南:山东教育出版社,2000:309.

来理解知识的最大问题是容易导致知识的外在化。德国哲学家、教育学家爱德华·斯普朗格指出："与人的生活和个体精神没有关联的知识是无生命的知识，知识必须转向人的内在精神才有意义。"① 因此，我们要关注知识对于人的意义，而不是知识本身或作为其形式的语词和命题。知识只有经由学生的理解，进入学生原有认知结构并与之融为一体时才能获得意义。

后现代知识观强调人与知识的存在关系和意义关系，即知识对于人的意义。"这种意义关系应该比认识关系更基本、更深层、更具包容度。首先，它不排斥学习者对课程知识的认识，但这种认识更强调生成性、体验性、文化性，强调学习者对知识的个人心理意义的建构。其次，更为重要的是，它强调课程知识对学习者的精神意义，强调知识的价值不仅仅在于提高认识、发展能力，更应使学习者感受到生命的充实性和意义性，能够对个体有意义的生活给予滋养、护持。"② "在这里，知识与人的关系完全是一种非功利的关系，人无须为功利的目的而服从知识；人主要是出于对生活意义的追寻或为了意义世界的充实而与知识交往，学习知识不以'占有知识'为目的，而以个体精神的成长为目的。知识的意义性使人有可能不是出于功利的目的而追寻知识，而是为了精神的成长而追寻知识，在这样的过程中，个体精神自由是有足够保障的。"③ 强调知识的意义性意味着我们要真正地确立以人为本的教育观，把对人性、人情和生命的关注、关爱、关切贯穿和体现在知识教育的全过程中。从课程角度讲，要强调知识与人的具体关系，努力从学生的经验、生活、兴趣、爱好和个性出发，去选择、加深、拓宽课程资源和教学内容，使知识走进学生的心灵。从学生学习角度讲，要尊重学生的自主性、探索性，释放学生的心智、思维，激发学生的能动性、创造性，从而变认知的困苦为求索的乐趣，变学习的负累为生命的享受。

---

① 邹进.现代德国文化教育学[M].太原：山西教育出版社，1992：70.
② 李召存.课程知识的生存论透视[J].教育理论与实践，2006（8）.
③ 郭晓明.课程知识与个体精神自由：课程知识问题的哲学审思[M].北京：教育科学出版社，2005：71.

"实践中，有些知识具有教育性，有些知识缺少教育性，而事实上知识能否产生教育性，除了知识本身的属性外还取决于教育的方式和方法。即便是那些具有丰富的教育性的知识，如果使用不当，也会变得索然无味，毫无教育价值和意义。但可以肯定的是，除极个别例外，没有知识则没有教育。教育无法在真空中产生也无法脱离知识而单独存在。对于人的教育而言，关键是选择何种知识、以何种方式让知识融入人的心灵，成为人性自身的一部分。"①就拿语文教学来说，"优秀的语文教师，应该让课堂重现这一切：万物得以命名时的冲动与喜悦；……每一个汉字在凝固时的智慧与喜悦；能够从'慈母手中线，游子身上衣'中体味出古典的亲情与人伦，从'独立小桥风满袖，平林新月人归后'这十四个汉字里，体味到人生失落与期待的复杂细腻的滋味；从反反复复的'平平仄仄平平仄'里，体味到汉语独特的悠长韵律……只要用心体察，任何一个汉字、任何一个词语、任何一篇普通平凡的课文，都因为系前人匠心所运，所以，都并非是平淡无奇的一堆文字，而是心灵的一次次运筹，是思维的一次次锤炼，是漫长字词历史的又一次独特运用。如果课堂上能够重现这些，那么每一堂课都将不可能是平淡、平庸的"。②

第三节 学科教学是立德树人的主要途径

每个学科不仅具有自己的符号表达、知识体系和思维方式，也都有自己内含的价值性和道德意义。这同样是学科知识的一种内在属性，是与学科知识相伴随的内在特征，是人的世界观、人生观和价值观的构成性因素。

---

① 王建华.论人类的教育［J］.清华大学教育研究，2014（4）.
② 诸向阳.语文课堂教学的三重境界［J］.语文教学通讯，2014（33）.

所以，学科教学"最大的道德教育资源就是学科知识本身"。①

从教学实践的角度来讲，我们要强调以下几点。

第一，要充分挖掘学科知识特有的道德教育资源。如上所述，"每门学科都蕴藏有丰富的道德教育资源，教师要对学科教学内容中具有道德教育价值的素材进行发掘，把德育渗透融合在课程教与学的活动中。如语文学科，在学科内容上的字词句章、人类文化、人物、情感、伦理等，在学科方法上的榜样示范、阅读、审美、情感、伦理等，这些都蕴涵了伦理、正义、同情等道德价值。如历史学科，通过典籍、人物、事件、价值观等，培养学生的批判性、历史感、独立思考能力、辩证思维等，这一过程就蕴涵着正义、宽容、理解等道德价值。外语学科通过语言文字、文化风俗的内容，采用情景、交流、对话等方式，传递出尊重、倾听、宽容及国际理解等价值观。再如数学、物理、化学等自然学科，在内容上强调的是公理、定律、原理、公式、计算、科学家、发明、发现等，通过推理、演绎、归纳、计算、实验等学科方法，培养学生严谨、理性、坚韧、求实等品质……"②

第二，学科教学要进入学生的生活和行为。课堂教学要转化为学生课外的成长行为，延伸到学生的日常生活当中，并逐步变成他们的成长自觉。如果你教过《林黛玉进贾府》之后，学生会在课外喜欢读《红楼梦》；如果你上过《烛之武退秦师》之后，学生会在课外喜欢读《左传》；如果你指导过作文之后，学生爱上了写作并养成了练笔的习惯，那么，这样的教学就进入了学生的生活和成长。"真正的自由教育意味着对学生的整个生活发生重大的影响，他所学的东西将会影响他的行为、兴趣与选择；意味着他过去的一切都受到审视和重新估价。"③

---

① 孙彩平，蒋海晖.知识的道德意义：兼论学科教学中道德意义的挖掘[J].中小学德育，2012（10）.

② 朱小蔓，苏丹兰.重视情感与价值观教育 加强和改善学校德育[J].课程·教材·教法（"2011年版义教课标解读与教学建议"专辑）.2012（Z1）.

③ Allan Bloom.*The Closing of the American Mind*.New York：Simon&Schuster，1987：370.

第三，学科教学要进入学生的道德和心灵世界。如果一个人赢得了整个世界，却丧失了自己的灵魂，对他又有什么益处呢？心灵是人之根本，更是教育教学之根本。苏霍姆林斯基说过："教育技巧的特点就在于使教育的整个过程成为教师过问人的精神生活的整个过程。"① 提出"生命语文"教学主张的熊芳芳老师这样阐释生命语文："即以生命为出发点，遵循生命的本质属性，与生活牵手，让生命发言，让语文进入生命，唤醒生命，并内化为深厚的文化底蕴和丰富的人格内涵，是为帮助我们认识生命的美丽与宝贵，探索生命的方向与意义，提升生命的质量与品位，使生命变得更加美好、更有力量、更有意义而进行的语文教育。"② 的确，"语文课不但是读写能力培养课，更是使学生变成健康文明大写的'人'，变得更高尚，更聪明的课。良好的语文教育应该是为学生提供一方高雅的人文浸染的环境，因势利导，把学生培养成一个有文化、有健全人格、有智慧的勇于创新的人"。③ 总之，唯有进入学生情感、生命、灵魂深处的教学，才能内化为学生高尚的道德生活和丰富的人生体验，这样，学科知识增长的过程也就成为人格健全与发展的过程。伴随着学科知识的获得，学生将变得越来越有爱心，越来越有同情心，越来越有责任感，越来越有教养。

第四，要结合学科教学有机地进行价值引领。价值引领的目的就是培养学生正确的价值观。从学校教育的角度讲，价值观是做人做事的观念、准则和规范，是一个人信念、信仰和理想的基石，决定着一个人的精神品性。教师要在教学中结合学科特点和内容对学生进行价值引领。不同学科中蕴含着具体丰富又不尽相同的价值内容及形态，是学生建立价值观、人生观、世界观的基础。

学科教学内容按照蕴含价值目标的程度可分为三大类："一是含有显性价值目标的教学内容，即教材通过文字材料直接体现出价值目标，比如高

---

① 苏霍姆林斯基.苏霍姆林斯基选集（第2卷）[M].蔡汀，编.北京：教育科学出版社，2001：381.

② 熊少严.以生命的形式提升教学之美：读《语文：生命的，文学的，美学的》[J].人民教育，2013（23）.

③ 张超，王际兵.语文：从教学到教育[J].课程教学研究，2012（8）.

中语文'包身工'一课,该内容直接体现出的是反抗压迫、维护与热爱正义的价值观。二是内隐价值目标的教学内容,这类内容主要反映客观事实和规律,似乎不含价值因素,但在反映客观现实、揭示客观规律的过程中同样蕴含着价值目标,这就要求教师善于发现教学内容背后的价值因素,把教学内容中内隐的价值因素挖掘出来,形成价值目标。比如,进行生物学'遗传病'一课的教学时,教师可以给学生描述病人患病时生理上的痛苦以及他们心灵上遭受的折磨,从而引发学生的同情心,并培养学生的爱心。还有一类教学内容,本身并未隐含价值目标,对这一类内容的教授,如果教师具有价值教育的意识与能力,可以通过师生交往、教学组织形式等方式,在行动中达成价值目标。"① 下面我们通过几个案例来具体阐述学科教学是如何进行价值引领的。

案例一:孙悟空和白骨精的执着

生:我觉得白骨精为了达到自己的目的,她很顽强,很执着,很了不起。(笑)

师:啊(想了一下),那你说说白骨精这么执着的目的是什么?

生:要害唐僧,要吃唐僧肉。

师:那怎么评价白骨精的这份"执着"呢?

生:(想了想)反正她是不达目的不罢休。(笑)

师:好,你先想想,一会儿再和你聊这个问题。

(十分钟后,学生评价孙悟空)

生(认为白骨精执着的女孩):孙悟空对师父有求必应,有情有义,很执着!

师:你说孙悟空执着的目的和白骨精执着的目的一样吗?

生:不一样,孙悟空的目的是善的,白骨精是恶的。

师:你真是"善恶分明"啊!那么,现在请你结合妖精的"无心向善"谈谈妖精的执着。

---

① 魏宏聚.课堂教学中实施价值教育的途径与策略[J].教育科学研究,2013(2).

生：妖精的执着用错了地方，所以罪有应得。

师：妖精的执着，不是智谋，而是不择手段的害人阴谋！方向错了，方式再好，那也是南辕北辙！（掌声）①

（窦桂梅执教《三打白骨精》片断）

案例二：文本的生活意义和教育意义

今天（2012年4月16日）在福建省三明市一所小学听了两节语文课，分别是三年级的"妈妈的账单"和六年级的"跨越百年的美丽"。评课时，我围绕以下问题谈了一些想法：如何解读教材？如何让文本真正走进儿童，走进生活？如何让儿童走进文本又走出文本？如何挖掘文本的生活意义和教育意义？

也许是出于职业的习惯，我把"妈妈的账单"看成一个优秀的教育案例。小彼得的母亲很有教育智慧，她用自己的智慧成功地教育了小彼得。小彼得看了母亲的账单后羞愧万分，悄悄地把索取的报酬还给了妈妈。但是，现实生活中的很多妈妈未必具有小彼得母亲那样的智慧。我们可以让学生设想一下自己的妈妈收到账单后会是什么反应。有的妈妈可能直接给了60芬尼；有的妈妈可能把孩子骂了一通；有的妈妈可能伤心得哭了……每位妈妈的个性、脾气、性格、文化程度不一样，反应的方式和爱护孩子的方式也会不一样，但是，所有妈妈对孩子的爱是一样的：无私、本能、不求回报。这是我们要让学生明白的道理。或许这样的解读会让文本真正走进儿童的心灵，真正对儿童的心灵产生影响。

"跨越百年的美丽"一课以"美丽"为主线，表明居里夫人的美丽不在于容貌，而在于心灵和人格。她为人类做出了伟大的贡献，实现了自己的人生价值，因而在我看来，这种"美"是至高至善的，她就是美的化身。但是她的美如何走进儿童，走进儿童的生活、心灵？当学生学

---

① 赵芹，袁开文.阅读教学呼唤智慧理答［J］.教育测量与评价，2012（12）.

到"这种可贵的性格与高远的追求,使居里夫人几乎在完成这项伟大自然发现的同时,也完成了对人生意义的发现"时,教师问学生:"你们认为人生的意义究竟是什么?"一位同学回答:"人生的意义在于吃饱、穿好。"教师对此该如何回应呢?我认为可以这样引导学生:"这样的人生(吃饱穿好)美不美?应该不能算美。但是如果你是凭自己的努力而过上丰衣足食的生活,这样的人生就有点意义,有点美。而如果在自己过上好生活的同时也努力帮助其他人过上好生活,这样的人生就更有意义、更加美丽,就有点接近居里夫人的美了。当然,如果你一心只为别人(为整个人类)的利益考虑,而不考虑自己的利益,甚至宁愿牺牲自己的利益,那你的美就可以和居里夫人的美相提并论了。"当学生学到"她本来可以躺在任何一项大奖或任何一个荣誉上尽情地享受,但是,她视名利为粪土,她将奖金捐赠给科研事业和战争中的法国,而将那些奖章送给6岁的小女儿当玩具"时,一位同学发表了感想:"有一次我考得很好,高高兴兴地把成绩单拿回家给父母看,原以为他们会大大表扬一番,没想到他们只是淡淡地肯定了一句,我感到很委屈,回到房间哭了起来。"我想,老师在此可做这样的启发教导:"学习成绩好,希望得到表扬,这是人之常情;学习成绩好,却只把它当成分内事,而不在乎什么奖励和表扬,这个境界就高一点了;如果学习成绩好,是因为把读书当成一种兴趣、爱好,觉得读书本身就是一种乐趣、一种享受,这个境界就更高了;而如果进一步把学习看成一种对未知世界的探索和发现,而不仅仅是为了成绩和荣誉,这就有点像居里夫人了。"这样的解读可能就会拉近孩子和居里夫人的距离,让她从科学的神坛走向儿童的生活,并对儿童的学习和生活发生影响。

(余文森)

案例三:《鹿和狼的故事》的思考

《鹿和狼的故事》一文主要叙述了在美国某州的森林中,鹿的生存受到了狼的严重威胁,西奥多·罗斯福总统为了改变现状,下令捕杀恶狼，最终导致严重的生态灾难：森林中的绿色植被一天天减少，枯黄的土地不断扩大，鹿群总量锐减。有教师以"狼也是森林的保护者"为主题，要学生重新审视以前对狼狡猾凶残的错误认识，大有为狼平反的气势。结果在交流本文的学习体会时，有不少学生在为狼唱赞歌。正因为教师有意抬高狼的"人性"，才导致学生错误的价值取向。对于狼的本质到底是什么姑且不论，但有一个基本事实是清楚的，那就是狼对森林的保护作用不是自觉，而是由于生物之间的相互制约。对本文的价值取向，笔者认为可从以下几方面去考虑：环保教育——懂得维护生态平衡的道理；科学思想方法启蒙教育——事物之间是相互联系、相互作用、相互制约的；辩证唯物主义启蒙教育——对任何事物都应当全面认识，不能以偏概全。但是在实际教学中，不能将三者截然分开，要使对后两者的领悟有机地融入前者之中。[①]

总之，任何学科的教学都不应仅仅为了获得学科的若干知识、技能和能力，而应同时指向人的精神、思想情感、思维方式、生活方式和价值观的生成和提升。学科教学要有文化意义、思维意义、价值意义，即人的意义。正如德国著名教育哲学家雅斯贝尔斯所说："教育是人的灵魂的教育，而非理智知识和认识的堆集……在学习中，只有被灵魂接受的东西才会成为精神的瑰宝，而其他含混晦涩的东西则根本不能进入灵魂中而被理解。"[②] "教育是极其严肃的伟大事业，通过培养，不断地将新的一代带入人类优秀文化精神之中，让他们在完整的精神中生活、工作和交往。……对终极价值和绝对真理的虔诚是一切教育的本质，缺少对'绝对'的热情，人就不能生存，或者说人就活得不像人，一切就变得没有意义。"[③]

爱因斯坦在《培养独立思考的教育》讲稿中曾说："用专业知识教育人是不够的。通过专业教育，他可以成为一台有用的机器，但不能成为一个

[①] 黄军荣. 阅读教学中价值取向的误区[J]. 小学教学研究，2003（3）.
[②] 雅斯贝尔斯. 什么是教育[M]. 邹进，译. 北京：生活·读书·新知三联书店，1991：3-5.
[③] 同上：44.

和谐发展的人。要使学生对价值有所理解并且产生热烈的感情,那是最基本的。他必须获得对美、对真、对善的鲜明的辨别力,否则,他——连同他的专业知识——就更像一只受过很好训练的狗,而不像一个和谐发展的人。"[1] 北京大学钱理群教授也指出:"中小学语文教育主要应培育学生对真、善、美的追求,对彼岸理想世界的向往与想象,对人类、自然、宇宙的大关怀,对未知事物的好奇心,并由此焕发出内在与外在的激情、生命的活力、坚强的不屈不挠的意志力、永不停息的精神的探索、永远不满足于现状的批判与创造的欲求。"[2]

---

[1] 爱因斯坦.爱因斯坦文集(第3卷)[M].许良英,等,译.北京:商务印书馆,1979:310.

[2] 钱理群,孙绍振.对话语文[M].福州:福建人民出版社,2005:130.

第四章
基于课程意识和学科本质的教学

> >> 课程意识本质上就是课程观,教师的课程意识就是教师对课程的理解、看法、观点和态度。课程观决定教学观,教师怎么理解课程会从根本上决定怎么理解教学。也就是说,教师不能就教学论教学,就教学谈教学,而一定要有课程的高度、课程的视野,即课程的意识,否则,教学就会陷入就事论事的窠臼。从学科教学的角度讲,教学不能只停留在"学科表层"(现象),而应进入"学科深层"(本质)。唯其如此,学科教学才能有效地促成学科核心素养的形成。

第一节 课程意识

课程意识是相对于传统的教学意识而言的,两者的区别表现在:

第一,战略与战术。从教学目的的角度讲,教学意识一般只着眼于眼前,注重学生一时的得失,要求学生"堂堂清、课课清"。而课程意识则面向未来,注重学生可持续发展,从学生发展的角度来看待和处理课堂教学的内容和要求。正如我们在教学实际中所发现的,有的教师每节课都上得不错,学生反映也好,可教学效果却不尽理想。对此周彬教授指出:

> 当把课堂教学"肢解"成一堂一堂的课,看起来让课堂教学变得更具体了,也寻找到了提高课堂教学效率的捷径,但当每一堂课都各自为政时,当每一堂课都把自己的完善与完美作为教学目标时,我们得到了"一堂课"甚至"每堂课"的美好,却失去了学科课程的完整性和系统性,或许这才是"课虽好但却得不到好成绩"的原因。

对于一堂一堂的课，我还是更主张平平常常，尽管不希望我们的课堂变得平庸与乏味，但至少这样的课堂是正常的，而且是正常的老师所能够驾驭得了的。但对于平平常常的课堂，却不能因此而只达到平平常常的教学目标，还是希望这样的课堂能够实现促进学生长远发展的目标。因此，这就要求我们花更多的时间在备课的"课程设计上"，在上课的"课程实施上"，在作业的"课程评价"上。只要在课堂设计和落实过程中就注入"课程"的基因，我们在把课堂串成课程的过程中才能驾轻就熟。当然，要做到这一点，不但我们对整个学科知识结构和系统思维要有足够的了解，还要对"课程"这个概念以及与之相应的理论体系有足够的认识。看起来这条路比上好一堂一堂的课更艰难，却是我们的知识与理性所能及的。[①]

　　第二，开放与封闭。从教学内容的角度讲，教学意识是个相对封闭的概念，一般只着眼于教科书。而课程意识则是个相对开放的概念，强调课程资源的利用与开发。

　　第三，生成与预设。从教学运行的角度讲，教学意识注重预设性的活动，课程意识则强调生成性的活动。教学改革唯有进入课程层面，才有可能取得实质性的突破。

　　从概念本身的内涵来说，教师的课程意识指的是教师对课程意义的理解、课程本质的把握，以及对课程价值的定位，从而将其内化于自我意识系统之中并现实性地指导自我课程实践（包括课程设计、规划、实施等）的课程哲学。它指"在一定的课程观指导下，教师对课程与教学问题的系统认识，是教师在课程活动中对教学观、知识观、学生观及其课程意义的综合反映，包括作为课程主体的教师个体在课程理念、课程参与、课程实施与评价等方面所持的独特认识"。[②] 课程意识或显或隐地规定、检视、省察着教师的教学观念和教学行为。教师有什么样的课程意识，就会形成什

[①] 周彬.把"课堂"串成"课程"[J].上海教育，2017（12）.
[②] 王志林.论课程意识与教师个人知识的创生[J].全球教育展望，2008（10）.

么样的课堂风貌和教学风格。所以，教学改革的必要前提就是确立正确的课程意识，基于课程意识的教学是指向核心素养的必然要求。

就其来源而言，教师的课程意识来自教师对课程的认识和定位，特别来自教师对课程与知识关系的理解以及对课程与教学关系的理解。

一、课程与知识的关系

（一）课程是知识

在英语世界，课程（curriculum）一词最早出现在斯宾塞《什么知识最有价值》一文中。这意味着"课程"这个词一开始就是跟知识联系在一起的。把课程的本质看成是知识，不仅是一种比较传统的观点，也是目前比较有代表性和普遍性的观点。

这种观点的基本思想是，学校课程的主要使命是使学生获得知识。在学校里，知识是按学科分类的，因此，我们又可以说，课程即学科。实际上，这也是更常识化、影响更大的定义，如《中国大百科全书·教育》对课程是这样定义的："课程是指所有学科（教学科目）的总和，或学生在教师指导下各种活动的总和，这通常被称为广义的课程；狭义的课程则是指一门学科或一类活动。"

在这种观点支配下的课程通常表现出以下特点：强调受教育者掌握完整而系统的科学知识，往往分科开设；以相应学科的逻辑、结构为基础来组织其体系；外在于学习者个人生活，并经常凌驾于学习者之上；学习者是课程的接受者，教师是课程的说明者、解释者。这就是典型的学科本位和知识中心主义的课程观。从历史发展的角度看，这种课程观有其进步的一面，即便在现代，也有其合理的一面，但是，站在时代的高度，我们可以明显地发现它的局限性和弊端。对学科知识的完整性和专业化的强调已经越来越成为基础教育的一种通病，关注知识而不关注人使教育背离了自身的宗旨。

（二）课程是经验

这种课程定义把课程视为学生在教师指导下所获得的经验或体验，同时也包括学生自发获得的经验或体验，它是基于对前一种观点的批评和反思而出现和形成的。将这种观点加以系统化、理论化并付诸实施，同时也将其推向极端的最著名的人物当数杜威。在杜威以后，人们拓展了经验对于课程的意义，即把学习者的经验与个体的个性发展结合起来。晚近的课程理论则非常强调学生在学校和社会情境中自发获得的经验或体验的重要性。这种观点的基本思想是，只有个体亲身的经历才称得上是学习，也才能使外在的知识转化为学习者自身所拥有的经验。课程就是让受教育者体验各种各样的经历，并在这样的过程中，将学习对象——包括但不仅限于知识——转化为自身的经验，并且实现自身的变化与发展。

在这种观点支配下的课程通常表现出以下特点：强调和突出学习者作为主体的角色，突出学习者在课程中的体验；注重从学习者的角度出发和设计；以学习者实践活动的形式实施；既不外在于学习者，也不凌驾于学习者之上，学习者本人是课程的组织者和参与者。

显而易见，"课程是知识"的观点是"知识导向的教学"的理论基础；而"课程是经验"的观点则是"素养导向的教学"的理论基础。当然，凡事不可走极端，知识和经验不是决然对立的关系，实际上，素养是在知识与经验的相互转化中生成的，正如我们所指出的那样，学科核心素养是学科知识与学科活动产生"化学反应"的结果。

二、课程与教学的关系

课程与教学的关系是深化教学改革中必须首先摆正和处理好的一对关系。我们认为，在这对关系中，课程是矛盾的主要方面，课程观是主导因素。课程观决定教学观，并因此决定教学改革的深度和广度。但是，课程究竟是教学的"枷锁"还是"跳板"？是教学的"控制者"还是"促进者"？在传统的教学论概念系统中，课程被理解为规范性的教学内容，而这种规范性的教学内容是按学科编制的，故课程又被界定为学科或各门学科的总和。这就意味着，课程只是学科专家关注的事，教师无权也无须思考课程问题，教师的任务只是教学。课程和教学成为两个彼此分离的领域：课程是学校教育的实体或内容，规定了学校"教什么"；教学则是学校教育的过程或手段，规定了学校"怎么教"。课程是教学的方向、目标或计划，是在教学过程之前和教学情境之外预先规定的，教学的过程就是忠实而有效地传递课程的过程，是不应当对课程做出任何调整和变革的。教师只是既定课程的阐述者和传递者，学生只是既定课程的接受者和吸收者。这就是传统课程所倡导的教学观。这样的结果是，课程不断走向孤立，走向封闭，走向萎缩，走向繁、难、偏、旧，而教学也不断变得死板、机械、沉闷，这种背景下的所谓教学改革只能是打外围战，"戴着镣铐跳舞"，师生的生命力、主体性不可能得到充分发挥。这种教学改革最多只能在方法上、形式上做文章，而不可能产生实质性的突破。

当课程由"专制"走向民主，由封闭走向开放，由专家研制走向教师开发，由学科内容走向学生经验的时候，课程就不只是"文本课程"（尤其是教材和教参），而更是"体验课程"（被教师与学生实实在在地体验到、感受到、领悟到、思考到的课程）。这意味着，对不同的人来说，课程的内容和意义在本质上是不同的。在特定的教育情境中，每一位教师和学生对给定的内容都有其自身的理解，对给定内容的意义都有其自身的解读，从而不断变革与创新给定的内容，以使其不断转化为自己的课程。因此，教师和学生不是外在于课程的，而是课程的有机组成部分，是课程的创造者和主体，共同参与课程的开发过程。这样，教学就不只是传递和执行课程的过程，更是创生与开发课程的过程。教学过程因此成为课程内容持续生成与转化、课程意义不断建构与提升的过程。课程与教学相互转化，相互促进，彼此有机地融为一体。课程也由此变成一种动态的、生长性的"生态系统"和完整文化。在这种背景下，教学改革才能真正进入教育的内核，成为课程改革与发展的能动力量，成为教师与学生追求主体性、获得解放与自由的过程。课程与教学实现共生、相融、相长、双赢，这才是深化教学改革的标志，也是教学改革进入核心素养时代的标志。

当前课程意识的错误假设主要体现在以下几个方面。

第一,"知识主义"的课程本质观。"课程即学科,课程即知识"具有一定的合理性与正当性。教师很容易直观地将课程本质理解为知识承载与传递。对知识的迷信、对知识传授的执着、对知识世界的依赖、让儿童在最短时间接受最多知识、基于知识的课程评价等,已经根深蒂固于广大教师的课程意识之中。知识本身是"无罪"的,没有知识的课程也是难以想象的。然而,知识主义的课程意识假设却是虚伪且荒谬的。知识与智慧、知识与文化、知识与德性之间都不是天然统一的,都需要基于理性、情感、意志、价值观的中间环节转而化之。苏格拉底意义上的知识与德性同构于理智主义和道德主义的一致性建构并最终落实到实践层面。因此,知识是有限的、非自足的,对知识主义的迷信必然伴随着对想象力、精神世界、德性人格等方面的遮蔽与漠视。康德看到了"科学认识或科学理性的局限性,所以他要限制知识的应用,为道德信仰、为自由保留地盘",康德《纯粹理性批判》的核心用意就在于廓清科学理性的张扬空间,谨慎防止它跨越自己的疆域走向对道德领域的蹂躏和戕害。所以,我们必须认清课程意识中"知识主义"的狭隘与荒谬。

第二,"忠实主义"的课程取向观。忠实取向即对课程专家、课程文本、课程知识系统和课程模式的忠实,它是对自由、解放、创生、开发、生态、灵动的课程哲学观和课程意识的彻底反动,它往往导致教育现场整齐划一、僵化机械、呆头死记、迷信盲从,它清除了人的自我解读、想象力、奇思妙想以及课程开发的兴趣和动力。它完全背离了我国"多歧为贵,不取苟同"的传统人文价值观。忠实主义课程取向其实是一种工具理性支配下的惯性思维,越忠实课程越简单,越不需要探究并承担越少的课程开发责任与成本。因此,"我国的教育工作者往往习惯于思考如何尽可能忠实反映课程设计者的意图,并根据教材要求组织教学"。[①] 这种忠实主义的课程取向观和课程意识无疑是

---

① 施良方.课程理论——课程的基础、原理与问题[M].北京:教育科学出版社,1998:133.

创新思维和创造性素养的"原罪"。

第三,"规训主义"的课程生态观。没有规训的教化是不完整的,但是"规训主义"本身却是非人道的、反人文的。在不少教师的课程意识中存在着秩序诉求、权威诉求和服从诉求。秩序诉求是指教师在课程意识与课程实践中总是将秩序控制放在有效课堂的首要地位,认为只有儿童肢体、言语、行为、思想等有序后方能实现教化之功与知识习得之目的。为了实现秩序诉求,教师自觉不自觉间会走向权威诉求,教师课堂行为与施教言语之中充满了武断和专制。"教师实际上被看成是矗立于学生面前的代表社会意志的制度权威、说一不二的思想首领、永远正确的价值法官"。① 权威型教师特别强调学生的服从,服从诉求是其课程意识的重要渊薮。所有的不服从都被视为桀骜不驯的异端,或强制性驯服,或冷漠地放弃。英国哲学家罗素早就发现,学生被动服从的习惯容易使学生"寻求一个领袖,而且接受任何一个稳坐在领袖位置上的人作为他的领袖"。② 由秩序、权威、服从诉求构成的规训主义课程生态观,造成学生对教师缺乏本真的感恩之心、虔敬和信任,课堂上除了臣服、沉默,就是敌视、对峙,这是极不健康的"课堂生态"。

因此,错误假设的课程意识不仅与基础教育课程改革背道而驰,而且必然导致恶劣的教育后果。教师的课程意识转向已经成为势在必行的时代课题。③

---

① 吴康宁.教会选择:面向21世纪的我国道德教育的必由之路[J].华东师范大学学报(教育科学版),1999(3).

② 伯特兰·罗素.社会改造原理[M].张师竹,译.上海:上海人民出版社,2001:105.

③ 崔振成.自由生态:教师课程意识转向的价值基础[J].教育科学研究,2016(2).

第二节　狭义教学与广义教学

从课程内容的角度来看，教学有狭义教学与广义教学之分；从课程形式的角度来看，教学有课堂教学与课外活动之分。基于课程意识的教学要求我们从狭义教学走向广义教学，并注重课外活动的价值。

一、由狭义教学走向广义教学

狭义教学以书本为教学对象，以学生对书本知识的掌握作为教学的核心目的，坚信知识教学（双基教学）能够促进学生的全面发展。狭义教学也重视智慧的或发展的功能，但终究把这种功能视为知识的从属、附属或自然延伸。客观地说，知识教学并非一无是处，问题在于它混淆了书本知识的获得与学生素养的发展之间的差异性。书本知识的获得并不一定能带来学生素养的发展，事实也是如此。"在以知识为本位的教学中，学生往往能学到大量而系统的书本知识，却并未因此形成或发展某种身心素质。"[①]

狭义教学以书本知识为教学对象，把毫无遗漏地传授教材内容视为教学的根本和唯一目的。为了达到这个目标，教师就牵着学生的鼻子去"钻"教材，甚至去背教学参考书。教材被神化了，被绝对化了，教学变成了教书，在应试教育的背景下，甚至被窄化为教要考的书。不容置疑的事实是，我们的学生擅长于从书本中学习，擅长于解书本的习题，而不擅长于从生活中学习，不擅长于解决实际问题。

广义教学以课程资源为教学对象，教材无疑是重要的也是最基本的课程资源，但课程资源绝不仅限于教材，也绝不仅限于学校内部。课程资源是新世纪课程改革提出的一个新概念，从教材到课程资源的转变，体现了教学范式的根本转变。在新课程中，"教材不再是一个封闭的、孤立的整体，而是开放的、完整的'课程资源'中的有机构成部分，教材成为学生

---

① 陈佑清.广义"教学论"[J].学科教育，2002（3）.

与他人、生活、社会、自然等发生联系的桥梁和纽带"。①

对学生来说，有了课程资源的概念以后，学习的内容变得丰富多彩了。学生学习的内容不仅来自教材，也来自与教师和同学的交往、各种媒体及日常生活。换句话说，凡是能让学生获得知识、信息、经验、感受等的载体与渠道都可以是学习的资源。对教师来说，教学过程也不再是一个照本宣科的过程，而变成了不光是使用教材，同时也是开发和利用课程资源的过程。教师要积极捕捉、发现、利用学生的经验、感受、创意、见解、问题、困惑，使之成为教学过程的生长点；注重开发和利用乡土资源，安排学生从事课外实践活动，引导学生将书本知识转化为实践能力；广泛利用校内外场馆资源——学校图书馆、各种专用教室、运动场馆等，以及校外的科技馆、博物馆、爱国主义教育基地等；鼓励学生合理选择与有效利用网络，增加和丰富自己的学习经验。

教师不仅决定着课程资源的鉴别、开发、积累和利用，其自身也是实施课程的首要条件资源。教师的素质决定了课程资源的识别范围、开发与利用的程度以及取得成效的水平。同时，教师的知识结构和人格魅力等都是宝贵的课程资源。教师在教学设计时应关注把自己的学习方法、学习情感等融入教学过程，发挥自身的优势，使自身的能力、需要、经验和学习方式诸方面进入教学过程，变成课程内容。

总之，广义教学是一种面向生活的教学，是把教育教学内容从书本里、课堂中引向五彩缤纷的生活世界的教学。它高度体现了学生日常生活的意义，注意将学生已有的经验世界、熟悉的现实世界和想象中的未来世界联系起来，整合、拓展、深化学生对生活的认识和体验，使实践和生活成为学生个人发展的源头活水。

广义教学突破了"教学就是在教室里上课"的传统观念，学生学习活动的空间不再局限于教室，而是拓宽到生活和社会的各个领域；学生学习活动的对象也不再局限于有字的教科书，而是延伸至整个自然界和社会这部"活"的无字书中。广义教学注重培养学生在生活、生产和各学科中发

---

① 孙启民.教材更是"引子"[J].教育科学研究，2003（10）.

现问题的眼光，注重培养他们独立思考、学以致用和可持续发展的意识和能力。

二、课堂教学与课外活动

从教学的时空角度讲，我们所谈的教学一般特指课堂教学。课堂教学是学校教育中最基本的活动，它不仅是智育的主要途径，也是德育、体育、美育等的基本途径，是促进学生发展的最有效的形式。学校必须以课堂教学为主，这是学校与社会其他机构的根本区别。课堂教学是学校经常的、大量的基本工作，它占的时间最多，内容也最丰富。学校培养人才质量的好坏，在很大程度上取决于课堂教学水平的高低。因此，只有围绕课堂教学这一中心工作，全面、妥善地安排学校的各项工作，才能把学校办好。但是，我们应当客观冷静地看待课堂教学的地位和作用，更不应赋予课堂教学难以承担的功能。我们承认，课堂教学是学校最重要、最基本、最经常的一种教育活动，但目前这种活动被绝对化，甚至被唯一化了。实际上，人的身心的全面发展和个性的自由发展是需要丰富的教育活动来滋养和支撑的。单一的课堂教学根本不能完成这样的使命和任务，只有采用丰富多彩的课外活动，才能实现教育的根本目的。"学生综合素质的形成既来自课内也来自课外，既来自校内也来自校外，既来自书本也来自学生自主选择的各种活动。"[1]

在实践中，苏霍姆林斯基坚持用心理学和教育学来指导自己的日常教学和学校管理。在他领导的学校里，他制定了既严格又人性化的纪律，来限定孩子们在室内进行脑力劳动的时间和做家庭作业的时间。他认为，过重的作业负担会"摧残少年，使他的健康终生遭受不良影响，会损坏他的美，使脊柱弯曲、胸廓狭窄、眼睛近视"。[2] 为此，他倡导和践行"解放下半日"的教育理念。他还强调，并非每个人都能成为学者、作家、演员，

---

[1] 史宁中，柳海民.素质教育的根本目的与实施路径[J].教育研究，2007（8）.
[2] 晓楠.智者的启迪：教育学经典名言的智慧[M].北京：新世界出版社，2008：3.

并非每个人都能发明火药，但每个人都应当成为自己行业上的能手。所以，教师应该主动去发现每个学生的强项，动脑筋为每个学生"量身定做"教学方案，让每个学生的特长和个性得到充分发扬，为每个在校学习的学生搭建走向成功的宽阔平台。

这里涉及两个重要问题。

首先，就课堂教学而言，教师要重在提高效率、效益，努力实现课堂教学的最优化。按照苏联教育家巴班斯基的说法，"最优化"这一术语是指"从一定标准来看是最好的"意思。这里的标准有两个：一是教学效果，即每个学生针对所提出的任务，在特定时期内，在教养、教育和发展三个方面达到当时条件下尽可能大的成效；二是时间消耗，即学生和教师应遵守学校卫生学和相应指示所规定的课堂教学和家庭作业的时间定额。教学效果和时间消耗是衡量教学过程是否"最优"的标准，也是教学过程组织的基本原则。为此，我们要通过改革课堂教学模式，充分发挥师生双方的主动性、积极性、创造性，全面提高课堂教学效益和效率，努力实现课堂教学的最优化，在国家规定的课时内完成教学任务（课程标准的目标和内容），逐步让学生从繁重的课业负担中解放出来，让学生拥有可供自由支配的时间。

其次，教师要重新认识课外活动的价值，并致力于构建丰富多彩的课外活动。课堂教学的意义和作用再大，也有其"先天不足"之处——特定的时空要素决定了其功能的有限性，再加上考试要求和班级规模的限制，使学生个性的发展受到制约甚至不利影响。而课外活动则弥补了课堂教学的不足。通常来说，我们所讲的课外活动，是指在课程标准范围以外由学生自愿参加的学校各种教育活动的总称，与课堂教学活动是一种并列和互补的关系，而不是主次关系，两者共同构成了现代学校教育的整体结构，任何一方的缺失都会导致教育活动和功能的结构性缺失。就学生个人而言，课外活动是学生自由选择的活动，是学生的兴趣、爱好、特长和个性得以充分培养和表现的舞台，所以课外活动更能使学生感受到个人的尊严、力量和价值，体验到学校教育的意义和自我成长的快乐。没有课外活动的学习生活，不仅是不完整的，而且会严重影响学生的健康成长。"所谓教育，不一定非要拘囿在教室之中——校园、野外、大自然，乃至目之所及，都可以是无形的教育场所和教育资源；而且心灵和智慧在教室之外获得的东西，是完全无法由任何一种优秀的课堂所替代的，哪怕是痛苦和挫折也有它们存在的道理。"①

在傅国涌主编的《过去的中学》一书中，南开大学校友们回忆校园生活时这样描述："如果说南开学生是一群只会死读书的呆子，那就大错特错。诚然，南开的功课非常紧。学生在每天吹起床号晨操后吃早饭前有一小时自修课，在晚饭后就寝前有两三个小时的自修。在这几个小时里，你可以看到每一个学生都在教室中埋头苦干。时常有老师如郑新亭先生等会跑进来帮我们解惑。可是，在下午三点半到晚饭前的那段时间里，没有一个学生能坐在教室中做功课，每一个学生都在操场上做自己喜欢的运动，篮、足、排、垒以及各种田径练习。训导老师在每一个教室外巡视，如果发现三点半后有学生偷偷地躲在教室里做功课的话，立刻记大过一次……'三点半'活动不限于操场，盛极一时的壁报，也利用这个时间编辑、拼版、誊写。音乐教室里，老师正指导合唱队排练……你也能找到正在对阵的桥牌牌友、在练习演讲的演说家、在准备辩论会的雄辩家。此外，也有躲在角落沉入沉思的思想家和沉溺于文学作品的文学爱好者。一些社会活动，如同乡会什么的也都是利用这个时间。"②

这个案例让我们深切感受到课外活动的特点和意义：课外活动轻松自由、趣味盎然，符合学生自愿参与的原则。它以学生的兴趣、爱好和特点为出发点，能调动学生的积极性、主动性和创造性，从而在和谐、愉悦、无压力的环境中，开阔学生的视野，激发学生的兴趣，培养学生的能力，强健学生的身体。一方面，它与课堂教学之间存在着基础与提高、理论与实践的互动关系，它巩固、消化、加深、扩大了学生在课堂所学的知识。另一方面，它又有独立于课堂教学和课程标准之外的价值和意义，对学生

---

① 凌宗伟.好玩的教育：学校文化重建五讲[M].上海：华东师范大学出版社，2015：3.

② 傅国涌.过去的中学：人生最关键阶段的教育和学习[M].武汉：长江文艺出版社，2006：231.

多样化成长和个性化发展具有不可替代的作用。又如，"徐州经济开发区教育局在全区推进'2×2'高效快乐课堂，建设和打造'一校一品'活动，促进各校特色发展。……开发区教育局长韦敏说：'玩是孩子的天性，无论是知识的传授还是人格的培养，都可以从各类有益的活动中获得。现在看来，孩子们从各类社团、兴趣小组活动中得到的教益、人格的培养可能比老师课堂上单纯说教效果要好得多。下一步，开发区将通过举办阳光体育节、武术进校园比赛，开展高雅艺术进校园、学生艺术展演等活动，加强课外兴趣小组、艺术社团和体育俱乐部建设，促进学生全面发展。'"① 可见，一所优秀的学校提供给学生的一定是生动活泼的、丰富多彩的、全面完整的教育和生活。真正的教学改革绝不只是在学科上、课堂上做文章，它还致力于儿童生活质量的全面提升以及学生优势潜能和个性化兴趣、爱好的充分发展。

从教育理论上讲，课堂教学与课外活动的关系实际上也就是科学世界与生活世界的关系。"新世纪，谋求科学世界向生活世界的回归，实现科学世界与生活世界的融合已成为一种重要的时代精神。"② 回归生活世界的主张并不否定科学世界存在的合理性，而是在两个世界之间保持一种紧张的张力，使科学教育不致因遗忘生活世界而丧失其存在基础。传统教育把学生固定在书本世界或科学世界里，教育与人的生活世界分离，难以体现教育全部的生活意义和生命价值，不能为学生建立起有价值的生活秩序和生活方式。传统教育把学生的人格分裂成两个互不接触的世界，"在一个世界里，儿童像一个脱离现实的傀儡一样从事学习，而在另一个世界里，他通过违背某种教育的活动来获得自我满足"。③ 这实际上就是教育的异化，它与马克思所讲的劳动异化至少在形式上有着惊人的相似之处。劳动异化突出表现在，一旦强迫停止，工人就像逃避瘟疫一样逃避劳动。同样，在学

---

① 徐保卫，李智梅.孩子的兴趣爱好有了"第二空间"[N].中国教育报，2014-11-11(8).
② 张华.课程与教学论[M].上海：上海教育出版社，2000：432.
③ 联合国教科文组织国际教育发展委员会.学会生存——教育世界的今天和明天[M].华东师范大学比较教育研究所，译.北京：教育科学出版社，1996：12.

校中只有对书本的认识，没有对人生的理解和对生活的体验；只有知识的灌输和训练，没有交往和实践；只有封闭的班级和课堂，没有课外生活；只有脱离社区和家庭的学校，没有宽阔的生活空间。这些都不可能造就儿童完整的人的生活，在无形中制造了诸多厌学者和反教育者。儿童完满生活的重建，成为摆在中小学面前的现实课题。

从教育目的上讲，课堂教学与课外活动的关系也就是学生共同发展和差异发展的关系。共同发展是共性的要求，指的是每个学生都必须具备的基础和达到的水准，这是教学的首要任务。差异发展是个性的体现，指的是学生在共同发展基础上的多样化发展。它包括两个方面的内容：一是指学生在发展潜力、速度和水平方面的差异；二是指学生在兴趣、爱好、特长方面的差异。实现学生在共同发展基础上的个性化发展是深化教学改革的核心任务。

教学改革要使教学由狭义走向广义，由课本走向生活，由课堂走向课外，让教学变得内容丰富、形式多样、生动活泼，让学生的个性得到充分的展示和发展，让学生的生活充满情趣和快乐。这是教学改革走向核心素养的必然要求。

第三节　教材的意义与作用

基于课程意识的教学，强调广义的教学，强调课程资源的重要性，但这绝不意味着可以抛弃教材。教材毕竟是课堂教学的根本，正确地认识教材和对待教材，是保证教学改革质量的绝对前提。

一、教材的意义

教学有三个基本的必备要素，即教师、学生和教材（广义的教材包括课程标准、教科书、教学参考书），它们对教学都发挥着不可替代的作用。

教师和学生是教学中"人"的因素，对教学质量当然具有绝对影响。但是，从哲学上讲，过分强调"人"的因素容易把教学引向主观唯心主义的误区。实际上，除了"人"的因素外，"物"的因素（教材）在教学中的地位和意义也不能忽视。

第一，从教育的普及性和全民性角度来讲，教材的地位和作用越来越重要。对多数从业者而言，教师是一个专业、一份职业。把教师当作人生理想和事业追求的人有之，但为数不多；素质高的教师亦有之，但能够完全达到超越教材水平的也不多。对学生而言，学习是一种义务、一份责任、一种经历。对学习感兴趣、以学为乐且孜孜以求的学生有之，但比例不高；天赋高、自学能力强，读什么都能读得好且游刃有余的学生也毕竟是少数。

在由精英教育转向大众教育的时代背景下，教育更强调科学、规范，而不是艺术、自由。为此，教材（课程标准、教科书以及相应的教学参考书等）就成为学校教育的中心，成为保证学校基本教育质量的"依靠"和"凭借"。近代教育家、出版家陆费逵在《中华书局宣言书》中明确提出了"教科书革命"的口号，他说："立国根本，在乎教育；教育根本，实在教科书。"

第二，从教学活动的运行机制来看，作为一种教育途径，教学相比其他途径在系统地传授知识和技能以及培养学科学习能力上有着无可比拟的优越性。而这种优势依靠的主要是教材。教材是教师执教的依据，也是学生学习的依据。19世纪德国教育家赫尔巴特早就注意到，在教学中总是存在着一个同时吸引师生注意力的"第三者"，这个横亘于师生之间的"第三者"便是教材。教材不但界定教师教的任务，也界定学生学的任务，是教学过程中的真正核心。必须以教材为中心来发挥师生的主观能动性这一现象，被日本教育家佐藤学称为"被动的能动性"。

以教材为教学中心与教师中心论和学生中心论不同，它不产生排他性，不走极端，既便于避两论之短，让教学的真正权威——教材更好地发挥核心纽带的作用，又能吸收两论之长，充分调动师生的主观能动作用，使师生合力完成教学任务。让教材在教学上当家做主，并非让教师靠边站，让教师死教书，让学生死读书。教材的功能是潜在的，教材的作用只有通过师生的共同发掘方能实现。

第三，从教学实践来看，边缘化教材和误读教材是导致课堂教学质量低下和教学改革乱象的根本原因。课堂教学的核心任务就是要解决教材与学生的矛盾，为此，必须以教材为中心组织课堂教学活动。没有教材或不依赖教材，课堂教学就会失去内涵，失去方向，质量也就没有了保障，没有了根基。特别是就具体的课堂教学活动而言，一定要以教材为本，忠实地、全面地教好教材的内容，做到不肢解教材、不脱离教材、不边缘化教材，把教材内容教好，把教材任务落实好，把教材问题解决好。教材就算是个例子，也要把它教好、教到点子上，对例子的补充、延伸、拓展和超越、批判、质疑，都要基于例子本身。

第四，从教材本身来看，教材不仅是课程标准的代言人，更是集中了众多专家、学者的专业智慧和学科水平，是学科知识的精华和智慧的结晶。教材不是一般的材料、读物，而是专家、学者根据教育的目的和学生身心发展的规律，专门研制和编写的、适合于相应阶段的学生进行学习的文本。

从这些视角来看，教材理应成为教学工作的中心和关键。在教学实践中，确立教材的中心地位、基础地位，既要防止把教材边缘化，又要防止矫枉过正，把教材神圣化。

把教材边缘化有两种倾向：其一是塞入、补充大量拓展资料、信息。这些内容貌似"蔚为大观"，可能是学生感兴趣的、密切联系生活实际的、与课文内容紧密相关的，但是，这一做法可能造成贪多嚼不烂，导致学习劳而无功。要知道，教学是有时空限制的，要将课堂有限的时间用在对教材本身的教与学上。其二是匆匆把教材内容教完、讲完，在学生还没有深入理解和领会的基础上，就进行大量的练习，实施题海战术。

把教材神圣化也有两种倾向：其一是教学内容的窄化。只教教材里的内容，"两耳不闻窗外事，一心只读圣贤书"。一些教师就反映，教了十年书，脑子里就只剩下教材里的那点知识了。其二是教学内容的圣化。一切以教材的内容、观点和表述为问题的解答标准，为思考的导向标准，教材怎么讲就怎么教、怎么学、怎么记、怎么背，不敢越雷池半步，思维被格式化了，毫无个性和批判性可言，最终成了陶行知先生所批判的"教死书、死教书、教书死，读死书、死读书、读书死"的典型。

二、教材的解读

全面正确地解读教材是教师的第一基本功，也是提高教学质量的基本前提。

从教学的角度来讲，教师要引导学生正确地解读教材，防止误读和浅读。我们既要鼓励学生对教材进行个性化和批判性的解读，又要防止和克服偏离教材主旨和主流价值观的随意解读；要准确地、深入地挖掘教材的内涵，充分地学习、领悟、吸收和内化教材的智慧，防止和克服浅化教材的行为，避免只在教材表面上做文章，避免将认识停留在简单的记忆和理解层面。

当前在教材解读上存在着这样一种倾向性，即强调学生的独特见解，忽视对文本的基本尊重。比如，在数学课上，一道题有十几种解题方法；在人文课程里，一个文本有十几种理解。有的巧妙，有的烦琐；有的切中主旨、视角独特，有的却牵强附会、浅尝辄止。真可谓众说纷纭。如果教师此时只是听而不语，那么一节课上下来，就会造成学生各执一词，不及其余；莫衷一是，无所适从。

应该说，教师在教学过程中充分尊重学生在学习过程中的独特体验，鼓励学生自由地、创造性地、个性化地解读文本，尽可能地引导他们提出自己的个人理解，是培养学生创新精神和促进学生个性发展的重要策略。但是由于学生自身认识能力存在局限，就不可避免地会出现各种主观性偏差，教师对此必须加以引导和纠正。我们来看《司马光》一文的一个教学片断。

师：你觉得司马光砸缸这种救人的做法好吗？

生1：大家都慌了，有的去找大人，有的哭起来，只有司马光的办法又快又好。

生2：我觉得司马光的办法不好，砸坏了公园的缸，又可能把缸里的小朋友砸伤。

师：你们觉得第二位同学说得有道理吗？

生3：对，小石头都会砸伤人，这么大的石头真会把缸里的小朋友砸伤。

生4：水缸碎片飞出来，也会把外面的小朋友砸伤。这办法危险！

师：这几位小朋友真会动脑筋！

其实，这篇课文主要是赞扬司马光在危急时刻不慌不忙、急中生智、挺身救人的大智大勇，然而，如此大智大勇的司马光却在老师的"纵容"下被学生们群起而攻之，批了个体无完肤，致使大部分学生对人物的理解严重偏离了课文原意。

我们再来看学生对课文主人公的一组解读与评价。

《狐狸和乌鸦》——"狐狸很聪明！它为了得到肉，很会动脑子。"

《秦兵马俑》——"我觉得应该感谢秦始皇。如果秦始皇不为自己建造陵墓，就不会留下举世无双的兵马俑了。"

《虎门销烟》——"林则徐没有环保意识！几百万斤烟渣被冲入大海会造成多么严重的污染！对大海里动植物的危害更大！"

这些脱离文本主旨、游离文本语境、天马行空式的"独特体验"，是对文本的误解，它不仅严重偏离、曲解了课文原意和教学本质，还导致了价值观的偏离，从根本上扭曲了学习的方向和实质。虽然"一千个读者心中有一千个哈姆雷特"，但"哈姆雷特"绝不会变成"彼拉多"！

因此，教师既要激励学生进行多元体验和多元理解，又要引导学生尊重文本主旨并追求共通见解，正确处理一元标准与多元解释、个性解读与文本原旨、独特认识与共性认识、多元文化与普遍价值的关系。

为什么要强调对文本的正确解读？这是因为，任何文本都有作者设定的特定空间，有自觉的创作意图，是具有某种确定性特征的，或者说是具有确定性和不确定性相统一的特征的，因此，对文本的理解还是有正误、是非之分的，这就要防止对文本的任意解读或明显误读，正如德国接受美学家沃尔夫冈·伊瑟尔所说："文本的规定性严格制约着接受活动，以使其不至于脱离文本的意向和文本结构而对文本意义做随意理解和解释。"[①] "对文本的内容、形式、语言运用、个性特点，可以多层面、多角度理解，答案可以多种，不必强调'唯一'，但正误、是非，要组织学生辨别清楚，对学生明显的常识性错误尤应指出。对文本的明显误读，有时是因为离开了文本的整体性，或文本的具体写作背景，或文本所属文体的基本特征而造成的。任意解读和误读，不是真正意义的创造性阅读。教学中应避免把非语文的内容带进语文课，不从文本出发，而是脱离对文本的反复阅读，用游离于语文本体以外的生活和实践来代替语文。"[②]

三、教材的使用

关于教材的使用，针对当前实践中出现的问题和误区，我们要特别强调以下两个基本观点。

第一，教材是最基本和最重要的课程资源。教材依据课程标准编写，并经过严格审查，是课程标准的直接而全面的体现。与其他课程资源相比，教材具有相当大的特殊性，在很大程度上反映着国家的意志，代表着国家对基础教育的基本要求，为基础教育树立了一个基本的、统一的标杆和尺度，是政策性很强的课程资源。为此，我们必须确立教材在教学中的基本地位，要充分认识到教材对学生的学习和教学质量的提高具有基础性和工具性的作用。尊重教材，用好教材，对切实减轻学生过重的负担也有积极的作用。

第二，用教材教的前提是教好教材。从教学论的角度讲，"教教材"旨在把教材当成教学内容，把理解和掌握教材当成教学目标；"用教材教"旨

[①] 沃尔夫冈·伊瑟尔.阅读活动：审美反应理论（第4编）[M].北京：中国社会科学出版社，1991：128.

[②] 方智范.高中语文必修课与选修课教学实施的若干问题[J].语文建设，2006（10）.

在把教材当成生成教学内容的例子和凭借，延伸、超越、创新教材才是目的。教学的终极目的自然是超越和创新，但是它的起点和前提是正确理解和掌握教材本身，毕竟教材是课堂上学生学习的主要客体，课堂教学的核心任务就是解决教材与学生的矛盾。没有教材或不依赖教材，教学就会失去内涵，失去方向，质量也就没有了依据，没有了根基。从下面的专家解读和名师观点中，我们便能看出教材的重要。

专家解读：了解教材的重要性

课本是进行语文教育的根本依据。课本中的课文，应该都是经过精心挑选的——从内容上讲，能符合童心、符合青少年的发展和需求，能激发学生的审美情趣，能启迪学生对未知的追求、对语言美的感悟，能唤起孩子对未知世界的向往，能激发学生"敏锐的感知力、丰富的情感力、独特的想象力"，能使学生受到真善美的教育，懂得该怎么做人；从语言文字上讲，不但是规范的，而且是优美的、富于表现力的、经得起分析的，即"经得起学生的再三咀嚼"的，能培养学生对语言的敏感、对语言美的欣赏、对语言魅力的感悟，能有助于培养学生驾驭语言的能力。[①]

名师观点：维护教材的权威性

第一，必须让学生全面学习完教材。课堂教学必须忠于教材，课堂学习内容必须以教材为本，不得以"用好教材"为名，轻易取舍内容。不得打乱教材内在的逻辑体系，不得颠覆教材内在的各种要素，要真正发挥和挖掘教材蕴涵的育人功能。

第二，针对教学实践中有人将"自主学习"曲解为"选择你喜欢的学习内容""选择你喜欢的课文""选择你喜欢的段落"的现象，我们提出，要让"你喜欢"与课堂告别，要让所有内容都成为学生必学

---

① 陆俭明．以创新理念推进中国语文教学：变应试教育为素质教育［J］．语文建设，2009（11）．

的内容。我们在调查中发现，有的学生根本就没有"喜欢的课文""喜欢的段落"，有的连整个单元都不喜欢，有的甚至根本不喜欢语文。如果听凭"你喜欢就学""不喜欢就不学"的所谓"自主性"长期存在，那么后果将不堪设想。因此，必须予以正确引导。我们认为，"喜欢"本身就充满多样性，有的需要熏陶培养，有的则需要督促养成。"自主学习"不是"自愿学习"，不是"自由学习"，教育除了要有学习的自觉性之外，还应有合乎教育要求的强制性。[1]

第四节　基于学科本质的教学

如果说教材是课程资源的核心，那么学科本质则是学科内容体系的核心。抓住了教材、抓住了学科本质，也就抓住了学科教学的核心。学科本质是学科核心素养的基因和内核，基于学科本质的教学是走向核心素养的必然要求。

我们知道，"本质"是相对于"现象"而言的，学科本质自然就对应于学科现象。从结构上看，学科本质指的是学科的深层，学科现象指的是学科的表层。简单地说，学科现象是看得见的，而学科本质是看不见的。本质决定现象，现象反映本质，两者具有内在的统一性。但是两者的关系又非常复杂，不是必然统一的。不少人的认识只停留在事物的"现象"层面，难于达到事物的"本质"层次。这就是为什么很多人记忆、理解甚至掌握了很多学科知识，却不能领悟、通晓、建构学科的基本思想方法的原因。

我们说，学科核心素养来自学科知识。严格说来，它实际上来自学科知识所内含的学科思想方法。从这个角度说，基于学科本质的教学就是基

---

[1] 钟俊，廖文鸿.课程改革因理性而精彩［J］.语文建设，2008（3）.

于学科思想方法的教学,而学科思想方法的核心是学科思维,所以基于学科本质的教学也就是基于学科思维的教学。以数学为例,基于数学本质的教学绝不只是要求学生掌握系统的数学知识,更重要的是让学生形成数学思想和数学思维,达到会用数学的眼光观察现实世界、会用数学的思维思考现实世界、会用数学的语言表达现实世界的学习目的。

基于这样的认识,我们认为,基于学科本质的教学在理论与实践上要着力解决好以下两对关系。

第一,学科知识与学科思想方法的关系。

学科方法是人们学习学科知识和应用学科知识的思维策略或模式,只有掌握了学科方法,人们才能快速有效地获取学科知识和求解学科问题。学科思想是人们通过学科活动对学科基本问题形成的基本看法,也是人们在对学科知识和方法做更进一步地认识和概括的基础上形成的一般性观点,是人们在分析和解决学科问题过程中思维活动的导航器。我们认为,学科方法是学科思维的"硬件",学科思想是学科思维的"软件",它们都基于学科知识,又高于学科知识,与学科知识具有不可分割的辩证统一性。学科知识蕴含思想方法,思想方法又产生学科知识,两者好比鸟之双翼,缺一不可。这就要求我们在强调学科知识教学的同时,也要突出学科思想方法的教学,努力使两者相互促进、协调发展。

因此,学科教学必须贯彻落实学科思想方法的渗透和提炼原则:渗透,从教学内容的角度说,指的是学科思想方法进入相应的学科知识之中;从教学方法的角度说,指的是用学科思想方法指导学科知识的学习。提炼,从教学内容的角度说,指的是学科知识客观地隐含学科思想方法;从教学方法的角度说,指的是学科知识向学科思想方法的转化、升华和概括。渗透和提炼是同一过程中的两个不同方面。一方面,注重思想方法对知识教学的渗透和指导,使学生对知识进行自觉的、高层次的理解和掌握;另一方面,将学科知识隐含的学科思想方法进行及时提炼和概括,使学生对思想方法的掌握扎根在坚实的知识基础上。实践证明,只有学科知识与学科思想方法并重,才有助于学生形成一个既有肉体又有灵魂的活的学科认知结构,从而真正形成学科的核心素养。

第二，学科知识与学科思维的关系。

知识是人类从实践活动中得来的，是对客观事物及其运动和变化发展规律的正确反映。这种反映是人类智慧的结晶，是通过众多头脑长期的、反复的、曲折的、深入的思维，并最终通过人类最杰出头脑的悉心研究和思维才产生出来的。总之，知识是思维的产物，没有思维就谈不上知识。

但是，由于编写的特殊性，教材直接呈现出来的往往只是学科知识（现成的结论和形成的说明），而省略了隐含在其中的内涵丰富的学科思维过程，从而使学生误以为不经曲折的、反复的思维，也能径直获得知识。"学科知识本来应当运用思维方法合乎逻辑地推导出来，然而学生并未感受到这种逻辑力量。"[①] 心理学指出，这种不经思维而获得的知识是"假知"，不能转化为学生的智慧。为了实现学科知识与学科思维的同步发展，我们在教学中必须强调：第一，积极展示学科知识发生、形成的充分而丰富的历史和现实背景，让学生了解本学科领域的一些重要的概念、法则、定理、命题在历史上是怎样被提出的，又是经过怎样曲折的、反复的认识才达到今天这一水平的，它的更高的水平或发展趋势又是怎样的。最重要的是，让学生的思维卷入这一发现过程，而不是简单地重现历史。第二，引导学生通过展开独立而充分的思维活动来获得学科知识，引导学生自己把书本上写的知识想清楚、想明白，以至想"活"。要给学生提供提出自己在思维过程中碰到的各种疑问、困难、障碍的机会，并及时帮助他们解决，切不可贪图方便，以讲解乃至直接的灌输代替引导和启迪。

---

① 邢红军.中小学思维教学的深化研究［J］.课程·教材·教法，2016（7）.

第五章

基于学生学习的教学

> >> 学是教学的出发点、落脚点，教学的中心、重心在学而不在教，教学应该围绕学来组织、设计、展开。基于学生学习的教学不仅是教学本质的体现，也是学生形成学科核心素养的必然要求。教育部部长陈宝生在2017年全国教育工作会议上明确强调，要"建立以学习者为中心的人才培养模式"。把教学关系变革提高到人才培养模式的高度，这对我们推进教学改革具有重要的指导意义。

第一节 重建教学关系

当前，教学改革呈现出繁荣的局面，取得了显著成效，同时也出现了一些乱象，甚至是异化的现象。黎巴嫩著名诗人纪伯伦曾感叹："我们已经走得太远，以至于忘了为什么而出发。"教学改革究竟意欲何为？对此，我们认为必须回到教学的原点进行思考。所谓教学的原点，即教学的本原、本意、本质、本义，也即教学之为教学的根本，只有从这个角度来思考和寻找教学改革的主题和路径，才能确保教学改革的正确方向。

那么何为教学？简单地说，教学就是教和学的组合，是教和学的双边活动。教和学的关系是贯穿教学活动的基本问题，是教学论和教学改革的永恒主题。学是本源性的存在，教是条件性的存在，无论是从个体成长还是从人类发展来说，学都先于教而存在，教是为学服务的。有学者这样论述两者关系的基本状态："教学的根本目的、出发点和归宿都要体现、落实于学的状态，教的必要性建基于学的必要性，教的现实性取决于学的可能性，教的准备依存于学的准备。整个教学的着眼点在于学的态势。这样，教与学的关系表现为：学是处于规约的地位，它规定着教学的可能性质与进程，体现着教学的总体预想效果；而教则是关系的次要方面，处于辅从地位，教的目的、任务、内容依存于学的目的、任务、内容，教的过程符合、适应于学的过程的内在逻辑，教的任务是否完成要看教学目标是否达到，而后者则落实、体现在学的终态上。"① 所以教学改革要正本清源，教与学的关系就必须恢复到其本义上。要真正落实以学定教，实现少教多学、不教之教、教学相长，这就是基于学习的教学。

为此，教学改革和研究必须从学的角度来推进。从现实角度讲，"深化课堂教学改革是十多年来新课改一直强调的，但现在改革进入全面深化阶段以后，课堂教学改革的重点和核心在哪里？答案是教与学关系的根本性调整。从总体上来说，目前课堂教学还没有普遍地实现根本性的转变，我们所期待的那种新型的课堂还没有普遍地建立起来，根本问题就在于——还没有有效地调整好教与学的关系，课堂还没有从根本上实现由以教为主向以学为主的转变。"②

为了实现由以教为主向以学为主的转变，真正地建立起新型的课堂，我们认为要做到以下几点。

第一，要把学习的权力和责任还给学生，激发学生的学习兴趣，培养学生的学习能力，引导学生学会自主学习和自我教育，这是当代学习范式重建的前提与基础，也是教学改革深化发展的支点与标志。实际上，联合国教科文组织早在1972年出版的《学会生存——教育世界的今天和明天》报告中就明确指出："未来的学校必须把教育的对象变成自己教育自己的主体。受教育的人必须成为教育他自己的人；别人的教育必须成为这个人自己的教育。这种个人与他自己的关系的根本转变，是今后几十年内科学与技术革命中教育所面临的最困难的一个问题……我们今天把重点放在教育

---

① 张广君. 多维视野中的教学关系[J]. 教育研究，2003(6).
② 田慧生. 落实立德树人根本任务 全面深化课程教学改革[J]. 课程·教材·教法，2015(1).

与学习过程的'自学'原则上,而不是放在传统教育学的教学原则上。"① 这是因为,最好的教育是自我教育,没有学生自我参与的教育只是一种外在的灌输。为此,报告还明确指出:"教学过程的变化是,学习过程现在正趋向于代替教学过程。"② 凸显学的地位和作用是当前世界教学改革的共同走向。

第二,要致力于建立让学生的潜能得以充分发挥出来的教学文化和教学方式。学生的发展潜能是巨大的,教学的目的不是往学生头脑里填塞知识,而是去激发学生的学习潜能、创造潜能。我们要致力于打造一种新型的课堂文化,让学生的人格得到充分的尊重,让学生的安全得到充分的保障,让学生的潜能得到充分的开发,让学生的能力得到充分的发挥,让学生的思维得到充分的展开,让学生的自信得到充分的培养。正如高文教授所描述的那样:"当今世界正面临着一场'学习的革命',我们将彻底改革几个世纪以来人们已经习以为常的、旧的、传统的教育观念和教学与学习方式,创造出一种在真正意义上尊重人的主体性、激发人的创造性、相信并注重开发人的潜力、便于人与人交际与合作的崭新的教育观念和学习模式。"③

第三,要致力于构建以学为主线、以学为本的课堂教学体系和结构。教学设计和教学活动要以学生的学习为主线,学生文本阅读和个人解读的全过程,学生观察、操作的全过程,学生问题生成、提出、解决的全过程,学生由浅到深、由表及里、由片面到全面、由不知到知、由不会到会的认知,特别是思维发展的全过程,应该成为贯穿课堂的主线和明线。钟启泉教授强调:"课堂教学应以学生的自主活动为中心展开。教学目标的设定、教材教法的选择、班级的集体交互作用等,所有的构成要素都应当为形成学生的自主活动而加以统整,都必须服从于学生自主活动的组织。"④ 以学为主线的课堂也被称为"学习中心课堂",所谓"学习中心课堂","是指以学

---

① 联合国教科文组织国际教育发展委员会.学会生存——教育世界的今天和明天[M].华东师范大学比较教育研究所,译.北京:教育科学出版社,1996:200-201.

② 同上:166.

③ 高文.学会学习与学习策略[J].外国教育资料,2000(1).

④ 钟启泉.课堂互动研究:意蕴与课题[J].教育研究,2010(10).

生学习活动作为整个课堂教学过程的中心或本体的课堂。相比于讲授中心课堂,在学习中心课堂中,课堂教学过程的组织要尽可能让学生能动、独立(自主)的学习成为学生学习的基本状态,并让学生能动、独立(自主)的学习占据主要的教学时空。教师的作用以激发、引导学生能动、独立的学习为最高追求和根本目的。"[1] 学习中心课堂在教学组织形式上,将学生个体学习(自学)、小组学习(互学)、全班学习(共学)等不同的教学组织形式结合起来,打破了传统教学以全班集体教学为唯一组织形式的格局。在这样的课堂中,学生的学习不仅是积极的、主动的、快乐的、个性的、多样的、丰富的,而且是完整的、有结构的、系统的,从而真正实现了海德格尔的"让学"理念和大教学论专家夸美纽斯的"使教员可以少教、学生可以多学"[2]的目标。

第二节 先学后教

如何实现从以教为主走向以学为主,从而推进教学关系和方式的根本性变革?我们认为,变先教后学为先学后教是关键的抓手。

一、先学后教的基本内涵

(一)先学后教的基本特性

先学后教之"先学"具有以下特性。

---

[1] 陈佑清.建构学习中心课堂:我国中小学课堂教学转型的取向探析[J].教育研究,2014(3).

[2] 成尚荣.回到教学的基本问题上去[J].课程·教材·教法,2015(1).

1. 超前性

先学即学生的学习在前，教师的教学在后，超前性使教与学的关系发生了根本性的变化，即变"学跟着教走"为"教为学服务"。

2. 独立性

先学强调的是学生要摆脱对教师的依赖，独立开展阅读、思考乃至作业活动，自行解决能够解决的问题。教师教学是对学生独立学习的深化、拓展和提升。

3. 差异性

从时间上讲，先学要求每个学生按自己的进度和方式进行超前学习；从效果上讲，每个学生由于基础和能力不一样，同样的内容，先学的质量和理解的深浅也不一样，这种差异是课堂开展合作学习的宝贵资源。

先学后教之"后教"具有以下特性。

1. 针对性

后教区别于传统课堂教学的第一个显著特征就是针对性，即必须根据学生先学中提出的问题进行教学。针对性是有效教学的法宝，只有有针对性的教学才能实现由教向学的转化，最终达到教师少教、学生多学，实现并完成"教是为了不教"。

2. 参与性

先学为学生的参与提供了基础。通过先学，学生带着自己的问题、困惑、思考、想法、见解和意见进入课堂，课堂真正成了学生求知和展示、互动和评论的舞台。在这样的舞台上，学生不仅参与了学也参与了教，师生真正成了互教互学的学习共同体，这是使课堂具有内在动力和充满生命活力的根本机制。

3. 发展性

先学后教的课堂具有使每个学生都得到发展的功能。其一，"先学"立足解决现有发展区问题，"后教"旨在解决最近发展区问题。苏联著名心理学家维果茨基就教学与发展的问题，创造性地提出了两种发展水平的思想：第一种水平是现有发展水平（也称现有发展区），由已经完成的发展秩序的结果而形成，表现为儿童能够独立地解决智力任务；第二种水平是最近发展水平（也称最近发展区），表现为儿童还不能独立地解决任务，但在成人的帮助下、在集体活动中，通过模仿能够解决这些任务。儿童今天在合作中会做的事情，到明天就会独立地做出来。教学与其说是依靠已经成熟的机能，不如说是依靠那些正在成熟中的机能，才推动自身发展前进的。据此，他强调，只有当教学走在发展前面的时候，才是好的教学。其二，先学后教的课堂为教师关注每个学生提供了空间和时间、机会和平台，从而保证每个学生都在课堂上学有所得。

（二）先学后教的基本环节

1. 先学环节

在所有的教学环节中，最具本质意义的就是学生先学教材这一环节，它是任何有效课堂都不可缺少的。离开了学生对教材的先学，任何讲解、提问和讨论都将失去针对性，从而也失去实质性的意义。先学要尽可能放在课堂内并给予时间保证，让学生充分地、独立地先学，并完成必要的练习。先学可以在老师"教"之下进行，也可以按"导读提纲"的要求进行，还可以由学生完全独立地进行。

2. 后教环节

让学生在先学的基础上提出学习中存在或发现的问题和困惑，然后在这个基础上进行交流展示（深化和拓展），一般可分同桌、小组（4至6人）和全班三种形式（可根据需要选择其中一至两种形式）。教师一定要让学生明确交流展示的内容和任务，要保证让所有学生在交流展示中都学有所得。在全班交流中要特别重视交流不同点和创新点。这个环节也是教师进行针对性教学和提高性教学的过程。

3. 练习环节

学生在课堂上的学习既包括学也包括习。课堂练习一方面能使学生将刚刚理解的知识加以应用，并在应用中加深对新知识的理解；另一方面能及时暴露学生对新知识理解和应用的不足。练习和反馈是有效课堂教学的重要环节，是提高课堂教学质量的重要保证。作业，特别是基本的、重要的作业应在课堂上、在教师眼前完成，以便教师当场反馈和订正。

二、先学后教的立论依据

从人性的角度来说，人既是主体性与客体性的统一，又是能动性与受动性的统一，也是独立性与依赖性的统一。每一个人的内心深处都存在着这两种对立的特性、这两股对抗的力量。问题的关键是我们到底给哪种特性、哪股力量不断注入新的能量，创造适合其生存和发展的环境；到底把教学建立在学生依赖性的基础上还是独立性的基础上。可以说，这就是传统教学与现代教学、先教后学与先学后教的不同立论基点，也是两者的分水岭。

传统教学是建立在学生依赖性的基础上的，因此最终培养的也是学生的依赖性。先教后学的基本假设是："教是学发生的前提条件；教师不教，学生就不能学习。基于这种观念的教学实践的格局是：学生的学习是跟随教师而行的，课堂上基本上没有学生独立、自主学习的时间和空间；同时，这也很容易造成教师对学生的控制，对应地，学生很难表现自己的自主、选择和创造。另外，由于是先教后学，教师的教很容易出现没有针对性和无效的情况，因为，在学生实际地学习之前，教师永远无法完全把握学生学习的问题或困难所在。"[①] 它表现为学生只能跟着教师学，教师先教，学生

---

① 陈佑清.教学过程的本土化探索：基于国内著名教学改革经验的分析[J].当代教育与文化，2011（1）.

后学；教师教多少，学生学多少；教师怎么教，学生怎么学。"教"支配和控制着"学"，"学"无条件地服从于"教"，学生的独立性、独立品格丧失了，"教"也走向了其反面，最终成为遏制学生成长的"力量"。低估、漠视学生的独立学习能力，忽视、压制学生的独立要求，导致学生独立性的不断丧失，这是传统教学的根本弊端。

先学后教是建立在学生独立性的基础上的，独立性既是出发点又是归宿。著名教学论专家江山野先生指出，学生的独立性包含以下四层意思："第一，每个学生都是一个独立的人。正如每个人都只能用自己的器官吸收物质营养一样，每个学生也只能用自己的器官吸收精神营养。第二，每个学生都是独立于教师的头脑之外，不以教师的意志为转移的客观存在，因此，绝不是教师想让学生怎么样，学生就会怎么样的。第三，每个学生都有一种独立的倾向和独立的要求。在学习过程中，突出表现在：学生觉得自己能看懂的书，就不想再听别人多讲；感到自己能明白的事理，就不喜欢别人再反复啰唆；相信自己能想出解答的问题，就不愿再叫别人提示；认为自己会做的事，就不愿再让别人帮助或多嘴。实际上，学生在学校的整个学习过程也就是一个争取独立和日益独立的过程。第四，每个学生，除有特殊原因者外，都有相当强的独立学习能力。表现在：第一，学生已有的知识和能力，许多课堂上没有教过的社会生活知识和能力，绝大部分都是他们在自己的生活和活动中独立学来的；第二，即便是教师教给他们的东西，也是靠他们已经具有的基础，运用他们已经具有的独立学习能力，才能被他们真正理解和掌握。只有承认、尊重、深刻认识、正确对待并积极引导和发挥学生的'独立性'，才能在教育和教学上取得优良成绩。"[①]

从教与学的关系来说，整个教学过程是一个"从教到学"的转化过程，也即从依赖到独立的过程。在这个过程中，教师的作用不断转化为学生的独立学习能力。随着学生独立学习能力由弱到强，教师的作用在量上产生相反的变化。实现教为了不教，把教转化为学，这是先学后教的关键。先学后教不仅反映了教与学的辩证关系，也体现了教学的发展规律。教学论

---

① 江山野.教师的"学生"观和学生的"两重性"[J].教育研究，1981（2）.

告诉我们：当学生已经有能力阅读和思考的时候，就要先让他们自己去阅读和思考，然后针对他们在阅读和思考中发现的问题进行教学，这是教学的一条规律和规则，而不是一种可采用可不采用的方式和方法。按照这条规律进行教学，学生的独立性和独立学习能力会很快发展起来；否则，即使到了所谓"独立"的年龄阶段或学习阶段，学生的独立性和独立学习能力也是很低的。可以说，独立性和独立学习能力是提高学生学习质量和课堂教学质量的根本法宝。

从教学与发展的关系来说，如前所述，维果茨基就教学与发展的问题，创造性地提出了两种发展水平的理论，他强调，"教育学不应当以儿童发展的昨天，而应当以儿童发展的明天作为方向。"[①] 实际上，只有建立在学生独立学习基础上的课堂教学，才有可能走在发展的前面，并推动发展，从而不断地创造最近发展区，并把最近发展区转化为新的现有发展区。这是有效教学、优质教学的心理学机制。

三、先学后教的理论创新

（一）就教师、教材、学生三者的关系而言，变"教师带着教材走向学生"为"学生带着教材走向教师"

教师、教材、学生是课堂教学的三大基本要素，要提高教学质量，这三个要素可谓缺一不可。但是在这三个要素确定的情况下，怎么处理三者的关系就成了影响教学质量的根本。不同的教学观体现了对教师、学生、教材三要素及其关系的不同理解。传统教学过分强调教师的主导作用，把三者的关系定位为"教师带着教材走向学生"，而先学后教的教学模式凸显学生的主体作用，把三者的关系定位为"学生带着教材走向教师"。

教材（知识、教学要求、教学目标）与学生的矛盾是课堂教学的主要矛盾。课堂教学是围绕这一对矛盾而展开的。其他矛盾（教师与学生的

---

① 维果茨基.维果茨基教育论著选［M］.余震球，译.北京：人民教育出版社，2005：260.

矛盾、学生之间的矛盾等）都是从属于并为解决这对主要矛盾而存在和发展的。在教材与学生这对主要矛盾中，教材是矛盾的主要方面（方向、目标），学生是矛盾（及其解决）的主体力量。解决学生和教材之间的矛盾，主要靠学生自身的主动性和积极性，而不能由别人代替。这就要求学生学会使用教材，而不是被动地接受教材中的知识内容。作为教学主要矛盾之外的要素，教师是解决主要矛盾的主导力量。他就像谈判的第三方，只能促成谈判而不能直接参与谈判或代替谈判。

所以，学生与教材的对话（学生阅读、解读教材）是教学的根本。传统教学理论把教学过程更多地解释和定位为教师对教材（知识）的讲解与传递过程，在这种教学观看来，教学是教师掌握教材然后把教材的内容传授给学生的过程。教师就像知识的搬运工，其作用就是将知识从教材搬到学生那里，把教材规定的内容讲授给学生。学生就像接受知识的容器，其任务是接受教师传递的知识并内化为自己的知识。这种教学观将教学的重心放在"教"上，放在教师对教材的讲授上。先学后教的模式则把教学过程更多地定位为学生的学习过程（对教材文本和知识的解读、建构过程），学生基于自己的独立学习，带着对教材的思考、疑惑和见解走向教师，使教学成为师生间真正的对话和互动。

这一变革非常类似于家庭联产承包责任制。同样是政府（生产队集体）、农民和土地三种要素，因为改变了彼此的关系，第二年粮食的产量就提高了一倍。这种关系改变的核心要点就是政府把土地的经营权和使用权（当然也包括责任）交给了农民，农民被解放了，他们的生产积极性、主动性、创造性、灵活性被充分地激发出来，因此产量必然提高。一样的道理，在先学后教的教学模式中，教师把教材的学习权、解读权（当然也包括责任）交给了学生，把教学建立在学生对教材的学习和解读的基础上，从而使教师、学生、教材三个要素的关系产生了根本性的转变，教学质量也因此得到了大幅度的提高。

（二）就教与学、教法与学法的关系而言，变"先教后学、以教定学、多教少学"为"先学后教、以学定教、少教多学"

以学定教是先学后教的必然逻辑。既然学生学习在先，那么教只能从这一前提和基础出发。以学定教，定出了教的本质属性——针对性和提高性。教师的教只能根据学生在先学过程中提出的问题和疑难来进行，这就是教学的针对性。当然，学生的先学有可能是知其然，而不是知其所以然，所以，即使学生都"读懂"了，教师也要进行提高性教学，让学生知其所以然，让学生掌握教材背后的思想方法和智慧内涵，从而使教学有深度、有高度。实际上这也是一种针对性，即隐性的针对性。值得强调的是，在针对问题进行教学时，也不能由教师包办，而是要继续发挥学生的学习能力。凡是学生自己能够解决的问题，要继续让他们去独立解决；凡是学生不能独立解决的问题，则启发、引导、组织全班同学共同解决。这是更深层的针对性，即不仅针对学生的问题和能力，也针对学生的潜力。总之，以学定教，定出了教的内容，也定出了教的方式。与针对性相对立的是全面性（系统性），这是以教定学的特点。全面系统的"教"使学生丧失了学习的独立性和独立品格，教师越教，学生越不会学。

先学后教、以学定教使学生独立学习的能力不断得到培养和强化。随着学生的学习能力越来越强，教师越教越少，越教越精；学生越学越多，越学越会学，从而实现少教多学。少教多学表现在以下三个方面：第一，在时间上，教师要把学习的时间还给学生，先学后教的模式对教师教（讲）的时间往往有严格的控制，目的就是把时间还给学生，让学生自己支配时间，保证学生有充分的时间独立自主地进行学习；第二，在内容上，教师要把阅读和思考权利还给学生，让学生主要通过自己的学习来理解和掌握教材内容。教师要遵循"三不教"原则，即，凡学生自己能看懂的，不教；学生看不懂但自己想想又能够弄懂的，不教；想想不懂，但经过同学之间讨论能懂的，不教。通过"三不教"，我们能够实现教学内容主要由学生自己掌握、教学问题主要由学生自己解决、教学目标主要由学生自己达成。第三，在性质上，教师的"教"要在启发上下功夫，要通过引导、激励、鼓舞、点拨，将学生引向主动学习、深度学习、创新学习的境界。主动学习是就学习的状态而言的，它表现为学生在学习过程中有情感投入，有内在动力支持，并从学习中获得积极的情感体验。就像苏霍姆林斯基所说："学生带着一种高涨的、激动的情绪从事学习和思考，对面前展示的真理感到惊奇甚至震惊；学生在学习中意识和感觉到自己的智慧力量，体验到创造的快乐，为人的智慧和意志的伟大而感到骄傲。"[①] 深度学习是就学习的内容而言的，它表现为学生的学习不是仅停留在知识的现成结论上，而是深入知识的形成过程；不是仅理解和掌握知识的内涵本身，而是掌握和领会知识所蕴含的思想和智慧。深度学习本质上是一种智慧学习。创新学习是就学习的主体而言的，它表现为学生在学习过程中不唯书、不唯师，不满足于现成的答案和说明，敢于和善于质疑、批判和超越书本和教师。创新学习是学生主体性和个性得到培养和张扬的过程。而先教后学、以教定学的必然结果是多教少学。教师教得多，学生学得少。学生学得少，是因为学生没有时间自己学，也不会独立学。以教代学，学生不是自己学会的，而是被教师教会的，从心理学角度讲，容易使学生产生"假知"。

（三）就学与学、学生与学生的关系而言，变个体性学习为合作性学习

合作学习是针对班级授课制背景下学生学习的组织形式而言的，与之相对的是个体学习，它主要有小组合作学习（对学、组学）和全班合作学习（群学）两种形式。在传统教学中，学生与学生之间的相互作用通常被认为是无关紧要的或消极的，所以学与学、学生与学生之间的关系是封闭的，彼此缺乏交往和互动；而在另一方面，由于应试教育的负面影响，传统教学又不恰当地强化学生之间的学习竞争，使学习活动充满排他性，彼此缺乏合作和互助。"合作学习认为，生生互动是教学系统中尚待进一步开发的宝贵的人力资源，是教学活动成功的不可缺少的重要因素。"[②] 大量的

[①] 苏霍姆林斯基.给教师的建议[M].杜殿坤，编译.北京：教育科学出版社，1984：56.

[②] 王坦.论合作学习的基本理念[J].教育研究，2002（2）.

教育实践都证明，为了实现共同的目标而相互合作的学习方式，要比个体独自学习的方式能取得更高的成绩和更好的效果。先学后教的模式成功的一个重要原因就在于，它充分利用了合作学习的教学组织策略。通过先学，每个同学对教材的知识有了一定的认识和理解，彼此的交流和互动就有了基础和前提；通过先学，不同基础的同学彼此之间的差异和分化进一步扩大，互帮互助就有了必要和可能。

先学后教的模式使合作学习的功能得到了更充分的发挥：一方面，交流和互助能够促使知识增值，活跃学生的思维。学生通过交流和互动，分享彼此的理解、体验和观点，从而深化了学习认识，丰富了学习内容。学习过程因此成为课程内容持续生成与转化、课程意义不断建构与提升的过程。不仅如此，学习中的交流和互助还有助于激发学生的灵感，不同观点和思路的碰撞、交锋，最容易产生新颖的观点和奇特的思路，从而增加学生思维的灵活性和广阔性。另一方面，互帮互助（互学互教）还有助于解决班级授课制中集体教学与因材施教、一个教师与众多学生的矛盾。在合作学习中，学生在学习中遇到的许多具体问题和困难都能在其他同学的帮助下得到解决。那些能够帮助其他同学的优秀学生，发挥了任课教师所不能发挥的作用，使学生不同的学习需求能够得到及时和富有针对性的满足，在一定程度上解决了大班课堂上教师无法满足每一个学生的特殊需要的问题，缓和了教学中"一和多"的矛盾。成绩较差的学生因成绩优秀的学生帮扶而得以提高学习水平；成绩优秀的学生因为帮扶成绩较弱的学生而使自己对知识的理解水平进一步深化。

实践证明，学生相互教学有四个优势："其一，学生是学习活动的主动参与者。学生相互教学使每一个学生都能深入学习过程，激发学生的学习愿望。其二，教学的针对性强。一些学生针对不会的问题发问，另一些学生针对提出的问题解答，是一对一的个别化教学，教与学的效率都很高。其三，学生的思维被激活。在课堂上学生的地位是平等的，这有助于形成争论的氛围，学生的思维在辩论中被激活，学生对问题的理解更深入。其四，能够减少学业水平的分化。在学生相互教学中，'潜能生'的问题得到及时解决，不会因为知识链上的漏洞而影响下一阶段的学习。这种学习方式有利于大面积提高学业成绩。"① 实际上,合作学习过程还具有更丰富的心理意义和教育意义。它对培养学生的归属感、感恩心以及发展学生的团队精神和利他性品质都具有不可替代的作用。在先学后教的课堂教学中,学生不仅参与学,也参与教,教师和学生的身份和角色不再泾渭分明,这是先学后教课堂模式的一个亮点,也是提高课堂教学质量的一个秘密武器。

第三节　完整的学习

学习才是素养形成的路径和渠道,可是,究竟什么样的学习才有助于素养的形成?我们认为,只有完整的学习才能有效地促成学生核心素养的形成。

一、"完整的学习"相关理论

(一)从活动的角度而言,完整的学习是一种"活动的、合作的、反思的学习"

日本教育家佐藤学教授提出学习是"以交往与对话为特征的活动",他将学习界定为一种"对话性实践",即学习者与客观世界的对话、学习者与他人的对话、学习者与自身的对话,学习就是一种"构筑世界""构筑伙伴""构筑自身"的实践。学习活动本身内在地包含着学生与自然世界、学生与社会世界、学生与自我世界的三重关系,

---

① 刘永春.名校课堂教学的对比分析与启示[J].当代教育科学,2010(16).

因此，学习是一种三位一体的完整的实践活动。

首先，从学生与学习内容的关系来看，学习是认知性、文化性的实践。在学习活动中，个体与学习内容之间不断进行着客体主体化、主体客体化的实践活动。作为客体的知识实现了人化，不断向人生成，逐渐获得属人性质，成为个人化的知识；作为主体的人通过思维、认知、体验等活动，实现对知识的改造，吸收知识的价值和意义，重新建构包括他的需要、能力、知识结构、思维模式等在内的心智结构，实现人的本质力量的确证与增加。

其次，从学生与他人的关系来看，学习是交往性、社会性的实践。学生在学习活动中通过交流、沟通创造了师生关系、生生关系、朋友关系。这些关系既是学习关系，又是伙伴关系。

再次，从学生与自我的关系来看，学习是伦理性、存在性的实践。在学习过程中，学习是一种以自身为对象的特殊实践，是一种"人性自我建构的实践活动"。在自我建构的实践活动中，学生既是学习活动的主体又是客体，通过主客体的相互作用不断改造自己、发展自己、完善自己，对自身已有的心智结构进行审视与反思，"积极推进已有心智结构按所需要的方向发生相应的变化，实现预期目的对象化、现实化"。由此可见，学生在学习这种特殊的实践中既改造了外部世界，也改造了自身内部世界，并在这个过程中不断地扬弃外部世界和自身主观世界的自在性，实现对客观世界和自身的超越。①

（二）从学习结果的角度而言，完整的学习包括主学习、副学习和附学习

美国教育家威廉·克伯屈曾经提出一项教学原则，叫做"同时教学"。依照克伯屈的看法，学习不是单独的，而是复杂的整体的活动。他认为，学生在同一时间内所能学到的东西有下列三项。

---

① 郭元祥，伍远岳. 学习的实践属性及其意义向度［J］. 教育研究，2016（2）.

1. 主学习

主学习是教学所要直接达成的目的。譬如小学自然课本中"养蚕"这个单元，其主学习就是要小学生获得养蚕的知识，了解蚕的生长过程。一般来说，主学习的内容要么是某种知识，要么是某种技能，或是某种思想，这要根据教学内容的性质和目的而定。

2. 副学习

副学习是指与功课有关的思想和观念，即学生由主学习引起的连带学习。克伯屈认为这种学习多半是从偶然的机会中获得的。例如在学习"养蚕"这个单元时，学生也许会联想到蚕会不会生病，生了病怎么办，以及怎样种桑等问题，这种联想的思想和观念就是副学习，它可以扩大学生的学习领域。

3. 附学习

附学习又称辅助学习，是指教学时所养成的态度、理想。比如教学"养蚕"这一单元时，学生对养蚕种桑产生了兴趣，并立志要把这作为理想，这就是附学习。克伯屈认为附学习是最为重要的，因为教育的目的在于改变学生的行为，培养学生的气质，而这种目的的达成，全靠教师不放弃对附学习的指导。所谓人格教育、道德教育、情感教育，几乎都要在附学习中实施。任何教学活动，如果忽视了附学习的存在，那么学生的学习结果就没有多大价值可言了。

显然，克伯屈的"同时教学"原则或者同一时间内实现"三项学习"的理论与三维目标导向的教学理论是一致的。三维目标之间的关系表现为："第一，'过程与方法'可以作为'知识与技能'生成的导控保障系统；'情感、态度与价值观'可以作为'知识与技能'学习的动力支持系统而体现其价值，从而实现高效和优质的'知识与技能'学习；第二，'知识与技能''过程与方法'也可以作为实现'情感、态度与价值观'培育的凭借与途径，作为'情感、态度与价值观'养成的方法与手段；第三，'知识与技能''情感、态度与价值观'也可以作为一种教学资源服务于过程的体验与反思、方法的习得与训练。"① 简而言之,三维目标是在同一教学过程中实现的。

(三)从解决问题的角度而言,完整的学习包含"情境、问题、假设、推理、验证"五个步骤

杜威将学习过程视为实际问题解决的过程。他将经验过程、思维过程、探究过程、问题解决过程统一起来,并认为这一过程包含五个基本步骤或环节。(1)情境。一开始,学生要接触一个真实的经验的情境,从事自己感兴趣的活动。(2)问题。在该情境和活动中,包含着需要学生探究、思考的问题,学生利用已有的知识、经验,进行观察或与别人交流,发现和确定问题。(3)假设。通过"设计、发明、创造和筹划",提出解决问题的假设。(4)推理。通过对目前情境的仔细考察,或利用文献资料,对假设进行推理,以修正或调整假设。(5)验证。将假设和推论运用到实际情境中进行检验。同时,杜威认为,问题解决具有探究的性质。对于问题解决者而言,所有的问题解决都涉及未知和不确定的因素,因此,问题解决的过程必然包含探究和发现的成分。

(四)儒家的观点

儒家认为完整的学习过程包括博学、审问、慎思、明辨、笃行五个环节。其中博学即广泛地学习,审问即详尽地提问,慎思即谨慎地思考,明辨即充分地分析、判断与辨别,笃行即坚持不懈地将知识付诸行动。

"学问思辨行"思想脱胎于孔子的学思行相结合的思想。孔子不但主张学思并重,认为"学而不思则罔,思而不学则殆",还主张知行统一,应"讷于言而敏于行"。《礼记·中庸》在继承孔子学习过程思想的基础上,首次系统地提出"学问思辨行"的学习过程思想,认为一个完整的学习过程应包括"博学之,审问之,慎思之,明辨之,笃行之"五个阶段或方面,系统总结了每个阶段可能产生的问题并提出了解决问题的理想

---

① 杨钦芬.新课程三维目标的解读与实现策略[J].课程研究,2008(2).

标准:"学"阶段的主要问题是,还没学会、没学透就不再学习;"问"阶段的主要问题是,还没问明白就不再追问;"思"阶段的主要问题是,还没得出结论就停止思索;"辨"阶段的主要问题是,还没分辨清楚就不再辨析;"行"阶段的主要问题是,还没收到成效就不再实行。据此提出如下教学建议:"有弗学,学之弗能弗措也;有弗问,问之弗知弗措也;有弗思,思之弗得弗措也;有弗辨,辨之弗明弗措也;有弗行,行之弗笃弗措也。"①

宋代朱熹特别推崇《中庸》对学习过程的概括,并因此作《白鹿洞书院揭示》,认为"学问思辨行"是为学之序,是对教学阶段的经典概括。明代王阳明则结合自己"知行合一"的学说,对"学问思辨行"的思想进行了详细解说,将其诠释成学习、做事的五个过程或方面:"以求能其事而言谓之学,以求解其惑而言谓之问,以求通其说而言谓之思,以求精其察而言谓之辨,以求履其实而言谓之行。盖析其功而言则有五,合其事而言则一而已。"②

二、阅读、思考、表达——指向核心素养的"完整的学习"

从认知加工的角度来说,完整的认知过程包括信息输入、信息加工、信息输出三个环节,相应的,完整的学习过程也可划分为阅读、思考、表达三个环节。其中,阅读即信息输入,广义的阅读包括读书、读图、读"物";思考即信息加工,广义的思考包括思维、想象、直觉等;表达即信息输出,广义的表达包括口头表达、书面表达,涉及知识的呈现、迁移、应用等。不同学科,阅读、思考、表达的内容和特点有所不同,但所有学科的学习过程都要经历阅读、思考、表达这三个基本环节或程序,唯其如此,学科学习才能形成学科核心素养。就像我们进食一样,一定要经过咀嚼、吞咽、消化、吸收这几个环节和程序,食物才会转化为人体所需的营养元素。

---

① 朱熹.四书集注[M].南京:凤凰出版社,2008:28.
② 王阳明.传习录[M].北京:中国画报出版社,2012:207.

(一)阅读、思考、表达的实质

如前所述,佐藤学认为:"学校应成为'学习共同体',在教室中要实现'活动的、合作的、反思的学习'。即让那种与物与教材对话,与学生与教师对话,与自我与自身对话的学习成为教学的中心。"[1] 可以说是对完整的学习过程三个环节的精辟概括。

阅读就是与文本对话(其实,信息的输入途径还有观察和操作,所以除了与文本对话,还要与事物对话),这意味着要让学生在自己的头脑中重建文本,而重建意味着,作为读者的学生要"读进去",要读出意义来,读出趣味来,不能老是被关在文本的大门外,不能老是隔岸观火般看着作者在文本中述说那一切。正如叶圣陶先生曾在《人民教育》1962年6月发表的《语文教学二十韵》中说:"陶不求甚解,疏狂不可循。甚解岂难致?潜心会文本。作者思有路,遵路识斯真。作者胸由境,入境始与亲。一字未宜忽,语语悟其神。惟文通彼此,譬如梁与津。"

思考是与自我对话,强调自我的参与,把自己也作为认识的对象。学生不仅要以读者身份与文本对话,还要以作者身份与文本对话,这个过程也就是自我对话的过程。叶圣陶先生曾指出:"我于读文章的时候,常把我自己放入所读的文章中去两相比较。一边读一边在心中自问:'如果叫我来写将怎样?'对于句中的一个字这样问,对于整篇文章的立意布局等也这样问。经过这样的自问,文章的好坏就显出来了。那些和我想法相等的,我也能写,是平常的东西,写法比我好的就值得注意。我心中早有此意或感想,可是写不出来,现在却由作者替我写出了,这时候我就觉得一种愉快。……我想鉴赏的本体是'我',我们应把这'我'来努力修养锻炼才好。"[2]

表达是与他人对话。表达意味着倾听,没有同伴的倾听,表达就成了"自说自话";表达意味着分享,在表达和倾听过程中,同伴们得以分享彼此的认识、经验和见解、智慧,纠正或丰富彼此的理解和看法。正如佐藤学所说:"在学校里的学习既不是学生一个人一个人的孤立活动,也不是没

---

[1] 佐藤学.静悄悄的革命[M].李季湄,译.长春:长春出版社,2003:42.
[2] 夏丏尊.夏丏尊文集[M].杭州:浙江文艺出版社,1983:531.

有教师介入而进行的活动。它是在教师的介入下，学生自立地、合作地进行的活动，这才是学校中'学习'的本质。"①

相对而言，阅读是一种接受式的学习；思考是一种探究式的学习；表达是一种讨论式的学习。这三种形式的学习构成一个完整的学习——系统的、有结构的、有逻辑的学习。

（二）阅读、思考、表达：三个教学环节或三个要素

1. 相对独立的三个教学环节

阅读、思考、表达在教学中可呈现为三个基本环节，即阅读环节、思考环节、表达环节。三个环节是递进关系：在阅读的基础上深度思考，在思考的基础上个性化表达。当然，三个环节也有交叉，你中有我，我中有你。

① 阅读环节

"作为阅读教学，在一节课里面，能让学生多少次与教科书的语言发生新鲜的接触，这是决定教学成败的事，很有必要返回阅读教科书去，一节课中若干次反复地阅读。"② 在以听讲取代阅读的传统课堂教学中，"教学成了给学生'喂'教师消化好了的知识的过程，学生与原生知识、真实现象之间直接会面、发生挑战的机会被取缔，久而久之，学生失去了对新知识的消化能力、对新现象的透视能力，教学活动沦为地地道道的授受与识记过程。"③ 在这样的教学中，能力发展也就无从谈起了。为此，我们把引导学生完整地、全面地、独立地阅读教材看成是课堂教学最具本质意义、最具基础性价值的教学环节。

② 思考环节

学生要对在阅读中发现的问题进行思考，对文本知识不仅要知其然，

---

① 佐藤学.静悄悄的革命［M］.李季湄，译.长春：长春出版社，2003：40.
② 同上：33.
③ 龙宝新.走向核心知识教学：高效课堂教学的时代意蕴［J］.全球教育展望，2012（3）.

还要知其所以然；不仅要弄明白疑难性（理解性）的问题，还要弄明白质疑性（批判性）的问题；不仅要得到问题的答案，还要对问题产生自己的看法和见解。传统课堂是回避问题因而也无需思考的课堂，学生不仅没有发现和提出问题的机会，就算真的碰到了所谓的问题，教师也会有意无意地强制学生接受教师的解释和看法，不给学生独立思考的机会，堵塞学生新思维的涌现。这样的教学，只剩下所谓的知识。为此，我们把引导学生提出有价值的问题并进行深度思考看成是影响和决定课堂教学质量和水平的最核心的因素。

③ *表达环节*

在阅读特别是思考的基础上，学生发表自己的看法和观点，并与同伴进行交流、互动、分享，可以使自己的看法和观点得到增值、完善、补充、更正，使自己学习和认识的水平不断提高。传统课堂是教师表演和唱独角戏的课堂，学生只能默默地配合教师的教学。这样的教学是为完成教师的教学任务而服务的，至于学生是否真的学会了，是否有自己的看法和表达自己观点的欲望，那是无关紧要的。这样的课堂不是以学生为主的课堂，因而不能真正激发学生主动参与的积极性，无法发展学生的能力。为此，我们把表达（鼓励学生发表自己的见解和组织学生讨论）看成课堂的内在要素和不可缺少的构成环节。

阅读—思考—表达，这三个环节构成了以素养为导向的课堂教学的基本结构或基本范式，又称"通用式"。但是，针对不同学科、不同教师、不同课型和内容、不同教学阶段和任务，这一基本范式会产生许多具体的变式，如"简约式""灵活式"。简约式一般以阅读、思考、表达的一两个要素为重点组织教学，而灵活式则以阅读、思考、表达三个要素的随机组合展开教学，凸显教学的随机性、灵活性和创新性。

2. 相对独立的三个基本要素

把阅读、思考、表达视为教学的三个基本要素，意思就是说，课堂教学有这三个要素就行，至于这三个要素怎么呈现、在什么时候呈现，则没有具体的要求和规定。就像人体需要维生素、蛋白质、碳水化合物，但究竟由什么食物提供或者怎么提供，则无关紧要。当然，我们在教学中要研究的是，课堂上究竟哪些知识适合于学生阅读？哪些问题适合于学生思考？哪些内容适合于学生表达？为保证学生能够进行独立阅读、深度思考和主动表达，每节课就要安排出充足的时间，这样才能切实把能力培养落实到课堂教学中。

究竟是把阅读、思考、表达作为教学的环节还是要素，由教师根据学科的性质特点、学生的能力基础和实际的教学情况而定。相较而言，"环节说"的要求相对刚性，但易于操作；"要素说"则相对开放，具有弹性和自由的空间，教师有更多发挥和创造的余地。

对于阅读、思考、表达这三个环节或要素的实际运用，下面学者对阅读教学模式的思考可供参考。

探索阅读教学模式，有效培养学生开放思维能力

读一读。对于一篇课文，先由学生初读感知，了解大意；继续熟读，读出感情。这个环节的读，体现了自主和个性化，不认识的字解决了，大部分不理解的词也理解了，简单的问题也化解了。这是按每一个学生自己的喜好开放地读，开放地理解，开放地感悟。

听一听。学生都是按自己的理解有感情地读书，那么对否？听听录音，或是听老师范读，这个问题就解决了，这体现了老师的引领和纠偏。对于学生来说，吸收、借鉴、品味自己不会的知识和能力，同样具有开放性。听后学生再读，就能较好地读出感情，读出味道了。

想一想。在学生把课文读熟、读出感情的基础上，思考自己还没有解决的问题。这时候的问题，几乎无一例外地都是教学重点。让学生静下心来想一想，绝大多数学生都能够自己解决。不能解决的，在同学的帮助下也能理解。同时，学生还可以按老师的提醒，思考问题与自己实际生活的联系和启示等。这体现了自主、合作、探究的教育思想，开放的思维能力也得到了培养。

说一说。说有两层意思：一是对课文主要意思的理解、对文章重

点的理解；二是自己的感悟、和生活实际的联系、受到的启示、学到的东西。实现了课本—生活、校内—校外的转换，学生的思维活动就会随着转换不断开放。

背一背。在熟读、有感情地朗读的基础上，要求学生把经典句段、经典名篇背诵下来，做到积累语言、培养记忆力。学生可以选择适合自己的记忆方法，如兴趣记忆、注意记忆、目的记忆、理解记忆等。这个过程也是开放的、自主的。

做一做。依据课文的情节和内容做动作和表演。这是学生对课文理解进行内化的过程，具有个性化特征，思维极为开放。有的如实表演，有的非常夸张，有的惟妙惟肖，有的缩手缩脚。每每此时，一堂课的高潮就来了。

写一写。可以写说的，写演的，写感悟的，也可以仿写；写的内容是开放的，写的方式是开放的。每个人都各写所思，每个人都各有所获，千人千面就是比千人一面好。

讲一讲。学生回家后，把课文中的故事、学习课文过程中发生的故事、自己学习的收获（不仅是语文一科）、学校发生的故事、路上看见的故事等，任选一个讲给父母听。这又是一个开放思维、表达训练的过程。[①]

第四节　原生态的学习

从学习对象来说，原生态的学习指的是直接面向文本和事物的学习，不需要过多的、不必要的加工环节和教师过多的解读、点拨、指导、讲解；

---

① 路文生，等.在小学语文教学中培养学生开放思维能力的实践与思考［J］.教育实践与研究，2010（12A）.

从学习主体来说，原生态的学习指的是学生积极运用原始的经验、思维、情感的学习，即个性化解读的学习。

一、直接面向文本（教材）的学习

学生与教材的矛盾是教学的主要矛盾，学生直接面向教材的学习是解决这一矛盾的主要途径。但是，如前所述，由于传统教学片面强调教师在解决这一矛盾中的主导作用，教学成了给学生"喂"教师消化好了的知识的过程，学生与原生知识、真实现象之间直接会面乃至发生挑战的机会被取缔。久而久之，学生便失去了对新知识的消化能力和对新现象的透视能力，教学活动则沦为地地道道的授受与识记过程。

就语文学科而言，语文学习需要的是直接的读和想，而不是烦琐的语文分析。学生读的是原汁原味的文章本身，想的是依据文章进行的提炼，在这样的读和想中，他们的语文积累就丰富了，他们的阅读能力、思维能力、创新能力就提高了。阅读如此，写作也是一样。写作就是要学生直接写出自己的所思、所想、所感，它同样不需要教师过多的"指导"。正如管建刚老师所说："教师们可能会说：'我不指导，学生怎么会写？'他们忘记了，我们的学生学的是母语，学生在认识字之前，对母语的表现规律已经有了潜移默化的认识和把握。如此'指导'，学生的作文怎么可能还有儿童思维的原生态？如此'指导'，创造性与灵动性，焉能不荡然无存？学生写作起来，不是思考怎样表达自己的情感与看法，怎样将故事讲好，而是想着怎样按老师的提纲、老师提供的技术与技术的要求来完成作业，这样的'指导'直接导致了原本活生生的、个性迥异的学生写出了千篇一律、面目可憎的作文。在这样的'指导'下，学生只能是把自我全部抛弃！"[①]

[①] 管建刚.我从不上"作前指导课"[J].人民教育，2010（18）.

二、直接面向事物本身的学习

我们知道,知识是人类从实践活动中得来的,是对实际事物及其运动和变化发展规律的反映。也就是说,知识本身是具有丰富生动的实际内容的,而表征它的语言文字(包括符号、图表)则是抽象和简约的。学生所学的正是语言文字汇集成的书本知识即教材,这就要求学生不论学习什么知识,都要透过语言文字、符号、图表把它们代表的实际事物想清楚,以至想"活",从而真正把两者统一起来。这样的学习就是有意义的学习。相反,如果学生只记住一大堆干巴巴的文字符号,而没有理解其中的实际内容,这样的学习便是机械的学习。从哲学角度讲,有意义的学习要解决的就是形象与抽象、实际与理论的矛盾。夸美纽斯曾认为,一切知识都是从感官知觉开始的。"在可能的范围内,一切事物应该尽量地放到感官跟前。一切看得见的东西都应该放到视官的跟前,一切听得见的东西都应该放到听官的跟前。……假如有一件东西能够同时在几个感官上面留下印象,它便应当和几种感官去接触。"[①]并认为这是教学中的"金科玉律"。虽然这种论述未免有绝对化之嫌,但的确也反映了教学过程中学生认识世界的一个重要规律:直观可以使抽象的知识具体化、形象化,有助于学生感性认识的形成,并促进理性认识的发展。就自然学科而言,要特别强调实验与观察在学习中的作用。只有建立在实验和观察基础上的学习,才能真正走进科学的本质。就人文学科而言,所谓"世事洞明皆学问",生活本身就是最好的学习素材和学习资源,善于从生活中学习,才是素养型学习的本质表现。

三、从学生的经验、生活和常识开始的学习

学习是主客体的相互作用,是学生内在经验的改造和组织。从学生角度讲,学习过程是学生从经验到理论、从生活到学科、从常识到科学的转化和上升的过程。

---

① 夸美纽斯.大教学论[M].傅任敢,译.北京:人民教育出版社,1984:156.

原生态的学习必须基于学生的经验、生活和常识。以数学为例，有这样一个算式："100-50-20=？"这是一个抽象的算式。在小学二年级，如果教师对学生说："这叫作连减，第一个数叫作被减数，我们现在就是要从被减数中减去第一个减数，然后用它们的差再减去第二个减数，最后得到它们的差。"这就把一个简单的问题搞复杂了。教师应该非常灵活地对学生说："你可以把它看成生活中的一个小例子。妈妈上超市购物，她一共带了100元钱，买一箱苹果用了50元，给你买了一个玩具用了20元，那么还剩下多少钱呢？"这样一解释，学生马上就明白了，因为学生有相关的生活经验。他们一旦把这个算式与头脑中的形象记忆联系起来，就会很容易理解这一知识。如果要进一步教"也可以把50和20加起来再减"的计算方法，教师又可以这样说："我们去超市买东西，超市是怎么收银的呢？是一次性收的。收银员先把你买的所有东西的钱全部加起来，然后再用100元去减这个总数，这就是找钱的过程。"教师这样一说，学生又很容易就懂了。这还不够，教师在学生理解题意之后还应进一步讲解："这个题目问的是还剩多少钱，因此它和人物、地点就没有关系了。'妈妈''你''超市'可以替换为'爸爸''小明''商店'；与买的东西也不相关，'苹果''玩具'也可以替换为'橘子''书籍'。"这样，通过其一，了解其二、其三，就可以使学生举一反三，掌握"100-50-20"这个算式的抽象含义。

只有从学生的经验、生活和常识出发，知识才会在学生身上扎根，才会转化为学生的素养。著名科学教育专家罗星凯教授对此有过一段精彩的阐述：

> 我们的学生到底是怎么掌握科学知识的？一般认为是我们教会的，我们不教他们怎么会呢？而事实上，学生并不是带着一个空空的脑袋来到我们的科学课堂，对于不少问题，他们心中早已有了自己的一套"理论"。最要紧的是，这些常常与科学理论相悖、同时也往往被我们想当然地认为是不屑一顾或不堪一击的"理论"，却是学生长期经验加智力活动的产品，是他们"心中的科学"。对于不少内容，灌输式的科学教学实际上是用对于学生来说外加的甚至怪异的科学知识去与学生

基于好奇的天性而自发探究所获得的成果进行竞争！有科学的权威、教师的权威以及考试的权威在手，我们可以暂时领先。但这样的胜利不仅很快会成为过眼云烟，而且为它所付出的代价，不是学生心灵上对科学的排斥甚至厌恶，就是科学精神的缺失。在科学探究性学习中，学生自己的理解是应该得到充分尊重的，因为它们是学习过程的基本起点和贯穿始终的最活跃的因素。学习活动实质上就是学生自己的想法、他人的观点以及观察实验结果之间直接互动的过程，经历这样的过程，学生才可能通过认知冲突，体会到个人理解的局限和科学理论的优越所在，为前者向后者的转化铺平道路。否则，岁月很快会冲刷掉学生心中被硬贴上去的东西，留下的只有他们自己的"科学"。[①]

四、学生原生态思维自由参与的学习

学习的核心是思维的参与，原生态学习的核心是学生原生态思维的参与。所谓学生的原生态思维，即学生未经教师指导和未被课本同化的原始思维、本真思维、独立思维，当然也包括学生在教师和教材的启发下产生的个性化见解、想法。要鼓励、保护、尊重，当然也要改造、提升、完善学生的原生态思维，因为这是学生创造性思维发展的源泉。我们知道，教学的最高境界就是让学生产生"精彩的观念"，这实际上就是学生原生态思维的展现。

特别值得一提的是，对学生的原生态思维，不能简单地用"对与错""是与非"加以评判。一位数学教授曾经在数学课上听到这样一个教学片断：老师提出"$(-3) \times 4 = ?$"的问题，鼓励学生自主学习、探究。过了一会儿，一个男生第一个举手，报出自己的答案：9。老师很客气地请他坐下，问全班同学是否有其他答案，很快就有一个女生报出了"-12"的答案，并把运算的规则和过程说了一遍。老师满意地给予了肯定和总结。当然，最后所有学生都记住了正确的答案和计算规则。下课后，这位

---

① 罗星凯.实施科学探究性学习必须正视的问题［J］.全球教育展望，2004（3）.

想了一节课也弄不明白"9"这个答案是怎么来的数学教授,走过去"请教"了那位男生。那位男生一见"大人物"来讨教,非常激动地拿出了笔和尺子,在一张白纸上画出了一根数轴并标出箭头和原点,然后向左标出 -3、-6、-9,向右标出 3、6、9,接着告诉数学教授:-3 在这里,-3 乘以正 4,正负方向相反,意味着需要往与 -3 相反的方向翻四个"跟斗"(乘法即连加),第一个跟斗翻到 0,第二个跟斗翻到 3,第三个跟斗翻到 6,第四个跟斗就翻到 9 了。翻完跟斗,这位同学问我们的教授:"我错在哪里呢?"这位数学教授坦言,真的不知道如何回应这位"回答错误"的同学。我们虽然都知道他错了,但是我们却不得不佩服这位同学的"奇思妙想"。这些"奇思妙想"是极其宝贵的智慧资源和创造性思维的火花。

美国数学教师国家委员会的年鉴(1999 年)中也讲过这样一个例子。

一只蟋蟀落在直线上的点"1"处,它希望到达直线的"0"点处,但每次蟋蟀只能跳到所剩距离的一半。问:蟋蟀第一步落在直线何处?第二步落在直线何处……蟋蟀最终能否落到"0"点处?

对此,美国学生进行了下面的交流和讨论:

生 1:我想知道,为什么每次蟋蟀只能跳到所剩距离的一半,而不能在下一段中跳过相同的距离?

生 2:因为下一段的距离又被分为了两半。

生 3:蟋蟀的能量是逐渐减少的,每跳一次,蟋蟀的能量都将减少一半,这真是太残酷了。

生 1:这样说来,最终它将只剩一个头了?

生 3:最终它的身体只能变得非常非常小了。

生 2:正因为它的身体每次都会减少,所以在下一次跳跃的时候,就不能继续保持相同的距离而只能跳至所剩距离的一半。

这样的讨论似乎偏离了解题思路,却反映了学生的原始想法。首先,他们对蟋蟀为什么这样做寻求"合理"的依据;然后借助空间推理和想象,将蟋蟀看成一个"质点",认识到这是一个不同于现实生活的"数学问题",是与蟋蟀大小无关的问题,由此抽象出图形(如下),并进一步进行数学解答。

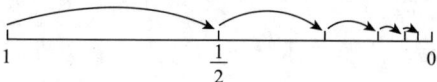

这种质疑、探究和讨论看似偏离主题,但对问题合理性解释的过程,恰恰是学生基于自身认识基础上的思考,是一种追根究底、探求问题实质的态度。可以说,积累基本活动经验的重要载体之一是学习者的交流和讨论,交流和讨论可以促进学习者对问题的深入理解和感悟。①

原生态思维意味着学生在学习中不盲目接受来自教材或教师的现成答案与结论,不唯书、不唯上,敢于自觉地根据自己的理智做出分析和判断,主动建构对课程知识的理解。它突出地表现为学习者所具有的质疑精神、批判精神和探究精神。

五、学生情感、兴趣、爱好、精神、生命参与的学习

教学过程是理智与情感交融的过程,原生态学习不仅是学生经验、思维参与的学习,同时也是学生情感参与的学习,这里最重要的是学生的真情实感。要尊重学生真实的情感,只有真实的情感表现才能实现真实的学习。当然,如同原生态思维需要改进、提升和完善一样,学生真实的情感也需要澄清、梳理、引领和丰富。我们来分享两个案例。

案例一:学生说"春天不好",老师批"胡思乱想"

《钱江晚报》曾报道,在湖北一所小学中,王聪(化名)同学的作文《春天》与全班其他60名同学的作文不一样。其他同学的作文大多以"春天好"为主题,赞美春天和风细雨、花红柳绿。而王聪理解的

---

① 转引自郭玉峰,刘春艳.积累基本活动经验的两条途径[J].人民教育,2013(21).

春天是:"细菌繁殖旺盛,夏季的蚊虫都在这时滋生;易流行感冒;雨水淅淅沥沥下个不停,很烦人,像个爱哭的小姑娘,总也止不住;冷热不均,忽冷忽热……"

作文上交后,王聪挨了批评。老师对着全班同学说:"有的同学不停地在作文中写春天不好,是不听老师讲解、胡思乱想、跑了题的结果。古往今来,文人们都夸春天好,说春天不好是动错了脑筋。"①

案例二:鼓励与众不同——《三袋麦子》教学片段

师:同学们,你们喜欢故事中的哪个小动物?

生1:我喜欢小猴,小猴最聪明。

师:在这个故事中,小猴是怎样表现它的聪明的?

生1:它把麦子种到地里,收了很多麦子。它不断种,不断收,就有吃不完的麦子。它还很勤劳。种麦子是要吃苦的,可它不怕吃苦。

师:嗯,小猴真可爱。其他同学喜欢谁呢?

生2:我喜欢小牛。小牛很节俭,节俭是美德,所以我喜欢小牛。

师:好,说得清楚、干脆,一下子说准了小牛的可爱之处。那么,有没有人喜欢小猪呢?

生3:我喜欢。(底气不足)

师:请支持他的同学举手。(没有人举手)

师:(举手)我支持你。希望你能想出让更多同学支持你的理由。

生3:(诡秘地笑)这叫消费!

师:这理由太充分了!是啊,在现代社会里,我们每个人都有选择自己生活方式的权利。这么一想,小猪选择了消费,不是也很可爱吗?我们可以用自己喜欢的方式做一些自己喜欢的事,这样才会生活得快乐。②

---

① 张双武.武汉:作文故事引发教育观念大讨论[N].中国青年报,2002-05-31.
② 陈萍.鼓励与众不同[J].语文建设,2002(9).

第三篇

核心素养导向的
教学基本策略

核心素养导向的教学基本策略

》策略是从观念走向行动、从理论走向实践的路径和方法。有了正确的教学观念，还得进一步把观念转化为可操作的策略，这样，走向核心素养的教学才能真正落地。本篇将根据前述三大教学理念，即基于立德树人的教学、基于课程意识和学科本质的教学、基于学生学习的教学，介绍核心素养导向的六大教学策略。相对而言，整体化策略、情境化策略、深度化策略对应基于课程意识和学科本质的教学理念；活动化策略、自主化策略对应基于学生学习的教学理念；意义化策略对应于基于立德树人的教学理念。当然，这只是为了理解的方便，实际上，它们的关系不是简单的对应关系，而是复杂的多向关系。可以说，任何一项好的策略都同时体现了若干条理念，而任何一条好的理念也同时需要多项策略去落实。

第六章 整体化策略

>> 知识的整体化是针对知识的碎片化而言的。强调知识的结构化、整合化,防止知识的孤立化、片面化,是将知识转化为核心素养的基本要求。

第一节 整体化的意蕴

整体化有三个方面的意思:一是联系,联系强调的是关联而不是孤立;二是组织,组织强调的是建构而不是复制;三是整合,整合强调的是"化学反应"而不是"物理反应"。

一、从知识本身的角度而言,整体意味着"联系"

联系被认为是万事万物得以存在与发展的条件。我国古代"和"的理念认为:"(1)关系决定事物。事物不可能决定自身的存在状态和发展可能性,甚至不能决定自身的存在,其他事物永远是某个事物的存在和发展的条件,因此,事物的存在和发展取决于它与其他事物的关系。(2)事物之间的和谐关系是每个事物得以生存的必要条件。事物单靠自身不可能生存,必须与另一个事物互相依靠才能共存,于是,共存成了存在的先决条件。(3)事物之间只有和谐配合才能使各自发挥其最大效用、达到最佳状态。同样,人与人之间的互惠关系也将使每个人的利益都获得改善。"① 万物的存在和发展是这样,知识的存在和发展也一样。孤立的知识不仅没有活力,甚至不能存活。知识只有在联系中才能生长,才会产生新的知识,这就是整体功能大于局部之和的道理。正如刘庆昌教授所言:"任何知识总处于联系之中,时间上处于历史的联系中,空间上处于结构的联系中。具体而言,所谓历史的联系,是指一种知识自身的发生、形成和发展的内在过程;所谓结构的联系,是指一种知识与它之外的其他知识的有机联系。如果教师把所传授的知识置入过程和联系之中,课堂里的知识空间就自然形成了。……打个比方,每个知识都有自己的'近亲'和'远亲','近亲'是与它联系最紧密的,'远亲'与它的联系则依次渐远。教师在课堂中最好能够呈示一个知识的'亲缘'关系图。如此,知识在学生的头脑中就不再是孤立的,会立刻生动起来。过去的老师常讲,学知识要像串糖葫芦一样,不能像布袋装山药蛋,说的是要注意所学知识间的联系,我们所说的知识'亲缘'关系图,还要超越规定的教学内容,把学生带到更深远的知识海洋中去。"②

联系是一种能力,它意味着学生能看出知识的相同点和不同点,即在不同知识之间看出相同点和在相同知识之间看出不同点;能看出知识的各种联系,包括直接联系(显性联系)和间接联系(隐性联系),特别是能从似乎没有关联的知识之间看出彼此的内在联系。

二、从学生学习的角度而言,整体意味着"组织"

奥苏伯尔认为,学习的实质就是学生认知结构的组织和重新组织,组织和重新组织的过程就是新旧知识相互联系、相互作用的过程。那么这种相互联系、相互作用的过程又是如何实现的呢?

---

① 赵汀阳.坏世界研究:作为第一哲学的政治哲学[M].北京:中国人民大学出版社,2009:118.

② 刘庆昌.课堂里的精神空间[J].当代教育与文化,2011(11).

同化论的创立者把这种联系解释为学习者头脑中原有知识所发挥的固定作用。那么，原有知识为什么能起到固定新知识的作用呢？那是因为它们之间存在着相似因素。所以，说到底，同化机制就是主体认知结构中原有知识与新学习内容之间存在着一种相似性效应。一般说来，人们学习效果的好坏，主要取决于学习者认知结构中有没有与当前新学习内容相似的原有观念，以及相似的角度和程度如何，奥苏伯尔据此提出如下著名的命题：影响学习的最重要因素是学生已经知道了什么，我们应当根据学生的原有知识状况进行教学。

　　值得强调的是，相似并不等于相同，相似是客观事物发展过程中存在的"相同"与"变异"的矛盾统一。新知识就是"相同"与"变异"构成的一个有机整体，同化过程正是借助于新旧知识相同点的"混合"，而连接或固定住了相异点。这样，通过同化，新知识被纳入学习者的认知结构中去，获得了心理意义，从而丰富了原有的认知结构；而原有的认知结构经过新知识的吸收，自身也得到了改造和重新组织。正因为如此，奥苏伯尔也把有意义的学习看成认知结构的组织和重新组织。

　　组织就是建构，学习就是知识的建构过程。有人认为教育形式的知识，是"教育内容经过分化、重组、整合而形成的富有教育意义又能帮助学生以能够理解的方式进行学习的知识序列"。[①] 我们认为"教育形式的知识，在形式上不仅要经过分化、重组、整合，还要经过改造、转换。如果只是分化、重组、整合而并没有改变知识本身的特点，那只不过是改变了知识组合的顺序。实际上，教育知识的形式与科学知识哪怕是实践中的、生活中的知识的形式都是有本质区别的。这种本质区别主要表现在知识本身的或者说原有的价值意义、表达方式、内容要素和结构形式等方面。因此，教育形式的知识是经过分化、重组、整合、改造和转换，从而形成的富有教育意义、适合学生理解和掌握的知识内容和知识形式（包含表达形式、组合形式）"[②]。

---

　　① 韦正航.论知识的教育形态［J］.教育学术月刊，2008（1）.
　　② 陈理宣.论知识的结构形式选择与知识的教育形式生成［J］.课程·教材·教法，2014（11）.

三、从课程的角度而言,整体意味着"统整"

从统整的性质和层次来说,我们可以把统整分为以知识联系为纲的统整、以主题为纲的统整和以核心素养为纲的统整三个层级。

(一)以知识联系为纲的统整

以知识联系为纲的统整,强调课堂教学不能固守学科的壁垒,而是要打开学科的边界,走向学科的综合,让学生在综合地带、边缘地带进行知识探险。中学语文特级教师徐思源曾深有感触地说:"许多教师将学科或某一知识系统视为神圣不可侵犯的东西,容不得一点改变和突破。殊不知,这样的固守,恰恰隔绝了学科或知识之间原本融通的联系,阻碍了学科的进步,更可怕的是禁锢了学生本来活泼的思想,关闭了跨界之门。其实,学科之间是可以也应该跨界融通的。我教语文,语言本是思想情感的外壳,学生学习语言不可能只读文学,还要以其他学科的文本为媒介学习阅读、写作、说话,增强语言的感知和应用能力。这样的语文学习才是接地气的,才是与现实生活更密切联系的。其他学科又何尝不是如此呢?但是当我引导学生在学习议论文论证推理时找找数学推理的感觉时,感到诧异的学生不在少数,可见他们已建立了严格的学科壁垒,让人心寒。"为此,徐老师呼吁:"解放思想吧,将跨界理念引入教学,让原本毫不相干甚至矛盾的元素相互渗透融会,擦出灵感的火花和奇妙的创意,为学生创新思维的培养创设更好的环境。"[①]另一位中学语文教师也强调说:"我觉得语文课不必教得太窄,太赶,太死,应充分发掘教材中的各种有益的'教育因素',围绕教学中心,合理拓展,古今中外,纵横捭阖,把语文课教得丰厚一些,从容一些,大气一些,更有语文味一些。课堂中合理巧妙的延伸拓展、联系比较,可加大教学的广度和深度,使课堂显得丰满厚重,生动活泼,从而体现出教师深入发掘、举一反三、旁征博引、纵横捭阖的教学风格。学生通过延伸拓展、比较鉴别、同中求异,得以加深理解、训练思维、丰富知

---

① 徐思源."跨界"与教学[J].基础教育课程,2013(7-8).

识、获益匪浅。"①被称为"史上最牛美术老师"的邹华章认为:"美术不应该是一个独立的学科,她是学科的点缀使者。我在尝试学科与学科之间的研究——美术和语文的共鸣,美术和数学的联系,美术和生物的沟通……把美术的元素引进其他课堂,学生将会拥有一颗发现美、创造美的心灵。"②

学科内部更应该打通。教师要以整体联系的眼光组织、设计和处理各章节、各单元和各知识点的关系,让学生在整体中、在联系中、在比较中学习,从而帮助学生在头脑中将知识"竖成线,横成片",或"由点构成线,由线构成面",形成立体、开放、整体的知识结构。

(二)以主题为纲的统整

以主题为纲的统整"不是对原有课程内容的简单删减,也不是一个拼盘,而是重新审视传统的学科分类,软化学科界限,改变单纯以学科逻辑组织课程内容的做法,强调以学习者的经验、个体和社会需要为基础,以问题为核心进行的课程整合。主题课程希望做到书本知识与实践体验的有机统整,在活动时空上向自然环境、学生的生活领域和社会活动领域延伸,密切学生与自然、与社会、与个体生活的联系,使学生在此过程中建立系统的思维方式,体验知识之间的联系"。③

(三)以核心素养为纲的统整

以核心素养为纲的统整,意味着学科教学首先考虑的不再是学科知识本身,而是学生作为人的发展的核心素养。也就是说,以核心素养为纲,让课程真正回归儿童本位,回归发展本位。这种统整绝不是单纯的课程加减,也不是单一的教与学的方式的改变,而是致力于打破学科界限和三级课程界限,实现国家课程的校本化和三级课程的一体化,实现学科内整合、学科间整合以及课内外、校内外的整合,从而形成学校多方面育人的合力,

---

① 张超,王际兵.语文:从教学到教育[J].课程教学研究,2012(8).

② 黄燕,等.仅仅是创意吗——"史上最牛美术老师"邹华章的个性课堂[J].人民教育,2011(21).

③ 崔秀梅.课程整合:永远在路上[J].中国民族教育,2016(7-8).

构建学校育人新生态,促进学生学习方式的根本性改变。

当然,核心素养包含本学科的核心素养和跨学科的核心素养,这里我们要特别强调跨学科素养的意义。"每个学科都有作业,对于'核心素养'来讲,作业里的责任、抗挫、时间观、效率观,比作业本身更重要,而这些'素养',可以统整所有的学科;课堂、集会中的自控和自律,讨论、合作中的秩序和包容,可以统整所有的学科;学校运动会上的拼搏、包容、团结、意志,也可以统整所有的学科。"① 我们积极倡导的基于阅读力、思考力、表达力的教学也是一种跨学科的课程统整,因为所有学科都要致力于培养这三种基本的学习力。反过来说,这三种基本的学习力也必须依赖所有学科的共同培养。

就一门学科而言,基于课程统整的教学而言,教师应努力实现以下四点:第一,学科内知识间的相互融会与贯通;第二,学科间知识的相互渗透与支撑;第三,学科知识与学生生活经验的和谐结合;第四,学科知识学习与学科核心素养形成的有机统一。

第二节　整体化的具体策略

整体即联系,整体即组织,整体即整合。通过"联系、组织、整合",可以实现知识的系统化、结构化,并使知识真正转化为素养。强调联系、组织和整合的目的是防止知识和能力的碎片化,改变从单个知识点的识记到理解再到应用的认知路径,转变知识导向的传统教学模式。例如,数学的"知识点教学",即指"一个定义、三项注意、几个例题、大量练习";语文的"挖坑式教学",即教师在规定的课时里教完一个个生字新词、一篇篇课文、一次次习作,学生看似完成了识字、阅读、写作、练习等任务,

---

① 姚虎雄.回到常识:再谈"素养为重"[J].人民教育,2014(14).

但语文素养却始终没有形成。

一、整体化工具

（一）知识树

知识树就是用树状的形式，提纲挈领、简明扼要地把教材的主要内容及其知识点的内在联系表现出来（如图6-1）。大的知识树可以是一个学段、一门学科、一本书、一个单元的内容，小的知识树可以是一篇课文或一堂课的内容。

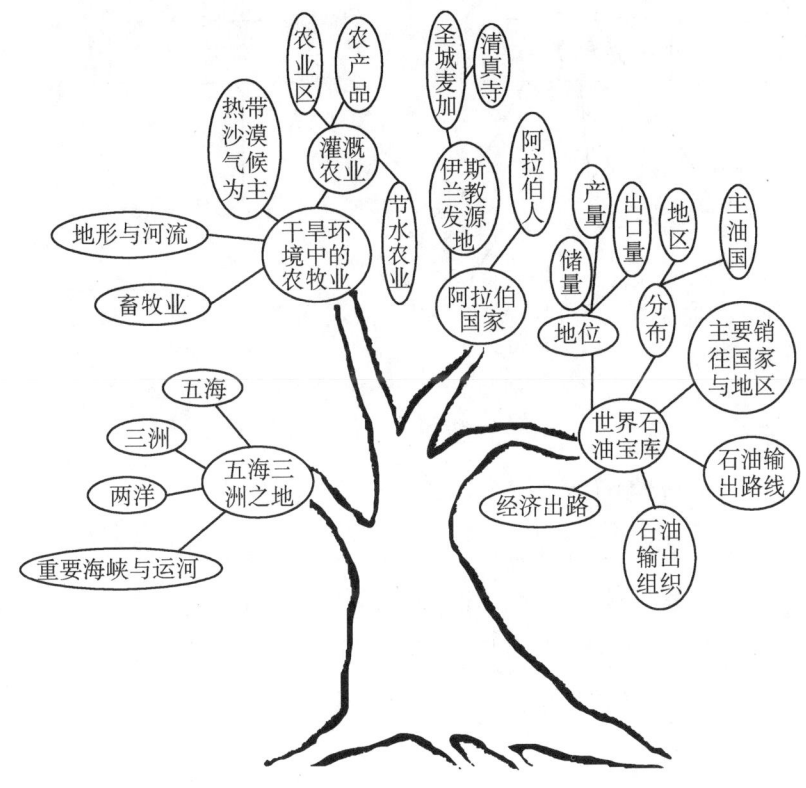

图6-1　知识树示例：了解西亚[①]

[①] 韩金洲.让师生在知识树构建中共同成长：高密市"师生共建学科知识树"初探[J].山东教育，2010（14）.

（二）概念图

概念图是一种用节点代表概念、连线代表概念间关系、文字标注描述关系或阐述概念的图示法（如图6-2）。这样的工具可以帮助学习者首先建立一个知识的框架网络，再根据新学的知识不断向已有网络增添新的概念，它有助于促进有意义学习，是学生进一步展开层次性学习的有效工具。

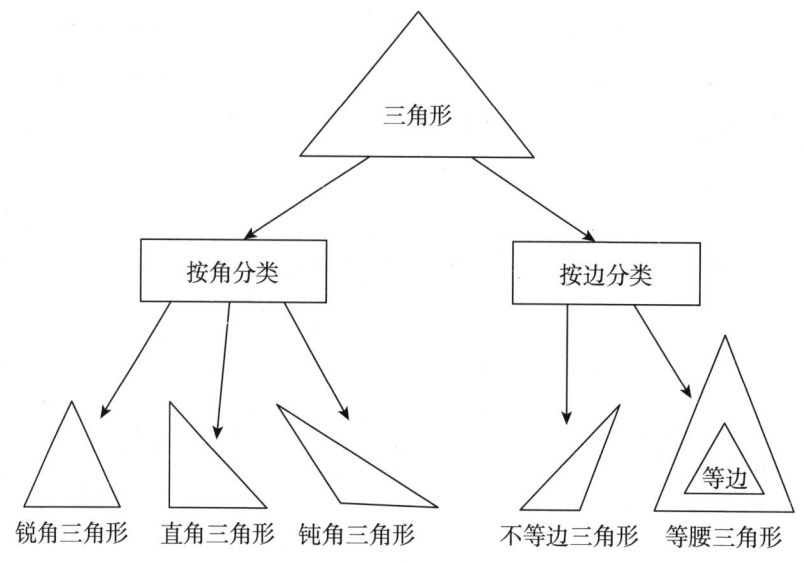

图6-2 概念图示例：三角形的归类[①]

（三）思维导图

思维导图是表达发散性思维的有效工具，它运用图文并重的技巧，把各级主题的关系用相互隶属与相关的层级图表现出来，使主题关键词与图像、颜色等建立记忆链接（如图6-3）。通过展示和分析思维导图，学生得以从看似杂乱无序的知识点中梳理内在逻辑，从而更好、更清晰地掌握主题内容。

---

① 钱亦城.概念图在小学数学概念教学中的应用[J].小学教学研究，2006（10）.

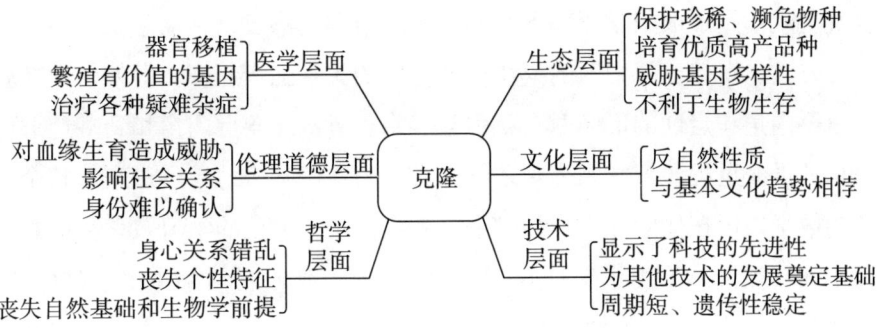

图6-3 思维导图示例：克隆技术的利弊[①]

二、整体化案例

（一）马芯兰教学法

著名小学数学教学专家马芯兰根据知识的内在联系和儿童智力发展的规律，突出教材中那些最基本的概念、法则和原理，并以此为中心，从纵和横两个方面将教材进行重新调整与组合，把有联系的知识串联在一起，做到有纲有目，使之成为一个新的、比较好的知识结构。她将小学阶段"数与代数""空间与图形""统计与概率"三个领域共610多个基本知识点统整为93个"生态教学"课例，并采用"迁移、渗透、交错、训练"的教学方法，突出能力培养，特别是数学能力的培养，效果十分显著。仅用4年时间，就很好地完成了小学6年的教学任务。学生解题思维敏捷，技能熟练，学得轻松，成绩好，能力强。

（二）孙维刚的结构教学法

北京市第二十二中学的孙维刚老师曾进行从初一至高三年级的数学教学大循环实验，这一方法被称为"结构教学法"。这种教学法讲究知识的比较与联系，其精髓就是指导学生从学知识到找方法、从找方法到发现规律、

---

① 蔡铁权，叶梓.思维导图在社会性科学议题教学中的应用［J］.教育科学研究，2009（12）.

从发现规律到形成数学思想,甚至上升到哲理的高度,帮助学生形成"知识、方法、规律、思想"的模块,使他们的头脑强大起来。譬如,他在教三角形内角和定理的证明时,就引导学生思考从三角形内角和到多边形内角和的推演过程,把本来高中才学的数学归纳法有机地渗透进来。整个中学的数学知识在他的课堂上被打通、被激活了,学生的学习效率和效果得到了大幅提升。采用了这种方法进行教学后,他不再给学生留家庭作业,学生的数学成绩反而好得惊人。

(三)薛法根的组块教学

江苏小学语文名师薛法根倡导"组块教学",他认为,语文学习过程是个体心理"相似块"(贮存在大脑中的信息单位)重组、整合的过程,语文学习的每一个阶段都离不开"组块"(将零散的信息单位整合成意义更大的信息单位)的心理活动。于是,他把教学重心从语文的思想内容转移到语文能力的发展上,将零散的教学内容进行整合,设计成有序的实践板块,引导儿童通过选择性学习和自主性建构,获得言语智能的充分发展和语文素养的提升。

(四)魏书生的语文知识树

魏书生创立的"语文知识树"是将语文知识进行模块化组合。他引导学生在通读初中六册语文教材后画出"语文知识树",并大体确定了4部分22项131个知识点。在教学中,师生可以按"知识树"的体系去安排进度。每讲一个知识点,他都要求学生弄明白这一知识在整体中的位置与邻近知识点的区别和联系。在魏书生六步(定向、自学、讨论、答疑、自测、自结)课堂教学法的"自结"阶段,他总要引导学生把所学知识纳入"语文知识树"中去。

(五)姚嗣芳的单元整合教学法

四川小学语文名师姚嗣芳实施"语文单元整合教学",取得了突出成效。她这样介绍自己的探索:

新接三年级后，我的教学改变从教学内容入手，指导的实践理论是"教什么"比"怎么教"更重要。具体路径是走"整合"和"拓展"之路：立足单元主题，整合课程资源，进行全面考虑的单元整体备课、教学，让学生省时高效地学完教材内容，从而挤出时间在课上实现大阅读。

以整组审视的视角去解读教材，对一个单元中零散的教学资源进行分析，在主题、体裁、题材及语言表达特点上寻找连接点，把单元内相关的语文知识连为一条教学线索，融"听说读写"为一体，使单元"字词句段篇"整体运转。然后结合语文课程的年段目标、单元教材内容的共同点以及学生的基础，确定单元的核心目标，这个目标正是单元教学的整合点，是提高学生语文素养的关键元素。在此基础上，我尝试着通过调序、删除、简化、替换四种方式，重组单元教学内容，并紧紧围绕单元核心目标，适时嵌入三类课外资源：支持性资源、巩固性资源、运用性资源，把那些带规律性的、利于发展学生语文核心素养的语言素材集约在一起用足、用够，形成共振效应，产生"整体大于部分之和"的整体效能。

我改变传统的逐课设计的模式，变为按单元进行整体预设，根据学生的语文学习规律，按照"大单元整体预习、大单元内容整体学习、拓展阅读、单元读写结合、大单元语文综合实践活动"五个教学流程，进行"大单元整体教学"，使整个单元的教学变成由几个"模块"组成却又不可分割的整体。在单元核心目标的统领下，各模块、各课时的目标也相对集中。在块状结构的教学中，将烦琐的课文分析去掉，将大量无味的朗读去掉，将枯燥无益的语文作业去掉，将对课文人文内涵的过度挖掘去掉，围绕单元核心目标，实现集中力量、精准出击。学生带着探究主题走向文本，老师引导帮助学生去阅读，去比较，去分析，去理解文本，以加深学生对主题内涵的理解和感悟，从而进行有意义的知识建构，真正实践着"用教材"而非"教教材"的理念。[①]

[①] 姚嗣芳.接近教育本质：我的课堂教学追求[N].中国教育报，2016-04-20（10）.

(六) 群文阅读

语文学科的群文阅读,即围绕一个或多个议题选择一组文章,而后教师和学生围绕该议题展开阅读和集体建构,最终达成共识的过程。在多文本的求同比异中集体建构,达成共识,兼收并蓄,真实经历文字的流淌、情感的跌宕,体验字里行间的律动,展开穿越时空的对话、碰撞和共鸣。在这样的阅读中,每个人都会变得更加丰富、热情、细腻而深刻。

"选什么样的文章组成'群'考验着老师的阅读视野、品味以及阅读教育理念。我们要尽量选用多种文类的文本,包括丰富学生文学体验的文学类文本,例如神话、寓言、散文、童话、诗歌、小说、传记等,也包括为了获取和使用信息的实用性文本,例如新闻报道、说明书、广告、通告等,还包括形象直观的有声图像,例如电视、纪录片、电影等。我们还要尽量选用多种行文特色和叙事风格的作品。……但是,群文最应该强调的还是它的互文性。……互文性强的群文传达给孩子一种明确的信息:不能只背零碎知识,而要看到事物之间的关联。只要学会整合,那些看似散乱无序的信息就可以提升为系统性的知识。群文阅读就是要帮助这个时代的孩子学习如何去面对碎片化的时代。"[①]

---

① 蒋军晶.让学生学会阅读:群文阅读这样做[M].北京:中国人民大学出版社,2016:25-26.

第七章

情境化策略

> >> 情境是"汤",知识是"盐",盐只有溶于汤才好入口,知识只有融入情境才好理解和消化。知识的情境化是知识活化并转化为素养的必经途径,而知识的过度符号化和抽象化必然导致知识的惰性化和僵化,从而丧失知识的活力和价值。如果说整体化解决的是知识之间的关系问题,那么情境化解决的是知识与背景、理论与实践、文字符号与实际事物之间的关系问题。从学科化的角度说,整体化对应的是内部学科化(纵向学科化),情境化对应的是外部学科化(横向学科化)。

第一节 情境化的意蕴

一、情境化的知识论依据

知识往往在情境中生成和显现,"任何知识要具有生命力,都必须作为一个'过程'存在于一定的生活场景、问题情境或思想语境之中。知识本来产生于某种特定'境域',按照科学社会学的观点,产生于知识发现者的生活、情感与信念,产生于研究者的知识,产生于研究共同体内外的争论、协商和各种思想支撑条件"。[①] 在知识的情境中,知识是活的;脱离特定的情

---

① 郭晓明,蒋红斌.论知识在教材中的存在方式[J].课程·教材·教法,2004(4).

境，知识就是死的。"任何知识都是存在于一定的时间、空间、理论范式、价值体系、语言符号等文化因素之中的。离开了这种特定的境域，既不存在任何知识，也不存在任何认识主体和认识行为。"① 从教学的角度讲，"所谓知识的情境化，就是指教师在教学过程中有意识地引入或创设一定的情境，把知识转化为与知识产生或具体运用的情境具有相似性结构的组织形式，让学生参与、体验类似知识产生或运用过程的情境，从而直观地、富有意义地、快乐地理解知识或发现问题乃至创造知识。把知识还原到情境中，会使学习者直观感受到知识的原始形式，增强感受力，也同时增强理解力，甚至还会增强创造力。知识教育的情境化不仅能提高知识接受的效率，还能使知识的内涵丰富地呈现在学习者面前。抽象知识脱离了知识产生的具体情境，知识丰富的情境内涵被抽象掉了，直观、形象、生动的知识形式转化为单一、枯燥、抽象的形式，于是理解起来也可能产生错位，或者晦涩难懂"。②

在情境教学中，"学生是通过自己的身体来认识世界的，教学的出发点不是课本，不是抽象的知识，而是学生身体与自然、社会、他人和自我的相互作用。教师创设教学情境，让学生在情境中生发自己对事物的原初性的感受，表达身体对事物的体验，激发他的感性思维和内在探究事物的渴望和能力，而不能用概念来代替学生的知觉，不能用语言来代替事物本身。要用教学活动、教学情境和生活情境来刺激学生的身体感知，调动学生的眼、耳、口、鼻、手、身等多角度、多方面的体验知觉外部世界，注重口动、手动、眼动、耳动、身动的互动和结合来激发学生的学习兴趣，培养学生良好的学习行为习惯，使学生能自然地释放身体和情感，提高学习质量"。③

二、情境化的教学价值

情境＝情＋境。它赋予知识和认识以情和境，从而使知识和认知变得

---

① 石中英.知识转型与教育改革［M］.北京：教育科学出版社，2001：150.
② 陈理宣.论知识的结构形式选择与知识的教育形式生成［J］.课程·教材·教法，2014（11）.
③ 杨晓.让"身体"回到教学［J］.全球教育展望，2015（2）.

具体化、形象化、生活化、情趣化、生动化、活泼化、背景化、问题化和思维化,从而大大提高了学生的学习效果和效率。可以说,情境是学生认识的桥梁,是知识转化为素养的桥梁。具体而言,情境是沟通生活世界与科学世界的桥梁、沟通文字符号与客观事物的桥梁、沟通知识与思维的桥梁。

"情境"现已被广泛应用在各类课堂上,对教学活动产生了积极的促进作用:"第一,情境可以有效刺激学生,不仅使学习过程成为对知识本身的接受,更会使学生产生情感的共鸣;第二,情境可以使枯燥乏味的知识产生丰富的附着点和切实的生长点,让教育具有深刻的意义;第三,情境增加了学习活动的生动性、趣味性、直观性,让学生在理论知识与应用实践的交互碰撞中真正理解知识、提升能力。"[①]

知识只是素养的媒介和手段,知识转化为素养的重要途径是情境,因此,构建从真实的情境中学习(阅读、实验、思考、建构)的认知路径,是知识通向素养的必然要求。

三、情境化的特质与要求

情境应成为学生的思维发生处、知识形成处、能力成长处、情感涵育处,创设情境就是构建课程知识内容与学生的生活、经验、情感、生命相接的过程,为此,情境的创设要体现以下特质与要求。

(一)基于生活

强调情境创设的生活性,其实质是要解决生活世界与科学世界的关系。新课程呼唤科学世界向生活世界回归,为此,创设教学情境,第一,要注重联系学生的现实生活,在学生鲜活的日常生活中发现、挖掘情境资源,只有在生活化的学习情境中,学生才能切实弄明白知识的价值。第二,要挖掘和利用学生的经验。奥苏伯尔强调:"假如让我把全部教育心理学仅仅

---

① 高彤彤,任新成.多元智能理论与情境教育的发展[J].上海教育科研,2015(3).

归纳为一条原理的话，那么，我将一言以蔽之：影响学习的唯一最重要的因素就是学生已经知道了什么，要探明这一点，并应据此进行教学。"① 这句话道出了"学生原有的知识和经验是教学活动的起点"这样一个教学理念。任何有效的教学都始于对学生已有经验的充分挖掘和利用，这种经验包括认知经验和生活经验。

（二）注重形象性

强调情境创设的形象性，其实质是要解决形象思维与抽象思维、感性认识与理性认识的关系。为此，我们创设的教学情境，首先应该是感性的、可见的、摸得着的，它能有效地丰富学生的感性认识，并促进感性认识向理性认识的转化和升华；其次应该是形象的、具体的，它能有效地刺激和激发学生的想象和联想，使学生能够超越个人狭隘的经验范围和时空限制，获得更多的知识，并促进形象思维与抽象思维的互动发展。

（三）体现学科特点

情境创设要体现学科特色，紧扣教学内容，凸显学习重点。当然，教学情境应能体现学科知识的发现过程、应用条件以及学科知识在生活中的意义与价值，只有这样，它才能有效地阐明学科知识在实际生活中的价值，帮助学生准确地理解学科知识的内涵，激发他们学习的动力和热情。可以说，学科性是教学情境的本质属性。例如，"在教学'平均分'时，我们可以创设一个'春游'的现实情境，让学生分发各种食品和水果，但教学重点应该尽快地落到'总数是多少''怎么分''分成几份，每份是多少''还有没有多余的''不同食物的分法中有什么共同的特点'等数学问题上来，而不是把大量的时间花在讨论'春游应该准备什么食物和水果''春游应该注意什么'等与数学内容无关的生活问题上"。②

---

① 奥苏伯尔.教育心理学：认知观点[M].佘星南，宋钧，译.北京：人民教育出版社，1994：1.
② 丁国忠.让情境拥有"数学"的脊梁[J].人民教育，2006（8）.

强调学科性，还意味着要挖掘学科自身的魅力，利用学科自身的内容和特征来生发情境，如利用数学的严密性、抽象性来创设数学的教学情境，利用语文的人文性、言语性来创设语文的教学情境。

（四）内含问题

有价值的教学情境一定是内含问题的情境的，它能有效地引发学生的思考。情境中的问题要具备目的性、适应性和新颖性。目的性指的是，问题是根据一定的教学目标提出来的，目标是设问的方向、依据，也是问题的价值所在；适应性指的是，问题的难易程度要适合全班学生的实际水平，以保证大多数学生在课堂上都处于思考状态；新颖性指的是，问题的设计和表述具有新颖性、奇特性和生动性，能够产生真正吸引学生的力量。

（五）融入情感

融入情感的情境才能有效地激发学生的学习动力。第斯多惠认为，教学的艺术不在于传授的本领，而在于激励、唤醒和鼓舞。没有兴奋的情绪就无法激励人，没有主动性就无法唤醒沉睡的人，没有生气勃勃的精神更无法鼓舞人。赞科夫也强调："教学法一旦触及学生的情绪和意志领域，触及学生的精神需要，这种教学法就能发挥高度有效的作用。"[1] 有一位语文教师在教《凡卡》一文时，讲到凡卡给爷爷投出求助信后，满怀希望地进入梦乡。然而孩子并不知道爷爷是收不到这封信的，因为他连地址也没写上；即使收到了，这位穷苦的守夜人也不可能让凡卡跳出火坑。对于这位九岁的孩子来说，他只能在梦中找寻幸福。讲到这儿，这位教师再也控制不了自己，眼泪涌了出来，甚至无法讲下去。全班学生在寂静中坐了很久，连平时管不住自己的学生，也在这无意创设的情境中被无声的语言"管住了"。教师入情入境，带动了学生的心动情发，起到了见作者之所见、思作者之所思的作用，使得学生的情感与作者的情感产生了共鸣。

---

[1] 赞科夫.教学与发展［M］.杜殿坤，等，译.北京：人民教育出版社，1985：31.

第二节　情境化的具体策略

"情境既可以是观念的、想象的、情意的、问题的，又可以是物理的；既可以是虚拟的，又可以是真实的；既可以是基于学校与课堂的功能性的，又可以是基于社会的、自然的、日常生活中的。"[①] 根据情境创设依据点的不同，我们把情境分为以下几种。

一、通过联系生活创设的情境

现实生活是教学的源泉，是科学世界的根基，教学只有联系生活，走进生活，才能使人真正体验和理解知识的内在意义和价值。因此，现实生活应该是教学的基础和前提，教学应与现实生活连接。有一次，小学数学教学法专家邱学华与一位小学教师交谈，这位教师不停地埋怨自己的学生"笨得像石头"。邱学华便让他请个"笨得像石头"的学生来。学生来了，邱学华笑眯眯地说："今天不让你做题，你能帮我办件事吗？"说着他拿出两角钱，请学生去买两个作业本、两支铅笔，而且要便宜的。孩子高高兴兴地跑了，一会儿就买来了本子和铅笔，还找回了4分钱。谁知邱老师说少了1分钱，孩子着急地申辩："本子一本5分，二五得十；铅笔一支3分，二三得六；2角减去1角6分，还剩4分，怎么不对呢？"不料，他刚说完，邱老师却高兴地笑了。学生走后，邱老师对那位教师说："你看他多聪明呀，在实际生活中能解答复杂的多步计算应用题呢！"这个"笨"学生之所以能解答这种复杂的多步计算应用题，正因为他有"实际生活"作为认知基础。可以说，实际生活是学生学习的最好情境，它有助于学生形成从生活中学习、从实践中学习的习惯，并养成解决实际问题的真能力。我们再来看两个数学教学中联系生活创设情境的案例。

---

① 王文静.基于情境认知与学习的教学模式研究［D］.上海：华东师范大学，2002：21.

我国的数学教育在很长一段时间内对数学与实际的联系并未给予充分的重视，学生对数学学习的意义不明确，觉得数学没什么用，学习数学枯燥、乏味。针对此种情况，教师可以引导学生对实际生活中的现象进行观察，利用数学与实际生活的联系来创设情境。

案例一：联系生活讲解"算术平均数与几何平均数"

在"算术平均数与几何平均数"的教学中，可利用以下实际问题来创设情境：油价经常波动，给汽车加油，每次加300元，或者每次加40升，哪种加油方式更省钱？（买菜也是同样的道理。）

案例二：联系生活进行指数教学

在指数教学中，在让学生感受指数增长速度时，如果仅提问 2^{25} 有多大，学生可能漠不关心，因为其思维没有进入数学学习的情境。如果换用一种学生熟悉的语言进行设问："某人听到一则谣言后一小时内传给两个人，此二人在一小时内又分别传给另外两个人……如此下去，一昼夜能传遍一个有多少人口的城市？"那么学生的直观判断和实际的计算结果间的巨大反差，会使学生对指数增长速度留下非常深刻的印象。[①]

二、通过实物创设的情境

教学中的实物主要指模型、标本、教具等直观形象的东西。通过实物模拟生活情境进行辅助教学，让学生亲自观察，亲手触摸，亲身体会，有助于调动学生参与的欲望，帮助学生集中注意力，激活学生的形象思维，从而突破难点、强化理解，产生较好的学习效果。如有教师在上"珊瑚"一课时，展示了像鹿角、像菊花、像树枝的三种珊瑚，使学生对珊瑚产生了真切的感知，这便是通过实物创设情境。

---

① 黄晓军.数学问题情境设计的原则和策略［J］.中小学教材教学，2015（4）.

三、通过图像创设的情境

在教学中，图像是一种直观教具，它包括板书、画图、挂图、幻灯、录像、电影等。其中，图画可以把课文中所描写的景色具体直观地展现在儿童面前，使他们获得生动的形象。如在《燕子》一文的教学中，为了使学生感知大自然的景色，有的教师一开讲就利用放大的彩色挂图，让学生仔细观察图中的景物，以及它们的色彩、动态。那起伏的山冈、如镜的湖水、翠绿的垂柳、轻飞的燕子、清澈的泉水，使学生在视觉上获得了美感，为学习课文奠定了基础。在理科教学中，幻灯片、影视片段等在提供直观生动的形象方面有很大的优势，能呈现一些不易被观察到的实物、内容，比静态的图画、模型更形象、更动感、更丰富。下面我们看两个案例。

案例一：画图巧解算术题

一位小学三年级的学生请一位数学专家解这样一道算术题：在一个减法算式里，减数、被减数与差的和等于90，差是减数的两倍，被减数是减数的三倍，那么差等于多少？题中概念太多，这位专家让孩子读两遍，可孩子还是把握不住，专家于是改用图来表达，以给孩子直观感和整体感（见图1）。

$$\frac{\square - \triangle}{\bigcirc} \qquad \frac{\square - \triangle}{\triangle \triangle} \qquad \frac{\triangle\triangle\triangle - \triangle}{\triangle\triangle}$$

（图1）　　　　（图2）　　　　（图3）

专家与孩子商量：既然差是减数的两倍，我们能否将图1改为图2呢？孩子高兴地说，它是减法算式，干脆把图2改成图3吧！根据"减数、被减数与差的和等于90"，有△+△△△+△△=90，就可知道△=15，那么差等于30。

在这个案例中，这三张图可以说是一种特殊语言，它给人以直观感和整体感，比普通语言要容易把握得多。数学课常令许多学生感到枯燥乏味，令学生害怕,究其原因,主要是因为数学具有高度的抽象性,因此,图像化在数学教学中具有非常显著的作用。美国视觉学习专家斯图尔特·J.墨菲一直致力于在美国和全球推广数学阅读,他通过多年的研究和教学实践,另辟蹊径地帮助孩子学好数学,证明通过阅读和视像教学策略可以有效促使学生更积极地参与数学学习过程。斯图尔特发现,如果数学问题是以有关学生生活的事物为线索和背景呈现出来时,那些讨厌数学的学生就会慢慢喜欢上数学。他认为,"对抽象的数学概念的理解,离不开'看'这些概念是如何得出来的能力,'学生通常能把一个问题想象成一组图像,往往会自然而然地使用视觉模型来解答数学问题。'他说,只有用更贴近孩子、图文并茂的表达方式,学生才会更容易理解数学概念,'是美丽的图画和生动的故事教会了我什么是数学'。"①

案例二:利用电路图使学生理解"充要条件"

  充要条件是高中数学中的一个重要概念,也是教学的一个难点,学生不易正确理解。教师巧妙地结合物理课中的"电路图",向学生形象地展示了充分和必要的关系,很好地突破了"充要条件"这个难点。下图所示的电路图,视"开关A的闭合"为条件A,"灯泡B亮"为结论B。

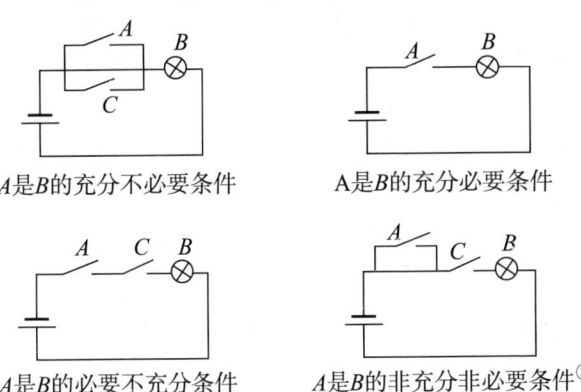

————————————
① 邰云雁.带给孩子不一样的数学世界[N].中国教育报,2011-03-31(8).
② 张雪萍.化抽象为具体形象[J].福建中学数学,2006(7).

在这个案例中，物理课上的电路图也能为数学教学所用，教师灵活地运用了跨学科的图形来解释数学概念，而且用得恰到好处。只要能看懂简单的电路图，无须过多的语言，学生就会一目了然、心领神会，这就是图像化的魅力。图像化能够让数学变得生动起来，让数学在学生的眼里变得可爱起来。

四、通过动作创设的情境

诚然，教师在教学中用手势来辅助教学也是教学的形象化体现，有助于学生理解学习内容，但是，这里我们要强调的动作，从理科的角度来说主要指操作（演示），从文科的角度来说主要指表演。表演是高一层次的形象化，它不仅是教学内容的外观形象，而且展现了人物的内心世界。正如苏霍姆林斯基所说，从本质上，儿童个个都是天生的艺术家。语文教材中有些篇目戏剧因素浓厚，语言的动作性强，教师要善于把它们改编成小品或课本剧，让学生走进课文，在"动"与"乐"中把握课文内涵，理解人物的性格、语言、动作、神态及内心世界。

一位数学老师在讲授"数学归纳法"时，便是通过演示模型来引入归纳法的。上课一开始，这位老师从袋子里摸出一个红玻璃球，随后又接二连三地摸出来好几个，然后问道："这个袋子里是不是全是红玻璃球呢？"学生回答："是！"老师继续摸，摸出一个白玻璃球，于是问："袋子里装得是否全是玻璃球？"学生相互争论着，少数学生兴奋地说："是！"老师继续摸，结果摸出了一个乒乓球（学生大笑）。这位老师问："是否全是球？"学生："不一定。"老师总结道："若知道袋里的东西是有限的，则迟早可以摸完，把袋里的东西全摸出来后，当然可以得到一个肯定的结论。但当袋子里的东西是无穷的时候，那又怎么办？"（静）"如果我假定，当这一次摸出的是红玻璃球的时候，下一次摸出的也肯定是红玻璃球，那么袋子里是否全是红玻璃球？"学生肯定地回答："是。"可以说，这种直观的演示情境有助于学生真正地理解数学归纳法的实质。

五、通过语言创设的情境

语言表达的形象性能够使听者的脑中呈现出一幅幅鲜明而简洁的画面，而不是一些抽象的语义代码。如教师讲丰收，绝不仅仅是给学生提供亩产多少、增产多少这样枯燥的数字，而更应是"高粱乐红了脸、麦穗笑弯了腰"这种将抽象事物形象化、具体化的语言。这样，学生听起来必定兴致盎然。

从教学艺术的角度来看，语言表达的形象性有如下要求。一是朗读。声情并茂的朗读能把学生带到作品的艺术境界之中，使学生如临其境、如闻其声、如见其人，在头脑中构想出教师所描绘的情景。二是描述。教师绘声绘色的描述，也能够使抽象概念变得生动形象。三是比喻。即用某些类似的事物来比拟想要说的事物，以便表达得更加生动鲜明。善用比喻，不仅能使抽象的东西变得具体，化平淡为生动，还能使难以理解的内容变得浅显易懂。在教学中运用比喻，能够有效地降低知识难度，有时寥寥数语却胜过千言万语，让人豁然开朗。比如，当冯骥才先生被问到"怎样区分散文、小说和诗歌"时，他开玩笑似地打比方说："一个人平平常常地走在路上就像散文，一个人忽然被推到水里就成了小说，一个人给大地弹射到月亮里那是诗歌。小说是想出来的，诗歌是蹦出来的；小说是大脑紧张劳作的结果，诗歌却好似根本没用大脑，那些千古绝句，都如天外来客，不期而至地撞上心头。散文呢？它好像天上的云，不知由何而来，不知何时生成。你的生活，你的心，如同澄澈的蓝天。你一仰头，呵呵，一些散文片断仿佛片片白云，已然浮现出来了。"[①]

值得强调的是，形象化不是文科教学的专利，在理科教学中，抽象概念的建立往往也需要形象的描述与解释。除此之外，对深奥知识的解释也要具体化。如果不借助形象性手段，爱因斯坦的相对论是很难向学生讲清的。我们不妨看看爱因斯坦自己是怎样解释相对论的。他说，如果你在一个漂亮姑娘的身旁坐了一个小时，你会觉得只坐了片刻；反之，如果你在

---

① 冯骥才.趣说散文［J］.小作家选刊（作文素材库），2011（5）.

一个火炉边坐了片刻,你却会觉得仿佛坐了一小时。这就是相对论的意义。这样的解释多么形象!又比如,在生物教学中,有教师在讲解血液循环的知识时,把血液比喻成火车,把血管比喻成铁轨,把心脏比喻成加油站,把身体各器官比喻成停车点。火车无论到哪里都要走铁轨,离开了铁轨,火车就寸步难行,正如血液必须在血管中流淌一样。火车行进一段时间就要到加油站加油,就像血液必须由心脏来推动一样。火车无论到哪个站点,都有不同的人上车或下车,血液循环也是如此,它每流到一个器官,就要输送和携带不同的物质。通过形象的比喻,本来需要花费大量时间来讲解的知识很快就能被学生掌握。

六、通过新旧知识和观念的关系创设的情境

学生在学校里学到的不是零散的、片面的知识,而是"提炼浓缩"又"易于消化"的系统的、整体的知识。任何知识都是整体网络上的一个点或一个结,离开了网络,单一的知识也就丧失了存在的基础。知识只有在整体联系当中才能真正被理解、被掌握,从而实现其价值。这就是说,学生对新知识的学习是以旧知识为基础的,新知识要么是在旧知识的基础上引申和发展起来的,要么是在旧知识的基础上增加的新内容,或由旧知识重新组织或转化而成,所以旧知识是学习新知最直接、最常用的认知停靠点。

七、通过背景知识或场景创设的情境

所谓背景知识是指与教材内容相关联的知识的总称。背景知识与新知识的关系不如旧知识与新知识的关系那么密切、直接,它们之间没有必然的逻辑联系,但背景知识同样是学生学习和理解教材的一种重要的认知停靠点。没有必要的背景知识,阅读和思考往往无法进行。背景知识越丰富,阅读理解水平就越高。

课堂教学的背景知识主要包括:(1)作者介绍。俗语说得好:"文如其人。"对作者的介绍必定有助于促进学生对作品的理解。(2)时代背景。时

代背景有助于学生深入理解课文的内在含义。(3)历史典故。课堂教学中恰当地引入那些趣味横生的文学典故、史料趣闻、名人轶事等，对促进学生学习是很有益处的。我们看下面两个案例。

案例一：巧用文学典故

一位小学语文老师在教学古诗《草》时，便是通过一则文学故事导入新课的。一上课，老师对学生说："今天我们要学习一首古诗，老师先给同学们讲讲这首诗的作者白居易的故事。"教师边将"白居易"几个字写在黑板上边娓娓道来：

白居易是唐朝人，他出身贫寒，但从小特别喜欢写诗。16岁那年，白居易离开家乡到京城长安后，仍不断写诗。为提高写诗的水平，他到处求名师指点。有一次，他去拜访当时的老诗人顾况。顾况是个爱开玩笑的人，当他得知眼前这个年轻人叫白居易时，又想开玩笑了，便说："哎呀！你这个名字起得可不妙啊。你的名字叫'居易'，可现在长安城里米价昂贵，租房困难，要想在这里住下来可不太容易啊。"白居易听了这话，想想自己到长安后经常缺衣少食、四处借债的情景，不禁深有感触地说："您说得正是，在这儿居住可真不容易啊！"顾况见眼前的年轻人谦虚好学，就说："好吧，把你写的诗念给我听听。"白居易开始读诗了（放《草》的朗诵录音）。白居易刚读完，顾况便连声赞道："好诗好诗，你能写出这样的好诗，前途无量。'居易'这名字取得真好哇！"白居易不解地问："老先生，刚才您还说我的名字取得不妙，现在又说我的名字取得好，这不是自相矛盾了吗？"顾况笑着说："刚才不知道你会写诗，所以才说你在长安不容易，名字取得不妙。现在看你能写出这么好的诗，才又说你在长安很容易，名字起得真好。"说完就热情地指点起来。从那以后，白居易更加勤奋起来，终于成为唐朝的大诗人。

故事讲完后，老师接着说："下面我们就来学这首诗，看看白居易写的诗到底好在哪里。"教师开始讲解新课，学生兴趣盎然地投入学习。这则故事巧妙地介绍了诗人及时代背景，既自然地揭示了本课的教学内容，使学生对新课大意有了初步的感知，又缩小了时空差，解决了由于年代相隔久远学生学习古诗无法产生共鸣的大障碍，从而让学生轻松、愉快地进入诗人营造的意境中去。①

所谓场景，则是与学习内容（主题）相关联的场合或情境。把学生带入或引入场景，可以激发学生参与的欲望，让学生进入一种欲罢不能的状态。我们看下面这个案例。

案例二：无欲不举笔

这是陈晓华老师在一堂"议论文写作训练课"开始时与学生的对话：

"春光明媚，鸟语花香，外面的世界很精彩，此刻你们的心里最期待的是什么？"老师问。

"春游！"学生们异口同声地回答。

"这……安全是个大问题，再说我们的学习也不能耽误，因此我建议，取消这次活动。"老师的态度有点"暧昧"。

"为什么不让我们去？"

"其他班都去了！"

…………

教室里群情激奋，吵吵嚷嚷，有的敲打桌子，有的满脸涨得通红，有的趴在桌子上直生闷气。

"辱骂和恐吓绝不是战斗。"老师调节着学生的情绪。

班长站了起来，大有为民请命之势："我想问老师，为什么不让我们去？"

"我更想知道，为什么你们一定要去？"老师巧妙地将话语引入正题。

大家陷入了沉默。

"你们也许不愿意明说，那你们把各自的理由写出来吧！"说完，老师在黑板上写下"我们为什么要春游"这一作文题目。

---

① 余文森.课堂教学［M］.上海：华东师范大学出版社，2006：130.

此时的学生们带着自己的意愿和希望，带着不吐不快的激情，写下他们情感激荡、浩气四塞的作文。①

八、通过问题创设的情境

问题是科学研究的出发点，是开启任何一门科学的钥匙。没有问题就不会产生解释问题和解决问题的思想、方法以及相关的知识，所以说，问题是思想、方法、知识得以积累和发展的逻辑力量，是生发新思想、新方法、新知识的种子。学生学习同样必须重视问题的作用。现代教学论指出，从本质上讲，感知不是学习产生的根本原因（尽管学生学习是需要感知的），学习产生的根本原因是问题。没有问题也就难以诱发和激起求知欲，没有问题，或者感觉不到问题的存在，学生就不会去深入思考，学习也就只能停留在表层和形式上。

总之，教学情境是多种多样、丰富多彩的，对它的解读和定义也是多元的。美国教学设计专家乔纳森认为，情境是利用一个熟悉的参考物，帮助学习者将一个要探究的概念与熟悉的经验联系起来，引导他们利用这些经验来解释、说明、形成自己的科学知识。"荷兰数学教育家弗赖登塔尔在《数学教育再探》一书中也提出关于情境的理论，他认为情境可以是以下几种：场所（即一个有意义的情境的堆积）、故事（即它可以是一个真实的故事，也可以是一个经典的或虚构的特别例子）、设计（即被创造的现实）、主题（即一个与现实带有多种联系的数学定向的分科分支）、剪辑（即从各种印刷品上发现大量数学的人们遇到的麻烦）。"②总的来说，不论我们采用何种教学情境，都要抓住教学情境的实质和功能，即促进学生有意义的学习。

---

① 余文森.课堂教学［M］.上海：华东师范大学出版社，2006：119.
② 贲友林，张齐华.少些"追风"，多些思辨：关于"创设情境"的一段教学经历与思考［J］.人民教育.2006（8）.

第八章

深度化策略

> 所谓深度，指的是触及事物内部和本质的程度。作为一种学习方式，深度学习（deep learning）也被译为"深层学习"，这是瑞典学者费尔伦斯·马顿和罗杰·赛尔杰基于学生阅读的实验，针对孤立记忆和非批判性接受知识的浅层学习（surface learning），于1976年首次提出的关于学习层次的一个概念。倡导深度教学，防止学科知识的浅层化和学生思维的表层化，是学科教学走向核心素养的一个突出表现。

第一节 深度化的意蕴

深度化（深层化）是相对于浅层化、表层化而言的。

一、教学表层化的表现

（一）学科知识的表层化

学科知识的表层化指的是：教师游离于学科的本质和知识的内核之外，对学科教材和实际教学内容的理解缺乏应有的深度。主要表现在：（1）偏重知识的表层（符号），而不是知识的深层（本质）；（2）偏重知识的数量（容量），而不是知识的质量（内涵）；（3）偏重知识点，而不是知识的结构；（4）偏重知识本身，而不是知识蕴含的思想方法；（5）偏重知识教学的进度，而不是知识教学的深度。

李松林教授从专业的角度对此做了归纳和分析："一是教师常常将知识的教学简单化地理解为符号形式的教学，而很少深入知识的逻辑根据、思维方法和深层意义的教学中去；二是教师常常将被狭隘理解的'双基'作为教学内容的核心，而对蕴涵于'双基'背后的基本经验、基本方法、基本思想和基本价值等更富有教育内涵的学科内容要么排除在外，要么一带而过；三是教师常常将教材中的概念性知识（主要是概念、原理等）作为教材知识的全部，而很少认识到知识不但包括事实性知识、概念性知识、方法性知识和价值性知识四种类型，还涉及经验、概念、方法和价值四个水平；四是教师常常对教材中所谓的重点、难点和要点加以特别地关注，而对学科基本结构的把握明显不够。正是教师在学科理解上的这些不足和教学内容的粗浅、零散状况，直接降低了课堂教学的品质与深度，导致了粗浅、零散、繁杂和空洞四大突出的课堂学习问题。"[①]

（二）学生思维的浅层化

学生思维的浅层化指的是，学生的思维没有真正启动，或没有达到应有的高度，简单地说，就是思维状态不佳。它存在着以下五种缺陷。

1. 依赖性

书上怎么说，老师怎么讲，就怎么去思维，人云亦云，依葫芦画瓢，缺乏独立思考能力。不敢大胆质疑和推测，不会自己去发现问题、思考问题，更缺乏变通地分析问题和处理问题的能力，形成思维的封闭状态。

2. 单一性

不善于全面地从事物的整体与局部、现象与本质、前因与后果、偶然与必然等诸多方面多层次、多角度地认识事物、处理问题。思路狭窄，思维简单，常常表现出孤立的线性思维，表现出思维的单一性、

[①] 李松林.深度教学的四个实践着力点：兼论推进课堂教学纵深改革的实质与方向[J].教育理论与实践，2014（31）.

单向性和片面性，缺乏辩证思维和立体思维能力。多求同思维而少求异思维，多横向思维而少纵向思维。

3. 无序性

不能将所学的知识进行顺应同化，建立自己的认知结构，不善于梳理自己所学的知识，呈无序散乱状态，构不成知识组块，织不成知识网络，理不清知识层次，建不起知识系统。

4. 浅露性

思维表面化，缺乏应有的深度。往往知其一，不知其二；知其然，不知其所以然。阅读只流于表象的理解，思维达到语言层就浅尝辄止，不能深入到意蕴层领会文章的真谛。

5. 缓慢性

思维迟钝而不敏捷。阅读速度慢，不善于联想和想象，因而不能举一反三，触类旁通。[①]

二、深度教学的特征与要求

（一）学科的角度

从学科的角度讲，有深度的教学指的是体现和反映学科本质的教学，按照成尚荣先生的理解，所谓学科的本质，应包含以下三方面的内容："一是学科的本质属性，二是学科的核心任务，三是学科的特殊方式。"[②] 用学科特有的精神和文化去打造学生的学科素养，用科学特有的魅力和美感去激发学生的学习动力，这才是课堂教学应有的深度。学科教学要致力于培养学生解释、分析相关学科现象、过程及问题的意识、角度和眼光；基于学科概念、命题、理论的思维方式、认识模式和观念、思想，基于学科文化和本质的人文精神、科学精神，形成学科的精气神。学科教学的

---

① 王必成. 关于提高课堂教学效率的再思考 [J]. 课程·教材·教法，1996（2）.
② 成尚荣. 课堂教学改革的坚守与走向 [J]. 基础教育课程，2013（9）.

个性来自学科的独特功能和任务，以及学科知识背后所隐藏着的学科的精神内涵和文化底蕴。教学活动唯有渗透着浓厚的学科精神内涵和文化，才能形成学科教学的特有个性，才能把学科核心素养的培养真正落到实处。为此，教学活动应充分体现学科的特点和需要，教学方法的选择与教学场景的设置等应围绕并服务于特定学科的特点和需要，并体现特定学科的精气神。

（二）知识的角度

从知识的角度讲，有深度的教学指的是超越知识表层结构而进入深层结构的教学。现代知识论告诉我们，所有学科的知识就其结构而言，都可分为表层结构和深层结构。表层结构揭示的是知识的表层意义，即知识（语言文字符号）本身的描述性或解释性意义，它所反映的是"物理世界、社会世界和观念世界的对象、情境和概念"。深层结构则是蕴含在知识中的思维方式和价值倾向，它揭示的是知识的深层意义，即知识背后的智慧意义、文化意义和价值观念，反映的是人的精神世界和价值世界。就语文学科而言，任何文本都有两个层面，"一个层面是具体实在的文学层面，叩问作品文本意义的生成过程；另一个层面是博大精深的哲学层面，揭示人的自我存在，探索人生的价值意义，展开对生存世界的理解"。[①] 就历史学科而言，《简明不列颠百科全书》对"历史"一词的解释是：其一，指构成人类往事的事件和行动；其二，指对此种往事的记述及其研究模式。前者是指实际发生的事情，后者是对发生的事件进行的研究和描述。显然，只停留在第一层面的认识是浅层的、肤浅的。英国历史学家爱德华·卡尔说："历史是现在与过去之间永无休止的对话。"[②] 我们常说的"以史为鉴"也是这个道理。只有深入第二层面，才有可能形成学生的历史素养，因为历史素养说到底就是学生"能够从历史和历史学的角度发

[①] 孙艳，袁卫星.诗意的呼唤和语文的回归[J].师道，2002（12）.
[②] 爱德华·卡尔.历史是什么？[M].陈恒，译.北京：商务印书馆，2007：115

现问题、思考问题及解决问题的富有个性的心理品质"。[1]

（三）教师的角度

从教师的角度讲，有深度的教学指的是教师对教材钻得深、研得透的教学。教师只有钻得深、研得透，才能深入浅出，才能教到点子上。一位语文老师指出，许多教师把语文课改来改去，在教法上不断翻新花样，却不在教材的钻研上下功夫，以至于无论教多少年，教多少遍，对一篇课文仍无新的发现，仍无独到的发掘，一如既往地停留在简单重复教学参考书的浅层次、低水平的教学上。这种教学怎么可能有深度？学生怎么会买账？因此，教师一定要细读、深读教材，读出教材的深意和内涵，读出自己的个性和智慧，这是深度教学的"物质"基础。否则，只是停留在学科知识的表层、现象和简单的结论的教学不可能有深度。值得强调的是，教师把教材钻得深、研得透的目的不是要讲得深、讲得透，而是要引导学生学得深、学得透，即理解深刻、感悟透彻。所以，不能简单地把深度教学理解为教学内容的深度和难度，而是学生学习活动的深度和高度。即便是一些简单的内容，如果学生理解深刻、感悟透彻，也是一种深度学习。

（四）学生的角度

从学生的角度讲，有深度的教学就是让学生进行深度思维的教学。深度教学的根本目的就是促进学生思维水平的发展。思维水平的发展主要包括思维能力的提高、思维品质的提升和科学思维态度的养成。深度教学要注重引导学生深入知识的背后，获取知识背后丰富的思维价值，从而实现知识和思维的同步发展。我们知道，教材的编写因为受到书面形式等因素的限制，总有一定的局限性，这种局限性突出表现在：当教材以定型化、规范化的形式把学科知识内容固定下来时，它必然省略了隐含在其中的丰富的思维过程，这样就带来一个矛盾，即包含着深刻的思维和丰富的智慧

---

[1] 吴伟.历史学科能力与历史素养［J］.历史教学，2012（11）.

的知识内容，在形式上却是简单、呆板、现成的。这就要求教师在传授教材的知识内容时，不能只停留在对教材表面的结论和说明的表述上，而要进一步深入进去，挖掘和揭示这些表面结论和说明产生与形成的思维过程，并在教学中引导学生的思维深入到知识的发现或再发现的过程中去。如数学中的公式是怎样被提出来的，又是怎样被证明的；语文中作者是怎样体现每篇课文的中心思想的，作者为什么要选择这些材料来表达中心思想，作者在课文中为什么要用这个词，而不用其他同义词。这些问题在教材中往往不容易被直接看到，但它们常常又是学科思维的典范，是学生最需吸收的精神养料。这也就是说，教师在进行知识教学时，要同时进行思维方法和学科方法的教学。

"事实上，学科知识与思维方法和学科方法本来就是一种水乳交融的关系，每一个概念与规律的得出，都自始至终贯穿着思维方法与学科方法的操作。因此，只有通过结合思维方法与学科方法的概念、规律教学，使学生在每一个概念、规律得出过程中真切体会思维方法与学科方法的作用，学科知识才能被学生所掌握，思维教学才能真正得到落实。"[①]这是其一。更为重要的是其二，就是激发学生的个性思维和批判性思维。"对学生成长而言，一切知识都应该是可征询、可批判、可分析、可研讨的对象。"[②]为此，学科知识的学习过程应该伴随学生的批判、分析而获得新的感悟和判断。教学的最高目的不是对书本知识的理解、掌握和运用，而是让学生形成自己的看法、见解和观点。实际上，早在20世纪90年代初期，联合国教科文组织就明确指出："教育应该培养人的批判精神，培养对不同思想观念的理解与尊重，尤其应该激发他发挥其特有的潜力。"[③]

---

① 邢红军.中小学思维教学的深化研究[J].课程·教材·教法，2016(7).
② 郭元祥.知识的教育学立场[J].教育研究与实验，2009(5).
③ S.拉塞克，G.维迪努.从现在到2000年教育内容发展的全球展望[M].马胜利，译.北京：教育科学出版社，1996：88.

第二节 深度化的具体策略

一、凸显学科本质特性，展示学科独特魅力

中小学的教学是分学科的，各学科具有的独特价值和不可取代的作用是分科教学存在的根本理由，实际上这也是我们提炼学科核心素养的依据。学科教学彰显学科本质特性，这本来是学科教学的应有之义。但是，由于应试教育的干扰，学科教学容易流于浅层化和同质化，与学科本质渐行渐远。学科教学首先要回归学科，这是学科教学的起点和依据。

（一）要分清学科的边界

分清学科的边界，目的是教学科自己的内容，完成学科自己的任务。

每个学科都有自己的知识范围，都有自己的概念、范畴、原则、原理以及相应的知识点。在教学过程中，对教材的解读也应掌握在学科范围内，不能无限扩大，不能"耕了别人的田，荒了自己的地"，不能过度模糊学科的界限。例如，郑金洲教授讲过这样一个案例：

> 记得我听过一堂课，是讲解高中语文课文《阿房宫赋》。教师在对课文进行了初步教学后，用幻灯片展示了某一位人大代表拍摄的34幅省市政府办公楼的照片，并说道："在座的各位同学，你们现在都在我们这所重点中学就读，将来你们会上大学，上完大学后会成为国家干部，当了干部以后，千万不要像这些政府办公楼里的官员一样，将自己的办公场所修得富丽堂皇，却不管老百姓的死活。"这样的解读，一方面从表述的准确性和立场来看，不见得恰当和合适；另一方面把自己的语文教学丢在一边，一脚踏进政治说教的框架中去。

学科，其实就是分科；综合，其实就是跨学科。前者是分，后者是合，各司其职，相得益彰。什么叫语文？叶圣陶先生给它下的定义为：平常说的话叫口头语言，写到纸面上叫书面语言。语就是口头语

言,文就是书面语言。把口头语言和书面语言连在一起就叫语文了。语文是通过语言体现出来的。叶圣陶先生的观点中,语文,既有"语言",又有"文字",主要是一个工具性事物,具有工具性价值,主要目的在于学习我国的语言文字。虽然语文也承载着政治思想教育的功能,也是对学生进行价值观教育的重要手段,正所谓"文以载道",但其主要学科功用在于学生语文素养的形成与发展,在于形成一种以语文能力为核心的综合素养,其要素包括语文知识、语言积累、语文学习方法和习惯、语文思维能力,以及实际需要的识字能力、阅读能力、写作能力、口语交际能力等。在实际教学中,不能以解读的名义将语文教学混同于政治教学,当然,也不能将政治教学当作语文教学,还是要在学科边界内进行教学,适度的"跨越""跨界"是可以的,但不能没有了界限,混为一谈。[①]

(二) 要体现学科的个性

学科教学的个性化,是指教师在学科教学过程中,根据自己任教学科的不同特点和内在要求开展教学活动,以实现个性化教学。显然,"学科教学的个性化不以教师的个性化教学方法为直接依据,而是以不同学科自身的不同要求作为开展个性化教学的主要依据。也就是说,'学科'性是衡量教师个性化教学的主要标准,无论教师的教学方法多么新颖和富有个性,如果其方法不能反映任教学科的特点和需要,这种教学活动也很难说是真正具有'个性'的。因此,在学科教学个性化理念的指导下,教师在教学活动中应充分体现任教学科的特点和需要,教学方法的选择与教学场景的设置等都要围绕并服务于特定学科的特点和需要,并体现特定学科的精气神。如,语文学科的教学应强调语文学科的精气神——文学素养的提升和人文精神的熏陶,教学活动安排应更多地让学生感受文学和文字的魅力,陶冶情操;数学学科的教学应强调数学的精气神——逻辑思维的训练和抽象思维的建构等,教学活动安排应体现一种严谨的思维态度和缜密的思维

---

① 郑金洲.教材解读的边界[J].新教师,2016(4).

方法。在学科教学个性化的要求下,教师的教学活动要抓住特定学科的精气神,体现出比较浓厚的学科味儿"。①

(三)要展示学科的魅力

任何学科都是美丽的,都具有自身独特的魅力。教师应该引导学生去发现学科之美,去体会学科神奇的魅力。只有引导学生体验学科美,才能培养学生对学科真正的热爱,培养学生内在的学习兴趣,保持学生长久的学习动力。

学科教学的魅力还来自学科知识背后所隐藏的学科精神和文化底蕴,教师的教学活动唯有渗透着浓厚的学科精神和文化,才能展示学科教学的特有魅力。以数学为例,让我们一起体会教师应如何启发学生体验学科的魅力。

从"一路小跑"到"驻足欣赏"

在数学教学中,教师不能一味地传授知识,还要用数学固有的美去感染学生,使他们体验、感受数学的美,以愉快的心情投入到尝试中去,激发他们的求知欲。

1. 在公式法则中,体验数学的简约严谨美

简约严谨是数学中引人注目的美感之一。精练准确的概念和定理,简洁明了的公式,严谨简约的定律和法则,逻辑严谨、简练准确的解题及推导过程……无不体现了数学的美感。所以教师一方面要引导学生在定律、法则、概念的推导过程中,体验数学的严谨美感;另一方面,要引导学生在形成的结论中体验数学的简洁美感。

概念形成一定要用简练的、精练的语言,完整、准确地揭示概念的本质特征,用下定义的方式把它固定下来。下定义是给概念定性,所以揭示本质关键的词语都要反复推敲,做到简要、精练、准确。……如,循环小数:一个数的小数部分,从某一位起,一个数

---

① 徐祖胜.论学科教学的个性化[J].教育科学研究,2011(4).

字或几个数字依次不断地重复出现叫作循环小数。定义中的每一句话、每一个词都是有用的。首先,它指的是一个数的小数部分,与整数部分没有关系;其次,一个数字或几个数字重复出现,强调的是依次不断地重复出现。为了帮助学生确切地了解定义中关键词语的含义,让学生用定义去辨析:666.651、6.101001000、6.35135135……、6.351351,在这几个数中,只有6.35135135……是符合循环小数的概念。又如,商不变性质:被除数和除数同时乘以或除以相同的数(0除外),商不变。其中,"同时""相同""0除外"都是反映商不变性质的本质特征的关键词,而学生在描述时,往往不能准确地使用它们,教师有责任引导学生通过观察、比较、分析、综合去体会。……

2. 在理论体系中,体验数学的和谐统一美

毕达哥拉斯说过:"凡是美的东西都有一个共同特征,这就是部分与部分之间,以及部分与整体间固有的协调一致。"数学是一个整体,概念与概念之间、公式与公式之间、知识与知识之间有着内在的联系。如通过让学生回顾立体图形的体积计算公式,教师可以予以点拨,并整理成下图:

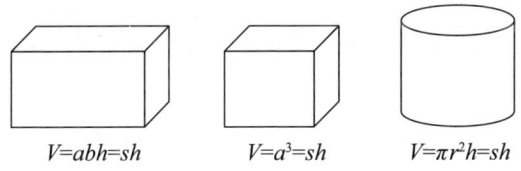

$V=abh=sh$ $V=a^3=sh$ $V=\pi r^2h=sh$

使学生体验到立体图形的体积,基本可以归纳成"底面积×高",从而体会立体图形之间内部结构的和谐统一,形成良好的认知结构。

又如在学习比的知识后,教师予以必要的指导,使学生发现,并整理归纳除法、分数、比三者之间的内在结构,制作成如下表格:

除法	被除数	÷	除数	商	一种运算
分数	分子	—	分母	分数值	一个数值
比	前项	:	后项	比值	一种关系

……

数学的美可谓无处不在，学生要想真正领略数学的魅力，就必须加强参与，在参与中体验感悟领略数学。因此在教学中，教师不能总让学生"一路小跑"地学习知识，而应适时"驻足一下"，用教师的美好体验感染学生，深入浅出地启发学生，让学生从中体验数学之美，这样有益于学生养成健康的审美情趣，更有益于学生良好个性的形成。①

二、聚焦核心知识，推进"少而精"的教学——通透教学

我们先来看一个案例。一位老师这样设定《鼎湖山听泉》的教学目标：

1. 知识与能力
①学习吟哦讽诵的要领，通过诵读体味作者的思想感情。
②了解一般写景散文的写作思路和构思方法。
③学习和应用从不同角度描写景物和变换角度表现景物的方法。
④学习作者在选材上的详略安排。

2. 过程与方法
①体会作者如何抓住"听"来组织材料。
②领会文章写泉声的各种层次，并帮助学生领悟话语中蕴含的哲理。
③激起学生诵读的兴趣。

3. 情感、态度与价值观
①感受鼎湖山的优美景色，提高审美能力。
②理解人与自然的关系，培养热爱自然、保护环境的意识。②

这样的目标，最大特点就是宽泛。

我们大致可将上述九条目标分为三个方面：诵读、内容把握（写景散文的写作思路，领会文中深含的哲理）、学习写作方法（构思方法、写景角度、详略安排、描写泉声的各种层次）。诵读是解读文本的基础，是起

---

① 李红艳.从"一路小跑"到"驻足欣赏"[J].教育实践与研究，2010（7）.
② 刘菊春.确定语文课堂教学目标的三个注意点[J].福建教育，2010（5）.

点，不是目标。把握文章思路，领悟其中哲理，是必需，是为"语言学习"服务的，但还不是目标的重点，因为这种哲理可以通过其他学科的学习得到。学习写作方法最逼近"语文"，可是因为目标太多而趋于泛化，就等于没有目标。按知识与能力，过程与方法，情感、态度与价值观三个维度分条陈述教学目标的书写格式，曾被相关教育部门规定为课改教案的标准模式，要求教师们照此撰写，以致这样的"教学目标"大行其道。时至今日，不少教师仍是这样机械地、一一对应地照搬三个维度来陈述课时教学目标，致使教学目标宽泛而不集中。

出现这种现象，主要有以下几个原因。

一是教师将上位的课程目标混同于下位的课时目标。崔允漷教授曾撰文说："教育目的的具体化是课程标准，而课程标准的具体化就是教学目标。即使是教学目标，也有不同的层级：由学年、学期目标到单元、主题目标，再到课时目标。由于上位目标决定下位目标，在确定教学目标时，教师必须清楚它的上位目标是什么，才能把握住下位目标的基本定位。"[①]的确，教师要研究课时目标与上位目标的关系，要把握教学目标的适切性。知识与能力，过程与方法，情感、态度与价值观三个维度只是思考教学目标的一条重要原则，教师应处理好三个维度的关系，明确目标的重点，将三个维度融合在课时目标中，而不是机械地分列。这样，目标才不至于宽泛而不集中。

二是教师对文本解读不够深入，无法准确把握"这一篇"的重点，贪多求全，结果丢城失地。《鼎湖山听泉》这篇课文最为精华的部分就在第八段对鼎湖山泉声的描写，作者怎么写是学习重点。作者为了写好泉声，前面用了七个自然段的篇幅来铺垫，为什么？不这样写行吗？这些才是在"这一课"的学习中教师最该引导学生学习的地方。因此，可以将这一课的教学目标设定为：

1. 学习描写听觉形象。
2. 学会写作的铺垫（蓄势），体会作者如何抓住"听"来组织材料。

[①] 崔允漷. 教学目标：不该被遗忘的教学起点[J]. 人民教育，2004（13-14）.

课堂教学的时间和空间都是有限的，无论是教学的目标还是教学的内容都必须聚焦学科的核心，进行精准的教学、简约的教学，从而实现有深度的学习。从知识角度讲，教师必须对学科知识进行量的压缩和质的精选，必须将那些最有价值的内容精选出来。但是，教材中最有价值的内容究竟是什么？对于这个问题的回答，直接影响着课堂教学的品质与深度。按照美国教育心理学家布鲁纳的看法，任何学科的教学都必须将学科中最广泛、最强有力的适应性观念教给学生。这些观念"可以把现行的极其丰富的学科内容精简为一组简单的命题，成为更经济、更富活力的东西"。[1] 按照我们的理解，学科中最有价值的知识就是所谓的核心知识。

核心知识是每个教学活动单元中必须要让学生掌握、理解、探明的主要知识技能，是一个学期教学、一个单元教学、一节课教学的主体内容与知识主干，是整个教学活动链条中的关键链环，是联系全部教学活动的轴心骨，是教学活动之魂的栖息地。核心知识具有三个明显特点。

其一，统摄性。核心知识是一个教学活动单元的统领者与连接者，是整个教学活动的母体，相对而言，其他课堂知识技能都是从这一基点衍生出来的，都是为这个核心知识在课堂教学中的展开或习得服务的。如果说课堂教学具有一种"鹰架"式结构，那么，核心知识就是撑起这一鹰架的支点。也就是说，抓住了这一知识，所有教学活动的构成部分、环节细节都可以被"提起来"，被"牵扯"出来。心理学研究证明，人类的核心知识系统是"建构复杂认知技能必不可少的一部分"。[2] 在教学中核心知识的作用亦是如此，它是一个教学活动的基轴与焦点，是把零碎的课堂知识串联起来，使之融为一体、有机关联的内线与铰链。可以说，核心知识教学是整个教学活动的连心锁，是赋予教学活动以整体性的关键。

---

[1] 钟启泉.现代课程论[M].上海：上海教育出版社，2003：134.
[2] 孙宇浩.核心知识系统及其对相关研究的启示[J].心理科学进展.2003（11）.

其二，内核性。核心知识是教学知识单元的细胞核，相对而言，非核心知识只是其生存的环境。如果说课堂知识具有"内核＋围绕带"的结构，那么，核心知识就位于其最中心圈层，其他知识如次要知识、相关知识、边缘知识则依次排列在它的外围，进而构成一种"众星捧月"式的结构。在这一结构中，其他知识构成了核心知识的生存背景与着生土壤，成为将之凸显出来的光屏。可以说，一切外围知识都是学习者逼近核心知识，最终将之消化、理解的垫脚石与助跑器。

其三，衍生性。在课堂知识中，核心知识最具再生力与生发力，它是最具活性的一种知识类型，是一切其他课堂知识得以生发与依附的主根。一方面，在实践应用领域，核心知识面对的不是一种实践而是一类实践，核心知识的习得能够帮助学习者获得对一类实践问题的解决能力，实现在各种实践领域中的再现，故具有较强的再生力和与实践的结合力；另一方面，在课堂知识体系内部，核心知识能在和具体领域对接中生发出一系列新知识，实现对整个课堂知识体系的扩容与增生。有教师指出："'核心知识'其实就是一颗思想的种子，它是具有思维生长力的。"[1] 从这一意义上看，核心知识的明显特征就是成长性，它具有较强的生长力与衍生力，对学习者而言具有"以一应百"的优势与潜能。[2]

三、倡导问题导向，鼓励批判性思维

美国优秀教师格蕾塔曾说过：如果一定要我说教学有什么诀窍的话，那就是问题。当教师能够不断向学生提问并得到回答的时候，就已经接近想要达到的目标了。孩子具有天生的好奇心，所以问题教学法百试不爽。下面让我们看看美国的中学老师是怎样设计教学问题的。

---

[1] 王俊.让核心知识成为传播思想的"种子"[J].江苏教育，2011（1）.
[2] 龙宝新.走向核心知识教学：高效课堂教学的时代意蕴[J].全球教育展望，2012（3）.

美国中学关于南北战争的一份作业

1.你是否同意林肯总统的声明:除非美国被全部解放或全部奴役,否则美国不能存活?请解释。

2.请解释为什么北方白人反对奴隶制,南方白人拥护奴隶制,但双方又感觉各自都是在为自由而战。

3.内战期间,女人开始承担很多以前由男人承担的工作。你能对由于内战造成的社会、经济和政治冲突做出怎样的概括?

4.运用历史证据来支持或反对下面的观点:美国内战是地区差异不可避免的结果。

这个作业不是对课本知识的记忆性考查,没有简单机械的背诵和历史内容的复述,而是提出了一个个必须在全面了解史实的前提下进行深入思考才能解答的问题。对这些问题的解答不仅能够反映学生对南北战争历史的了解情况,还能促进学生对史实的独立思考。在问题的探究过程中,学生获得对南北战争更深入的理解。

问题是学生思维的引擎,学生在课堂上的思维就是围绕问题展开的。这里的关键是问题的质量(深度),核心是学生的思维。通过问题教学激发和培养学生的批判性思维是深度教学的突出表现。批判性思维具有以下特性。

第一,基于事实和证据的思维。重证据是学习各门学科知识首先要树立的思维基本点,以历史学科为例,"如果说历史是一门科学,它的客观性就是建立在证据基础之上。尊重历史首先是尊重历史证据,历史的独立思考也只有建立在证据的基础上才叫思考"。[1]

第二,独立思考。所有知识都必须经由自己的独立思考而获得,想透彻、想明白,不盲从、不依赖。

第三,不懈质疑。不论对别人的观点还是自己的观点,都要有质疑的意识。要认识和承认自己的局限性,对复杂的问题要有好奇心和耐心。但不是为了质疑而质疑,不能陷入怀疑主义。质疑是为了更好的相信。

---

[1] 孙立田,任世江.论历史思维能力分类体系[J].历史教学,2014(11).

第四，多元意见。必须意识到很多问题是复杂的，要以开放的心态平等对待不同的观点。

第五，理性判断。理性就是不被感情所操纵，能深思熟虑，有理有据，从而做出明智的判断，并在理性判断的基础上，做出决策，解决问题，采取行动。

第九章

活动化策略

> >> 活动化对应的是静态化和惰性化。要让学科知识和学生的思维活起来，首先必须让学生动起来。求知不是静坐、死记、硬背的过程，而是实践、体验、感悟的过程。离开了个人的体悟，知识是无法转化为素养的。

第一节 活动化的意蕴

一、活动化的解读

活动就形式而言，包括外在活动（身体、双手）和内在活动（心理、大脑）；就实质而言，包括感性活动和理性活动。外在活动和感性活动具有外显性，是主体与客体之间的一种直接的、实际的相互作用和相互对象化过程；内在活动和理性活动则具有内隐性，是主体在大脑中进行的建构和思维。如果说外在活动是看学生实际"做"了什么、"做"得怎样，内在活动则是看学生"想"了什么、"想"得怎样。活动化教学强调通过学生的外在活动和内在活动，经历学生的感性认识和理性认识，来达到教学目的。正如陶行知先生所言："单单劳力，单单劳心都不算是真正之做。真正之做须是在劳力上劳心。"[①]

[①] 中央教育科学研究所．陶行知教育文选［M］．北京：教育科学出版社，1981：79.

只有把外在活动与内在活动、感性认识与理性认识有机结合起来才能完整准确地理解活动化的内涵和意义，否则就会出现理解和实施上的偏差，即窄化，把活动局限于外在的活动；浅化，把活动局限于感性的认识；泛化，把学生所做的和所表现的一切都称之为活动。

学科活动指的是学科完整学习所需要的一系列认知的、社会的和行为的活动。从教学的角度讲，学科活动这一概念蕴含着这样三层意思：

第一，强调通过学生的活动、学生的参与来进行学习，而不是由教师进行直接的讲解和传授。学生是活动的主体，学习是学生的自我活动（自我生成的过程），教师是无法替代的。学习不仅要用学生自己的脑子思考，还要用学生自己的眼睛看，用自己的耳朵听，用自己的嘴说话，用自己的手操作，即用自己的身体去亲自经历，用自己的心灵去亲自感悟。教师不能代替学生读书，不能替代学生观察、实验、分析、思考，不能替代学生明白任何一个道理和掌握任何一条规律。

第二，强调必须通过经历一定的过程和完成一定的任务进行学习并获得知识，而不是直接从教材上获得结论。活动是一种过程，这是最重要的。学生的学习不可以走捷径，一定要经过若干道程序、若干个步骤、若干个环节，就像产品的生产过程和人的饮食过程一样。在这个过程中，学生可能会遇到各种各样的问题和障碍、挫折和挑战，但它却是学习和成长必须付出的代价。下面这则案例就很好地说明了这个问题。

过程永远比结果重要

星期天到朋友家做客，朋友的孩子彬彬今年上小学四年级，我去的时候，彬彬刚做完一份数学试卷，朋友正在检查。突然，朋友眉头一皱，指着其中一道判断题大声说："这么简单的一道题你怎么做错了？"我拿过试卷一看，是这样的一道判断题：小明用4厘米、5厘米、10厘米的三根小棒围成了一个三角形。彬彬认为这道题是正确的。朋友的妻子也火上浇油地训斥孩子："学习就是不用心，昨天不是才让你背过定理么？怎么又糊涂了？"

当着外人的面被训斥，孩子觉得很难堪，小脸通红通红的。我赶紧解围："来，彬彬，叔叔就是教数学的，我们来做个游戏吧。"孩子就是孩子，一听做游戏，马上兴奋得不得了。我让彬彬拿来两根火柴，把其中一根折断变成两小根，然后让彬彬用这三根火柴摆一个三角形。孩子怎么摆都不行。我趁机问："两根短棒之和等于第三根能围成三角形吗？"孩子摇摇头。我把其中一小根再折去一些，彬彬说："两根短棒之和小于第三根，更不行了。""那怎么办呢？"孩子看了看火柴棒说："只要把其中一根小棒加长点，让两根小棒之和大于第三根就可以了。""嗯，真聪明！"我对孩子竖起大拇指。

接着，我在那根完整的火柴棒后面加长，在它后面又加上了一根火柴棒，并用皮筋固定好，然后对彬彬说："你再试试，看还能摆成三角形吗？"他一摆，又不行了，我问彬彬："这是为什么呀？"彬彬看了一会儿说："因为这一根加得太长了，比那两根小棒加起来还长。"我见时机已到，就问孩子："如果要用三根小棒摆成一个三角形，对三根小棒有什么要求？"彬彬想了想说："其中两根小棒的长度加起来必须比另一根长，而且是任意两根。""其实这就是三角形三边关系的定理：三角形任意两边之和必须大于第三边。现在，你知道这道题为什么做错了吗？"彬彬点点头说："因为 4+5<10，所以它不能围成三角形。以后再遇到这样的题，我绝对不会再错了！"

记得陆游有这样一句诗："纸上得来终觉浅，绝知此事要躬行。"是啊，要想真正理解书本上的知识，必须经过亲自实践，才能将其变成自己的东西，才能运用自如。在教育孩子方面，我们做教师的和做家长的一定要有耐心，多花点时间，多让孩子亲自试一试。请记住：过程永远比结果重要！[①]

第三，体验和感悟是活动的内涵。"感受是个体对经历的过程、活动对象及其关系在情感态度等方面的反应与评价；体验则是在感受的基础上发生的意义建构和价值生成。"[②] 有活动没体验，活动就会变成一种形式、一个

[①] 张随学.过程永远比结果重要［J］.小学教学（数学版），2010（1）.
[②] 张华龙.体悟学习：塑造人文精神的基本学习方式［J］.课程·教材·教法，2003（3）.

空壳，没有实质性的意义。学生的体验和感悟是活动内在的本质特征，也是激活知识的主要渠道。体验和感悟意味着学生的生命参与，即学生身体、心理、精神全面参与活动。有所感、有所悟的活动才能让学生有收获、有成长，也正因为这样，活动过程中所付出的代价才是值得的。

总之，"教学对于学生的学习与发展价值不在于结果之中，而在于过程之中"。这个过程必须具备两个特性：一是完整性，二是层次性。"首先，学生学习与发展过程的完整性。完整的学习与发展过程包含外部活动与内部活动两种基本的活动形式，涉及外部活动的内化与内部活动的外化两个双向转化过程。其中，外部活动主要包括感知活动、操作活动与言语活动，形成的是相对低级的心理技能；内部活动主要包括认知活动、情感活动与意志活动，形成的是相对高级的心理技能。正是通过外部活动向内部活动的内化和内部活动向外部活动的外化，学生的知识掌握、能力形成和情意发展才得以实现。其次，学生学习与发展过程的层次性。学生的学习与发展是一个渐进生长和动态生成的过程，相应地，教学过程也应该是一个包含多种层次的活动系统。根据学生对知识（或实物）的作用程度，学生的学习与发展一般涉及感知活动、操作活动、认知活动、实践活动、欣赏活动、评价活动和创造活动等层次。根据学生思维发展的过程和水平，学生的学习与发展一般又会经历感性水平、知性水平和理性水平三个层次。其中，感性是一种表面的、模糊的、没有理由的初级认识能力，知性是一种初步把握事物联系及其规律的认识能力，理性则是一种把握事物本质、能够做出适当判断和决定的认识能力。"[①]

二、活动化的特殊形式

活动化学习强调的是手脑并用、学思结合、知行统一，但就其切入点和着重点而言，活动化学习有一些特殊的典型形式。

[①] 李松林.深度教学的四个实践着力点：兼论推进课堂教学纵深改革的实质与方向[J].教育理论与实践，2014（31）.

（一）操作学习

"操作学习区别于其他学习形式的突出特征是，学习者是在实际动手操作的活动中进行学习的。其对象是实际事物或学习者自身的身体器官动作，而不是文字符号、他人或事物的形象；形式是实际动手操作，而不是言语行为或静听、静观、静思。操作学习主要在两种活动中展开，一种是工具性的操作活动，它以物质性的工具作用于实际事物，如制作、实验、劳动、工具游戏、雕塑、绘画和器乐演奏等；另一种是身体器官活动，其特征是，活动者以自身身体器官的动作为操作对象，如唱歌、跳舞、戏剧表演和各种体育活动等。"[①]

（二）项目学习

项目学习是一种以学生为中心设计、执行项目的教学和学习方法。与传统学习方法相比，它能有效提高学生实际思考和解决问题的能力。参照刘景福、钟志贤的研究[②]，可归纳出项目学习的以下特征。

1. 有一个驱动或引发性的问题，这个问题即"项目"。它是指实际生活中的问题，而不是指学业问题（认知性的问题），是用来组织和激发学习活动的。

2. 有一个或一系列最终作品。作品的形式可以是多种多样的，如研究报告、实物模型、图片、录音录像、幻灯片、网页、戏剧表演等。

3. 关注的是多学科知识的综合运用。因为"项目"是实际生活中的问题，所以认识和解决这样的问题往往需要综合运用多学科的知识。

4. 强调学习过程中的合作。完成一个项目往往需要教师和学生密切合作。

5. 学习具有一定的社会价值。项目学习的问题来源于实际生活，其产品具有社会应用价值。在项目学习的过程中，学生要与社区或某种实际生活情境接触。

[①] 陈佑清，李丽.操作学习的发展价值及其局限性［J］.教育科学研究，2004（12）.

[②] 刘景福，钟志贤.基于项目的学习（PBL）模式研究［J］.外国教育研究，2002（11）.

6.学习过程强调在现实生活过程中进行探究。项目学习具有探究性特征,学生通过探究完成项目。

7.学习过程中要运用多种认知工具和信息资源,如多媒体和互联网等。

(三)做中学

"做中学"是杜威提出的教学理论。他把教学过程看作"做"的过程,主张学校里知识的获得要与生活过程中的活动相联系。杜威将"做中学"教学过程归纳为以下几个步骤。

第一,学生要有一个真实的、经验的情境,即要有一个对活动本身感兴趣的连续的活动。第二,在这个情境内部产生了一个真实的问题,作为思维的刺激物。第三,学生要占有知识资料,从事必要的观察,对付这个问题。第四,学生必须负责一步步地展开他所想出的解决方法。第五,学生要有机会通过应用来检验自己的想法,使这些思想意义明确,并且由自己去发现是否有效。[①]

这五个步骤鲜明地体现了杜威"做中学"的原则,即在"做"中思维,通过思维提出和解决问题,在"做"中验证所获经验的有效性。

在阐述"做中学"的教学思想时,杜威对传统的授课形式提出了批评:在一行行整齐排列着桌椅的教室中,学生只能"静听",而没有活动的情境,只能"单纯地学习书本上的课文",却无从发展儿童创造与思维的能力。杜威所倡导的教学组织形式是活动教学,所以,课堂上要为儿童准备可以充分活动的地方,备有适合儿童活动所需要的各种材料和工具,要在学校里设实验室、工厂、园地等场所,让儿童在活动中学习,而不是静坐在整齐的桌椅前听教师系统地传授间接经验。

---

① 约翰·杜威.民主主义与教育[M].王承绪,译.北京:人民教育出版社,2001:174.

（四）综合实践活动

综合实践活动既是一门课程，也是一种学习方式。从课程角度讲，它与分科课程相对，是一门综合课程；与学科课程相对，是一门经验课程。概括地说，综合实践活动是基于学生直接经验的课程形态，它密切联系学生的自身生活和社会生活，体现了对知识的综合运用。从学习方式的角度讲，它是一种以活动为途径的学习方式，具体而言，就是通过社区服务（服务活动）进行学习，通过社会实践（实践活动）进行学习，通过研究性学习（研究活动）进行学习。

第二节　活动化的具体策略

一、活动化的学科性

学习活动是外在活动与内在活动、感性认识与理性认识的有机结合，这是就活动的共性而言的；在不同学科之中，活动又有其个性，即学科性。

（一）语文活动

语文活动即以语言为内容、以听说读写为形式的言语实践活动，它是培养语文能力的主要途径。如同要学会游泳必须亲自下水一样，语文能力只有在语文实践活动中才能得以形成和发展。语文教学应让学生从聆听中学习聆听，从说话中学习说话，从阅读中学习阅读，从习作中学习习作，在引导学生感知语言、理解语言、品味语言、运用语言的过程中培育和发展言语智慧和语言素质，舍此别无他途。言语性是语文活动的根本属性，即语文活动是以言语为对象进行的感性认识和理性认识相结合的一种学习活动。阅读与鉴赏、表达与交流、梳理与探究是语文学习活动的基本形式，通过这些语文活动，学生在语言建构与运用、思维发展与提升、审美鉴赏与创造、文化传承与理解等几个方面都能获得进一步的发展。

（二）数学活动

数学活动是学生经历数学化过程的活动，是学生学习、探索、掌握和应用数学知识的活动。按照弗赖登塔尔的观点，数学化包括两种：一是水平数学化，即从生活世界中抽象概括出数学概念、数学原理等数学模式的过程，是从"生活世界"到"数学世界"的转化过程；二是垂直数学化，即从现有的数学世界中抽象概括出更高级的数学模式的过程，是从底层数学到高层数学的过程。数学化的过程实际上也是感性认识和理性认识循环提升的过程，是发展学生数学思维的过程，是培育学生数学素养的过程。

（三）科学活动

科学活动是学生科学探究（科学实践）的活动，"让学生经历真正的科学探究的过程"是科学活动的本质。科学活动的核心环节是"提出猜想与假设"和"设计实验与验证"，只有当学生真正参与了这两个环节，真正意义上的科学探究才得以产生。这是因为，科学的猜想与假设是科学活动中"最具奥妙、最有魅力的一段，这种最终能得到实验证据支持的假说就是通向发现的护照"。[①] 绕过了这"最具奥妙、最有魅力的一段"，科学活动就没有了"魂"。实验与验证的设计同样也是科学活动中激动人心的一段，遗憾的是，它在教学过程中往往不是被教师包办替代就是被省略。缺失了这两个环节，科学活动就只剩下学科知识的讲授了。在这两个环节中，设计实验与验证需要理性的思维和推理。说到底，科学活动也是感性认识和理性认识有机结合、互相促进的过程。

（四）历史活动

历史活动是以搜集和解释历史史料为核心的一种学习活动。没有这两

[①] 罗星凯，李萍昌. 探究式学习：含义、特征及核心要素 [J]. 教育研究，2001（12）.

个环节，历史学习也就只剩下历史结论和概念的死记硬背了。历史史料的搜集和历史现象的感知是外在的历史活动、感性的历史活动，而历史解释、历史思考（特别是批判性思考）则是内在的历史活动、理性的历史活动，这两种活动缺一不可。反观我们的历史教学，往往只有形式，而无实质，既缺乏历史的感性认识也缺乏历史的理性认识，没有活动和过程，只有知识和结论。

（五）地理活动

地理活动是以地理实地考察和地理认知思维为中心的一种学习活动。地理实地考察强调现场的学习活动，是一种外在的感性认识的过程；地理认知思维则是在此基础上的理性加工过程，其特点是区域认知和综合思维。本次地理课程标准修订强调地理教学必须将实践活动作为教学的基本方式。地理实践活动的主要形式有户外考察、社会调查、模拟实验三种。设计户外考察活动，要考虑实践基地的近体性和典型性，以及实践内容的适宜性和可行性。活动过程中，要充分调动学生参与的积极性，关注学生观察、发现、质疑、探究问题的表现，引导学生独立行动、独立思考、自主认知。设计社会调查活动，要注重贴近社会、生活，设计方案要引导学生通过自主、合作生成想法，实施过程中要切实行动和体验，并通过观察进行过程评价，活动结束要撰写调查报告、交流，并进行结果评价。设计模拟实验活动，要引导学生经历完整、规范的科学研究过程——从实验方案的设计到实验过程的观察、记录、实施、数据处理分析，再到实验报告的撰写和实验结果的汇报交流，并在这个过程中培养动手实践能力和求真求实的科学态度。地理实践活动宜与主题教学相互配合，并根据地理学习的基本规律设计学习活动，增强地理学习的现实感、立体感和主体感。

（六）政治活动

政治活动强调学生的社会实践。本次高中课程标准修订把思想政治定位为"活动型学科课程"，即学科课程的内容采取活动的方式呈现，或者说学科课程就是由一系列活动及其结构化设计组成，也叫"活动设计内容化"。强调活动性即是凸显学生本位，关注学生经验，注重学生自主建构和体验感悟；强调学科性即是凸显学科的知识体系，注重学科的逻辑结构、学科观念、思维方式和探究技能。

二、活动化的案例

历史活动案例：梳理中国历代疆域的变化

1. 活动目标

①通过对中国历代疆域发展过程的梳理，加强历史时空观念，从历史发展的角度认识中国疆域的变化。

②比较中国历代疆域图的变化，提高对历史地图的辨识能力和运用能力，认识中国疆域在历史进程中的联系、延续和发展。

③通过对中国重要的边疆地区的历史考察，加深对这些地区是中国固有领土的认识。

2. 活动过程

①搜集、梳理中国历代疆域图。

②观察中国历代疆域图中的疆界，并进行比较分析。

③将本活动主题拓展为若干探究活动，如：

第一，以"从历史地图中看统一多民族国家的发展"为题，对中国历史上一些重要时期（如秦汉时期、隋唐时期、宋元时期、明清时期、民国时期、中华人民共和国时期）的疆域进行综合考察，运用地图中的信息说明统一多民族国家的发展。

第二，将西藏地区、新疆地区、南海诸岛、台湾地区及其包括钓鱼岛在内的附属岛屿等分别设定为研究主题，进行历史考察，搜集有关的历史文献材料和分区地图，从历史的角度认识这些地区是中国不可分割的领土。

第三，以"中国历代都城的变迁"为题，运用地图及所学知识，说明历代首都的选址、名称、规模、作用等具体情况，分析建都的多方面历史因素。

第四，以"从地图中探寻家乡的历史变迁"为题，考察自己家乡在历史上的名称变化、属地范围、行政区划、建制归属等，具体了解家乡的历史地理沿革及变迁。

④在考察的基础上，形成主题研究报告，以图文结合的形式展示探究的成果，同学之间进行交流。

地理活动案例：城市空间结构考察的实践活动

1. 活动基础

在学习了城市相关理论知识的基础上，开展实地考察活动。内容涉及城市内部空间结构及乡土地理等，帮助学生了解所在城市的历史、文化与发展，同时训练学生的地理实践技能。

2. 考察目标

感知城市景观；观察、描述、记录、比较、分析各种地理现象；反思理论知识的学习；形成城市规划意识。

3. 考察过程

①设计考察路线；②感知城市景观；③观察、描述、分析城市景观特点；④讨论反思理论学习；⑤完成考察报告并进行考察总结交流。

政治活动案例：领略家乡文化之美

1. 活动目标

①感受家乡文化的魅力，体会民族文化和地域文化在人们生活中的作用，增强对家乡文化的认同感，为家乡文化建设贡献自己的力量。

②加深对发展中国特色社会主义文化的认识，增强投身文化建设、提升自身文化素养的责任感和使命感。

2. 活动过程

①活动准备：师生通过书籍、网络等途径了解家乡的代表性文化，包括语言文字、风俗习惯、建筑古迹、文学艺术、科学技术等，据此

确定活动主题。围绕活动主题，制订活动方案。

②活动实施：按照活动方案采访有关人员，做好录音、摄像等工作。调查、参观有关文化场所，做好调查记录，写好调研日志。

③成果交流与评价：分小组汇报本组活动成果，与全班同学交流。对小组活动成果和组员表现进行综合评价。

3. 活动反思

①基于家乡文化的认识，你认为我国当前文化建设中还存在哪些问题？

②家乡人民还有哪些文化需求未得到满足？这些文化需求具有哪些特点？

③结合本单元所学内容，就如何推进家乡文化建设出谋划策。

第十章

自主化策略

> >> 自主化强调的是要由教转向学，由依赖走向独立。自主学习对应的是教下学习。教下学习是一种依赖、跟随、被动、复制的学习，它从根本上背离了学习的本性，从而异化了学习的功能，导致学生越学越不会，越学越不爱学。

第一节 自主化的意蕴

自主化就是要求学生以自主的方式进行学习，即自主学习，其本质是对学生学习潜能的信任和对学生独立性的尊重。

一、自主学习的内涵和教学意蕴

（一）自主学习的内涵和特性

1. 自主学习是一种主动学习

学习的主动性是学生对学习的由衷喜爱，是发自内心的自动和自觉。主动性是自主学习的基本品质，在学生学习活动中表现为"我要学"。"我要学"源于学生对学习的一种内在需要，这种内在需要主要表现在两个方面。

① 学习兴趣

学习兴趣是指带有强烈感情色彩的、渴望获得知识的一种个性心理特征，是对个人学习活动起积极作用的一种认识倾向和情绪状态。学生有了学习兴趣，学习活动就不再是一种负担，而是一种享受、一种愉快的体验，学习效果也必定事半功倍。如果学生对学习不感兴趣，情况就会截然不同。所谓"强扭的瓜不甜"，学生在被逼迫的状态下被动地学习，学习的效果必定事倍功半。第斯多惠说过，如果使学生习惯于简单地接受或被动地工作，任何方法都是坏的；如果能激发学生的主动性，任何方法都是好的。他认为，不好的教师是传授真理，好的教师是教学生去发现真理。对此，吴康宁教授指出："当今中国大陆，任何一个尊重事实的人都不能不承认，我们的儿童正普遍处于一种'受逼'学习的状态……儿童健康的、有活力的成长与发展有一个根本前提，那就是他必须处于一种主动的、自由的生存状态。"[①] 为此，让学习成为学生的一种精神需要，而不是一种外在的压力，改变学生的学习状态和学习体验，使学生从"受逼"学习的状态中解脱出来，变得爱读书、爱学习，便成为课程改革的头等大事和教学改革的首要任务。苏霍姆林斯基曾精辟地指出："所谓课上得有趣，就是说，学生带着一种高涨的、激动的情绪从事学习和思考，对面前展示的真理感到惊奇甚至震惊；学生在学习中意识和感觉到自己的智慧力量，体验到创造的快乐，为人的智慧和意志的伟大而感到骄傲……如果你所追求的只是那种表面的、显而易见的刺激，以引起学生对学习和上课的兴趣，那你就永远不能培养起学生对脑力劳动的真正的热爱。你应当努力使学生自己去发现兴趣的源泉，让他们在这个发现的过程中体验到自己的劳动和成就。"[②]

② 学习责任

学习责任是指学习者充分认识到学习是个人对社会应尽的义务和责任，它表现为学习者对学习目标和意义的认识以及由此产生的对学习的积极态度和敬业精神。树立高度的学习责任心是自觉学习的前提。只有当学生自

---

① 吴康宁.谁是"迫害者"：儿童"受逼"学习的成因追询[J].教育研究与实验，2002（4）.

② 苏霍姆林斯基.给教师的建议[M].杜殿坤，编译.北京：教育科学出版社，1984：56-57.

觉地担负起学习的责任时，他们的学习才是一种真正的有效学习。

2. 自主学习是一种独立学习

独立性是相对于依赖性而言的。从个体发展的角度来说，学生的学习是一个从依赖走向独立的过程。独立性是主体性中最核心的特性。自主学习把学习建立在人的独立性上，他主学习则把学习建立在人的依赖性上。如果说主动性表现为"我要学"，那么独立性则表现为"我能学"。在日常学习中，学生经常能够表现出自我的独立性，这种独立性是学生极为重要的一种品质。为此，教师应充分尊重学生的独立性，正确引导学生发挥自己的独立性，从而培养学生独立学习和独立解决问题的能力。低估或漠视学生的独立学习能力，忽视或压制学生的独立要求，导致学生独立性的不断丧失，这是传统教学的根本弊端。

3. 自主学习是一种元认知监控的学习

学生的学习行为在本质上是自主的、自控的。自主学习要求学生对为什么学习、能否学习、学习什么、如何学习等问题能产生自觉的意识和反应，它突出表现在学生的自我计划、自我调整、自我指导、自我强化上，即在学习活动之前，学生能够自己确定学习目标、制订学习计划、选择学习方法、做好学习准备；在学习活动之中，能够对自己的学习过程、学习状态、学习行为进行自我观察、自我审视、自我调节；在学习活动之后，能够对自己的学习结果进行自我检查、自我总结、自我评价和自我补救。培养学生学习的自我意识和自我监控的能力并帮助他们养成习惯，是促进自主学习的重要因素。

（二）自主学习的教学意蕴和教学要求

自主学习的核心和基础是学会阅读和学会思考。这是教的着力点，是实现"少教多学"和"教为了不教"的关键，是促进学生自主学习的前提。教师必须根据学科性质、教材特点和学生基础，切实有效地进行学习方法的指导，让学生学会学习。

为了让学生坚持自主学习，教师要从课内和课外保证学生自主学习的时间；要相信学生自主学习的潜能，不断地把学习的主动权和责任权还给学生；要把教学建立在学生自主学习的基础上，使教学成为推进学生自主学习活动和巩固、深化其自主学习效果的一种学习活动。

坚持以学论教、因学定教，教师要努力做到该讲的大胆讲，不该讲的坚决不讲，切实落实教学的针对性，把教学用在刀刃上，用在解决最近发展区的问题上，真正实现少教多学。

二、自主学习与教师指导的关系

教学是教与学、教师与学生双方的相互作用，自主学习强调学生的主体性，但不能因此否定教师的主导性。

从实际情况来看，在强调自主学习的教学实践中确实存在着忽视教师作用的"唯自主化"倾向，如新课程强调把读书的时间还给学生，可是有的教师上课时，只是叫学生自己看书，不做指导，不做提示，不做具体要求，也不做反馈，任由学生自己一看到底，是典型的"放羊式"教学，有人也称之为"傻读"；有的教师甚至一味强调学习内容由学生自己定（喜欢哪一段就读哪一段），学习方式由学生自己选（喜欢怎么读就怎么读），学习伙伴由自己挑（想和谁交流就和谁交流），是典型的"自流式"教学。这样做，学生似乎获得了自主的权利，可实际上并没有实现真正的自主。这是一种典型的只"赋权"而不"增能"的不负责任的教学行为。它看似充分体现了学生的主体性，实际上因为教师作用的缺失，学生主体性的发挥受到自身水平的限制，致使他们的认知水平仍在原有水平上徘徊。更为严重的是，由于离开了教师的正确导向和有效引领，自主学习蜕变成一种随意性学习或自由性学习，不仅偏离和曲解了教材原意和学科本质，还出现了价值观的偏离，从而从根本上扭曲了学习的方向和实质。这是自主学习的实践误区。

弘扬人的主体性是正确的方向，但是，"人在自我发展中的主体性，是处于发展和提高过程中的不成熟的、不完全的，甚至开始还很微弱的主体性，是在教育过程中需要调动、培育和提高的学生主动性、积极性、创造性、自主性。"①因此，在提倡和实施自主学习的过程中，仍然要强调教师的主导性。首先，从他主到自主、从依赖到独立是一个"从教到学"的转化过程。从学生角度讲，学习过程是从完全依靠教师到基本依靠教师再到相对独立、基本独立直至完全独立的过程，这是转化的方向和目标；从教师角度讲，教学过程就是把"教"转化为"学"的过程，教师的作用不断转化为学生的学习能力，随着学生学习能力由弱到强，教师的作用也发生与之相反的变化，最后学生完全自主独立，教师的作用告终，这是转化的条件和机制。其次，教学过程是学生自主建构和教师价值引领相统一的过程。就算学生具备了一定的自主学习能力，教师的引领仍然是必要的。"当学生遇到疑难时，教师要引导他们去想；当学生的思路狭窄时，教师要启发他们拓宽；当学生迷途时，教师要把他们引上正路；当学生无路可走时，教师要引导他们铺路架桥；当学生'山重水复疑无路'时，教师要引导他们步入'柳暗花明又一村'的佳境。"②可以说，教师的正确引领是保证学生学习的方向性和有效性的重要前提。对此，钱加清教授的阐述与分析可供我们借鉴。

阅读教学中教师"不作为"现象成因分析

1. 片面强调学生主体地位，教师出现自我矮化倾向

在语文教育界，早在1983年前后，"学生为主体，教师为主导"的观点便得到普遍认可。……但是，自1997年下半年开始的全国性语文教育大讨论，使这一局面发生了变化。……而2000年教育部颁布"修订版"教学大纲，更加剧了教师的这种角色"自卑"。……也正是从这时起，"主导"一词在教学大纲（课程标准）中缺席了。与此同时，"学生是语文学习的主人""学生是学习和发展的主体"受到格外关注，被反复解说和深化。……教师的自我矮化倾向其实就是有意无意轻视教师主导作用对教师心理影响的表现。这种自我矮化倾向对教

---

① 王道俊，郭文安. 关于主体教育思想的思考[J]. 教育研究，1992（11）.
② 朱瑛. 对新课标实施中几个问题的思考[J]. 中小学管理，2003（10）.

师教学的影响是深层次的，带着这种心理进课堂，教师只会畏首畏尾，难以积极作为。

2. 过分追捧学生多元解读，教师"促进者"角色意识淡化

新的阅读教学观念的特点之一是渗透和吸收了西方现代的阅读理论。《语文课程标准》倡导在师、生、文本多维对话基础上的"多元解读"，对矫正以往僵化的阅读教学有着重要意义。但在实践中，有的教师却走向另一个极端，过分推崇"多元解读"，动辄就是"一千个读者就有一千个哈姆雷特"，忘却了自己"学生阅读的促进者"的角色，成了不便插话的"多余人"。……所以，当把文学理论研究中的"多元解读"观用于学生（读者）时，就不能忽视教学情境。……学生在基础教育阶段的阅读整体上属于接受性阅读，教师的点拨是必需的。《语文课程标准》不仅关注教师是与学生平等的对话者，还强调教师"是课堂阅读活动的组织者、学生阅读的促进者"。离开了教师的组织引导，培养成熟读者和成熟对话者的要求就必然会落空。

3. 盲目尊重学生独特体验，教师价值引领力量弱化

阅读教学中，教师的不作为既表现在知识传授上，也表现在课堂调控上，而最为明显、最具危害的是忽视文本的价值取向，缺乏对学生的正确价值观的引导。它其实是任由学生多元解读的一种表现形式。因其危害巨大，教师在这方面的"不作为"尤其应引起我们关注。在有些老师的课堂上，面对学生出现的认识偏差或错误，老师不及时给予引导纠正，却常以"尊重学生在学习过程中的独特体验"为由，放弃课堂主导，放弃对学生对进行情感、态度、价值观的培养。……尊重学生主要是指人格上、师生关系上的平等与民主，而不是指可以随意认同学生想怎么解读就怎么解读。当学生的独特体验与文本的价值取向发生矛盾时，教师不能回避，应该不失时机地对学生消极的、不合理的、有悖于文本价值取向的体验给予客观评价，正确引导，实现价值取向与独特体验的统一。①

---

① 钱加清.阅读教学中教师"不作为"现象成因分析［J］.河北师范大学学报（教育科学版），2011（2）.

当然，发挥教师的主导性毕竟不是目的，发展学生的主体性才是教学的归宿。对此，教师也要有清醒的意识，在任何时候都不能以自身的主导作用取代学生的主体地位。

第二节　自主化的具体策略

自主化教学如何体现和落实在课堂中？下面以案例分享的方式进行解读。

一、自主化课堂教学案例

案例一：学生自读自悟，教师条分缕析

最近，我有机会听了两节阅读课，上的都是《水乡歌》。这是一篇热情讴歌水乡美景的赞美诗，语言文字优美，读来让人浮想联翩。对于如何引导小学二年级的孩子读进文中，走进画一样的诗中，两位执教老师都可谓颇费心机：一位老师将文字与画面分割成若干块，一一呈现在孩子面前；另一位老师则把孩子带到文字与画面旁，放手让孩子去品味、欣赏。先将两节课中最具代表性的两个片段节录如下。

教师出示第一段文字：水乡什么多？水多。千条渠，万条河，池塘一个连一个，处处绿水荡清波。

【教例一】

师：读一读，想一想，这段话主要告诉我们什么？

（生自读）

生1：我从"千条渠，万条河"中体会到了水多。

师：这里"千"和"万"说明了什么？

生1：说明水乡的渠和河很多很多。

生2：我从"池塘一个连一个"中体会到了水多。

师："一个连一个"说明了什么？

生2：说明了水乡的池塘很多。也说明水很多。

生3：我从"绿水荡清波"中体会到了水美。

师："绿水"是什么样的？

生3："绿水"是碧绿碧绿的。

师："清波"呢？

生3："清波"是水很清澈，上面还有波纹。

师：是呀！你们看，水乡的水这么多、这么美。让我们朗读并把这段话背诵下来吧！

（生练习有感情地朗读、背诵）

【教例二】

师：好好读读这段话，老师相信小朋友自己一定能读懂。

（生自读）

师：刚才读这段话时，你们的脑海中是否出现了一幅幅水乡的画面？

（出示水乡图）

师：请小朋友们再将图文对照着读一读、想一想，然后说说水乡的水给你留下了怎样的印象，你的眼前仿佛出现了什么景象。

（生自读，读得很投入）

生1：我仿佛来到了水乡，走到哪里都能看到水。

生2：我也仿佛来到了水乡，我睁大眼睛，想数一数水乡有多少条水渠和小河，可是我怎么也数不过来。啊，水乡的水太多了！

生3：我看到了水乡的小河，河水很清很清，连河底的水草我都能看到，有时水草旁还会有小鱼虾游过呢！

生4：我看到的水乡小河和朱珠刚才说的不太一样。河水是碧绿碧绿的，一阵微风吹来，河面上就荡起一层一层的小水波，太美了！

……

师：假如现在小朋友们就站在水乡的渠边、河边、池塘边，你们最想做什么呢？

241

生5：我想画一幅画，画下"千条渠，万条河，池塘一个连一个，绿水荡清波"。

生6：我想弯腰，捧起水乡的清水喝一口，尝一尝它的味道怎样。

生7：我想照张相片，把水乡的美景留在照片中。

师：小朋友们真聪明，老师什么也没说，你们就自己读进文中去了。水乡的水是这么多、这么美，像画一样。大家想把这段话读好、背下来吗？请认真做准备。

（生练习有感情地朗读、背诵，情绪高涨）

以上两个教学实录的教学内容虽然是一模一样的，但由于两位执教者的教学思想观念不同，课堂教学设计有了较大差异，产生了不同的教学效果。

教例一：教师条分缕析，学生亦步亦趋

本教例中，教师从引导学生了解该段大意，到体会水多、水美，再到有感情地朗读，整个教学环节是由老师主宰着一切的，学生不过是在迎合教师去读、去说。教师预设好一条阅读的暗线，每到一个知识点，都要适时介入学生的阅读活动，牵着他们往下走，在整个阅读过程中不允许学生有离线、越线的机会。学生阅读到底是为了什么呢？只是为了回答老师设计好的几个问题，获取语言文字所承载的知识吗？当然不是。学生阅读主要是为了学会阅读，发展语言，提高语文素养。那么，教师该怎样进行阅读教学呢？《语文课程标准》明确指出："阅读教学是学生、教师、文本之间的对话过程。"既然是对话过程，那么在阅读活动中，当学生通过自主的阅读实践与文本及文本的作者交流时，教师就不应该不合时宜地介入、打断，要充分相信学生，要给学生实践自主阅读的机会，要让学生先与文本充分交流，再与老师、同学合作交流。像教例一当中条分缕析式的教学设计，带来的常常是对教学内容的人为肢解和条块分割。如果教师在教学中不能摆正"教"与"学"的位置，必然会出现重讲解、重理性分析、重知识等情况。在这种条分缕析式的教学设计中，学生丧失了自主性，无法做主动探究，只能在老师的精心牵引下亦步亦趋。这样的教学长此以往，只会泯灭学生阅读的兴趣，不利于培养学生探究性阅读和创造性阅读的能力。

教例二：教师能放能收，学生自读自悟

本教例中，从激发学生阅读动机，到点拨学生想象画面，再到组织学生进行交流，一直到最后鼓励学生朗读背诵的整个教学环节之中，我们没看到一点师"牵"生的痕迹，教学自始至终处在一种学生要读、愿想、抢说、乐背的良好氛围之中。尤其令人称道的是，教师大胆放手，让小学二年级的学生去自读自悟，让学生独自走进文中，充分与文本进行对话。学生在对话的过程中，各自构建起自己独特的阅读表象，产生了富有个性的阅读体验。教师深谙这样一个道理——学生是阅读的主人，阅读是学生自主的实践活动，是学生在积极的思维和情感活动中的体验与理解。正是有了上述的认识，教师才能放得开；也正是有了教师充分的放，学生才会有自读自悟的机会，才会在课上产生如此多的独特感受与体验。设想一下，学生若是由老师牵着鼻子走，还会有"尝一口河水味道"的机会吗？在阅读教学中，教师究竟该扮演什么样的角色呢？《语文课程标准》中写得清清楚楚："教师是学习活动的组织者和引导者。"同时也是阅读课堂上学生的主要交流对象与合作伙伴。课堂上，教师只收不放，学生便会亦步亦趋；教师能放能收，学生才能进行自主探究与合作交流。[①]

案例二：少点设计，多点空间

请看两位教师教授"用字母表示稍复杂的数量关系"的两个片段。

【教例一】

教师出示例 4："某商店一天上午卖出 3 个花瓶，下午又卖出 4 个花瓶。每个花瓶的单价是 x 元，这一天卖花瓶一共收入多少元？"然后

[①] 林春曹.学生自读自悟 教师条分缕析［J］.中国小学语文论坛，2002（6）.

指名读题，出示直观图。

师：每个花瓶的单价是多少元？

生：x 元。

师：上午卖出几个花瓶？

生：3个。

师：那上午卖花瓶的钱数一共是多少？

生：3个 x 元。

生：$3x$ 元。

师：下午卖出几个花瓶？

生：4个。

师：那下午卖花瓶的钱数一共是多少？

生：4个 x 元。

生：$4x$ 元。

师：这一天卖花瓶的钱数一共是多少？

生：$3x+4x$ 元。

师：$3x$ 和 $4x$ 各表示几个 x？一共是几个 x？

生：$3x$ 表示3个 x，$4x$ 表示4个 x，一共是7个 x。

师：那么 $3x+4x$ 就是7个 x，7个 x 可以写成——

生：$3x+4x$ 是7个 x，7个 x 可以写成 $7x$。

（板书：$3x+4x=(3+4)x=7x$）

师：思考上面的计算过程，这实际是应用了什么运算规律？

生：运用了乘法分配率。

师小结：根据运算意义，这里的 $3x+4x$ 是3个 x 加4个 x，结果是7个 x，也就是 $7x$。

就本教例而言，这种设计在理解和把握教材方面，应当是无可非议的，但问题也是明显的：

1.不利于学生主体性的发挥。教师主宰了课堂，教师一问，学生一答，学生跟着教师跑，缺乏主动性。这种课堂教学失去了学生的主体性，掩盖了学习过程中的矛盾，僵化了鲜活的学情。

2.不利于面向全体。由于学生学习中客观存在的差异性，总有一部分学生能很快找到答案，而另一部分学生还在思考，这时教师不可能等到全班学生都想好以后再安排交流，结果导致中下游学生还没想好，全班就开始讨论了，于是他们只能停下来听别人说。这样就形成了优等生唱主角，中等生唱配角，学困生当群众演员的局面。一节课下来，学困生没能解决掉一个问题，结果困难越积越多，成了名副其实的学困生。

3.不利于学生思维能力的提高。教学内容分析得过细，提出的问题过小，思维距过短，固然能使学生易于应答，能保证学生掌握知识，能保障教学环节有"序"进行，但也容易造成如活跃的想象、模糊的体验、会心的沟通、不可言传的意会等学习体验的缺失，从而淡化了思维在教学中的重要功能。

【教例二】

教师出示情境：一位商店老板上午卖出了3个花瓶，下午卖出了4个花瓶。晚上回家不会记账，你能帮他计算这一天的收入吗？

（学生思考，讨论）

生1：我觉得可以列表记账。

生2：我觉得采用列表的方式只能记下花瓶个数，不能表示出总收入是多少。所以我认为用未知数 x 来表示每一个花瓶的价钱比较好，那么这一天的收入就是（3+4）x 元。

生3：这样表示很好，可还是不容易记住。我认为用 $7x$ 元来表示更简洁。因为上午3个加下午4个，共7个花瓶，就是 $7x$ 元。

生4：老师，我想补充一点。$3x+4x=7x$ 其实运用了我们学过的乘法分配率：$3x+4x=$（3+4）$x=7x$。你们说对吗？（边说边来到黑板前写下公式）

…………

就本教例来说，教师只提一个问域很宽、解距较长、思维度较大的问题，并放手让学生去思考、讨论，其特点是很明显的：

1.学生的主体地位得到了落实。这样的问题能够给学生以充分、自由的选择空间,能够引发学生参与讨论,训练的是学生的思维能力和表达能力。同时,这样的问题面向的是全体学生,并给予学生较长的思考时间,为他们理解知识提供了可能,也为中差生感悟知识点提供了时间的保证。

2.教师的主导作用发挥得恰到好处。"导"得太多,学生就只能依赖教师;"导"得太少,教学就变成了放鸭式。只有当学生在向教师指定的目标努力的过程中,遇到了不可逾越的障碍,或考虑问题的深度、广度不够时,教师的引导和指点才显得十分必要,这时"放"才能够真正为"学"服务。

3.突出了数学教学的情感因素。数学学科的教学不仅要传授给学生知识和技能,还要对学生进行综合素质的培养,要强调数学文化对个体的塑造,让学生自己去体会数学文化的内涵,去感悟美,表达美。

要做到教师少点设计,学生多点空间,第一,教师要改变观念,将陈旧的"呈现—接受"模式转变为"诱导—探索—发现"模式,把学生真正置于学习的主体地位。要做到这一点,教师要加强学习,不断提高自身的业务素质,这样才能在教学过程中因势利导,应对各种意想不到的问题。第二,教师要加强学法指导,不断提高学生的学习能力,努力使学生变"学会"为"会学"。第三,教师要改变课堂教学评价标准。如果评课看重的是教师的表演,注意的是面面俱到,那么教师只能照"案"宣科,课堂教学改革也就很难深入。[①]

二、自主化教学改革案例

(一)徐州市的"学讲计划"

江苏省徐州市的"学讲计划"立足现实问题,用"学进去,讲出来"这

---

① 何正龙.花费心思不如留些空间:关于教学有效性的一点思考[J].吉林教育(中小学教育),2009(8).

种最简单、最质朴的表达方式概括了教育教学的本质，对新课程改革的理念做了独特的根性的解读。它抓住课堂，抓住教与学的方式的转变，抓住师生关系和学生主体等核心问题，回归到教学的本意。在实施过程中，他们从做"加减法"开始逐步推进。第一，减一点老师的包办，加一点学生的自主。第二，减一点无效的灌输，加一点有效的实践。第三，减一点老师的霸权，加一点学生的表现。第四，减一点刻板的说教，加一点情感的交流。当然，还可以有很多这样的"加一点、减一点"，就看每个老师自己的需要。"学讲"并不是很难的事情。"学讲"推进三年，最令人欣慰的是那种生动活泼的、充满生命激情的课堂又出现在我们的面前。我们看到，很多学生上课时眼睛是发亮的，很多老师重新找到了职业的幸福感，更多的校长开始关注课堂，走近学生，更多的学校因为关注到"人"而成为学生喜欢的地方。

（二）张学新的"对分课堂"

"对分课堂"是复旦大学张学新教授提出的一种教学模式。在形式上，它把课堂时间一分为二，一半留给教师讲授，一半留给学生讨论。实质上，它是在讲授和讨论之间引入一个心理学的内化环节，使学生吸收讲授内容之后，有备而来地参与讨论。对分课堂通过对内化和吸收过程的强调，实现了讲授法和讨论法的整合：讲授是为了基于独立思考的内化，而内化的成果则通过社会化学习在讨论中得到展示、交流和完善，从而既保证了知识体系传递的效率，又充分发挥了学生的主动性。

讲授法的问题在于过分强调了教师的权威，压抑了学生的个性；而讨论法的问题在于过分强调学生的权利，造成教学秩序的混乱。对分课堂重新分配了教学中的权利与责任，赋予学生应有的权利，让学生承担应尽的责任，体现了对学生最大的尊重，为课堂营造了一种民主、开放、自由的氛围，也因此使课堂变得和谐、舒畅、充满乐趣、生机勃勃。对分课堂是一种新的教学模式，它顺应人性，释放人的潜力，张扬个性，孕育创造，为探索后工业时代的教育范式提供了新思路，自创立、推行两年来，已经取得了令人满意的教学效果。

第十一章

意义化策略

> 教学的最终目的指向人,指向人的精神世界的发展。"任何教学如果不能引导学生走进意义世界和建构自我意义,那这种教学只能是发生在学生'脖子以上'的'功利之教',而不是深入学生内心世界的'意义之教'。从根本上讲,教学的终极价值就是引导学生理解知识、理解他人、理解自我,从而不断充盈自己的内心世界,提升自己的生命意义。"①

第一节 意义化的意蕴

"有意义"这个词的意蕴既源于奥苏伯尔的"有意义学习",又高于"有意义学习"。

一、有意义学习的渊源

从学习方式的角度讲,有意义学习是一种与机械学习相对应的学习方式。奥苏伯尔认为,有意义学习与机械学习两者在心理机制和条件上有着本质上的不同。机械学习的心理机制是联想,其产生的条件是刺激与反应的接近、重复和强化等。有意义学习的心理机制是同化,其产生的条件客

---

① 李松林.深度教学的四个实践着力点:兼论推进课堂教学纵深改革的实质与方向[J].教育理论与实践,2014(31).

观上是学习材料本身的逻辑意义，主观上是学习者本人的有意义学习的心向，即有学习活动的内部动机和心理倾向，它是社会的、个人的以及主观的、客观的学习需求在个体心理上的直接反映。同时，其认知结构中应有可以用来同化新知识的原有观念（包括原有的概念、命题、表象和已经有意义的符号）。这样，新旧知识才能建立起非人为性和实质性的联系。所谓非人为性亦称"非任意性"，指个人新旧知识的联系合乎人们能理解的逻辑关系（尽管同一语言符号在不同的个体身上所引起的认知内容千差万别，但这些认知内容仍然具有足够的共同性，正是这种共同性使运用符号传递信息和传授知识成为可能）；所谓实质性亦称"非字面性"，指能用同义词或其他等值符号替代而不改变意义或内容（同样的内容可以用不同的但是等值的语言文字表达，教学中常要求学生用自己的话讲，就是这个道理）。非人为性和实质性是奥苏伯尔用以划分有意义学习与机械学习的两条标准。据此，奥苏伯尔把有意义学习的实质概括为："语言文字符号所代表的新知识与学习者认知结构中已有的适当观念建立非人为性和实质性的联系。"[1]这样（通过同化），新知识被纳入学习者的认知结构中去，获得了心理意义，从而丰富了原有的认知结构；而原有的认知结构经过吸收新知识，自身也得到了改造和重新组织。正因为如此，奥苏伯尔也把有意义学习看成是认知结构的组织和重新组织。

美国人本主义心理学家罗杰斯也提倡和强调有意义学习，但他更侧重从"人"的角度来理解有意义学习。他认为有意义学习主要包括四个要素。第一，学习具有个人参与的性质，学生在学习的过程中是一个具有情感、态度与价值观的完整的人，学生的情感与认识都会参与到学习之中。有意义的学习包含了"情绪"和"价值"的色彩，涉及学习者的整个人和完整的生命状态，而不单单是"认知"成分的参与。第二，学习是自我发动的。即便在推动力或刺激来自外界时，发现、获得、掌握和领会的感觉也应来自内部。显然，这里强调的是学习要有个体内在的需要作为原动力。无论外界刺激多么吸引人，多么诱惑人，也无论有多大的外在压力或控制，如

---

[1] 邵瑞珍.教育心理学[M].上海：上海教育出版社，1988：6.

果学习主体的学习需要没有被激发出来,就不会有主动学习,那么对学习的发现、掌握及领会等内在感觉也就不会产生。第三,学习是渗透性的,换言之,学习使学生的行为、态度以及个性发生变化。学生在获得知识的同时,他们的意志行为、学习兴趣与学习态度都将受到影响。第四,学习是由学生自我评价的,因为学生最清楚这种学习是否满足自己的需要,是否有助于获得自己想要知道的东西,是否因此明了自己原来不太清楚的某些方面。一句话,学生真正获得了什么,只有他自己最清楚。无论别人怎样看待或评价,学生的学习最终都要转化成自我评价,从而进一步调整自己的学习行为。① 从一定程度上看,自我评价表明学习是一种负责的行为,即学生真正学会了对自己的学习和未来的发展负起责任来。研究成果表明,涉及学习者整个人(包括情感与理智)的自我发起的学习,是最持久、最深刻的;而学生负责任地参与学习过程,就会促进学习;当学生以自我批判和自我评价为主要依据,把他人评价放在次要地位时,独立性、创造性和自主性就会得到促进。为此,罗杰斯提出了"以学生为中心"的课堂教学模式,并在实际教学中试行"以学生为中心"的课堂教学,注重发展个人的主动性、创造性和责任感,充分体现了自我学习、主动学习的观点。

显然,罗杰斯与奥苏伯尔所讲的有意义学习存在着不同。罗杰斯更关注学习内容与个人之间的关系,而奥苏伯尔更强调新旧知识之间的联系。进一步说,奥苏伯尔强调的是知识的客观意义和外在意义,罗杰斯强调的是知识的主观意义和内在意义;从意义的层次来讲,奥苏伯尔的意义只停留在文本意义和心理意义层面,而罗杰斯的意义则提升到精神意义的层面,从而实现了知识由"物"向"人"、由"公共性"向"个体性"的转化。"当课程知识和充满生命活力的儿童相遇时,课程知识就不再仅仅是供儿童死记硬背的干瘪'知识点',也并不仅仅只关涉儿童的思维和认识活动,而且在更广泛、更潜在也更具体、更微妙的层面上,直接构成了教育活动中儿童真实而具体的生存境域,与儿童活生生的存在紧密相连,息息相关。"②

---

① 王希华.现代学习理论评析[M].北京:开明出版社,2003:171-172.
② 李召存.课程知识观当代重构的方法论思考[J].全球教育展望,2009(10).

这实际上是存在主义和后现代主义的知识观和学习观。罗杰斯的有意义学习有助于我们从学生成长和发展的角度理解知识教学的意义，挖掘知识内在的丰富价值，从而实现知识对学生个体生活和人生意义的指导功能。

根据奥苏伯尔和罗杰斯对有意义学习的界定和阐述，我们可把有意义学习的意义概括为以下四点。

第一，文本本义，即文本符号本身具有的意义，它是作者赋予文本的原意。文本是作者思想感情的投射，复制、还原文本的本义，是文本解读和教学的必要前提。但是，任何文本一旦进入社会，成为公共知识，它就会产生社会意义，对读者而言，这两种意义都是客观存在的。

第二，潜在意义。潜在意义是由文本本义与读者的关系确定的。文本与读者的关系可以分为以下四种：(1)文本远低于读者水平；(2)文本远高于读者水平；(3)文本平行于读者水平；(4)文本略高于读者水平。只有当文本意义与读者的原有知识比较接近时，即文本略高于读者水平时，文本意义才会转化为潜在意义。显然，潜在意义具有对象性，对有些人有意义，对另一些人可能没意义。

第三，心理意义。心理意义是相对于客观意义而言的，是由文本本义转化来的，它体现在以下四个维度：外在→内在、客观→主观、公共→个体、潜在→现实，即知识由外在转化为内在、由客观转化为主观、由公共转化为个人、由潜在意义变成现实意义。按照奥苏伯尔的观点，心理意义是在新旧知识（经验）相互作用的过程中产生的。显然，心理意义主要局限于认知方面，但是，知识及其学习还应该有更深层的意义，即精神意义。

第四，精神意义。这是指知识及其学习内具的促进人的思想、精神发展的力量，或者说"知识所具有的能够对人的精神生活和意义世界给予关照、护持、滋养的本性"。[①] 知识及其学习绝不仅仅只关涉儿童的认知活动，它与儿童的整个生活、整个生命紧密相连，息息相关，对儿童的精神成长和人格发展都具有实质性的作用。当然，就其来源来说，精神意义是从心理意义转化和升华而来的。教学过程中强调的"转识成智"就是要把

---

① 李召存.走向意义关照的课程知识观[J].全球教育展望，2005（5）.

知识及其理解转化为智慧和方法；教学过程中强调的"教书育人"就是要挖掘和展现知识及其学习过程中的情感、道德、态度、品行，让知识升华为精神。

二、意义化教学的理论依据

教学的最高目的是培养人，人的生成、成长和发展是教学的真正落脚点。如果没有在人上下功夫，而只是在知识、技能、能力上做文章，这样的教学就是没有灵魂、没有高度的教学。"认识是指向人本身的，即使是关于客观世界的知识，也在最终目的上指向人的精神世界的形成和改造……人的所有认识都是围绕人本身而展开的。……知识本身没有目的，学习知识也不是最终的目的。求知的目的永远是对人的关切，对知识的追求本身是为了了解人所在的处境，拓展人的精神世界，丰富人的内在品质。"所以，必须"将知识的表层与人的生活、人本身联系起来，将知识回归到人身上，回归到人的德性与精神世界的建构上，知识才能够获得自己的深层结构，即意义结构，人也才能同时凭借知识的意义而深化生命的意义"。[①]

"从语文教学的角度来看，语文知识的意义就是指它对学生的意义，而不是知识本身或作为其形式的词语和命题的意义，它总是属于学生的，也只有与学生生成关联的时候才能真正产生。从知识的内在价值来看，语文知识的意义获得，'实际上是人在精神上得以教化，教化的结果不是人对知识的服从，而是人的精神的成长以及知识的再生，是个体的经验世界与社会共有的精神文化世界的沟通和富有创造性的转化'。[②]这实质上强调的是语文知识对学生精神成长、个性形成、品格提升等的功能和价值，体现了知识由'公共性'向'个体性'的转化。事实上，属于人文知识的语文知识，相对于其他学科知识，具有更为丰富的意义。文以载道、诗以言志，

---

① 孙彩平，蒋海晖.知识的道德意义：兼论学科教学中道德意义的挖掘［J］.中小学德育，2012（10）.

② 郭晓明.课程知识与个体精神自由［M］.北京：教育科学出版社，2005：81.

语文知识所具有的丰富人文内涵使其对学生思想的碰撞、情感的交流、心灵的净化功能是其他学科知识所没有的。"①

实际上，每个学科都不仅具有自己的符号表达、知识体系和思维方式，同时也都有自己内含的价值性和道德意义，这种价值性和道德意义同样是学科知识的一种内在属性，是与学科知识相伴随的内在特征，是人的世界观、人生观和价值观的构成性因素。所以，学科教学的最大道德资源就是学科知识本身。

郭元祥教授进一步指出："一方面学习是个体追寻与创造意义的过程，表现为个体对知识意义的追寻。个体的知识学习始于符号，始于对符号的感知、认识、理解、接受与传递，然而，在个体知识学习的过程中，符号仅仅是个体学习的基础，个体的知识学习不能止于符号，而必须超越符号，获得符号背后的意义，意义创生是知识学习的必然追求。站在教育学的立场上认识知识，知识不仅仅是作为人类认识成果的事实性存在，更是一种价值的存在与意义的存在。传统哲学层面上的知识观认为，知识是'客观事物的属性与联系的反映，是客观事物在人脑中的主观映像'。②这种知识观脱离了教育的场域和学生生命的立场，割裂了意义与知识之间的联系，将意义从知识中抽离出来，使知识成为毫无意义的符号。知识脱离了意义，就失去了知识最本质、最核心的要素，学生的学习也就变成了毫无意义的机械记忆与静态传递。脱离了意义的知识学习缺乏个体对知识意义的个性化认识，是共性的；缺乏个体对知识价值的理解，是事实性的；缺乏个体对自身生命的观照，是物性的。费尼克斯说'知识就是意义的领域'，③个体的知识学习在很大程度上就是通过符号对意义世界进行的探索，学生学习的过程实质上是对符号所表达意义的理解与把握的过程，这种对符号所表达意义的理解和把握既包括符号所指称的含义，亦包括知识与人的发展之

---

① 姚林群.论语文教学中的知识问题[J].语文建设，2009（4）.
② 中国大百科全书总编辑委员会《教育》编辑委员会.中国大百科全书（教育）[M].北京：中国大百科全书出版社，1985：525.
③ Phenix, P. Realms of Meaning. New York: McGraw-Hill, 1964: 21.

间的一种价值关系。"

"另一方面,学习是个体追寻与创造意义的实践活动,表现为学生在学习过程中对人生意义的创造。在学习活动中,学习主体(实践主体)通过对象化的活动将自身的本质力量作用于特定的客体或者活动,特定的客体或活动又反过来作用于实践主体,使主体实现自我理解、自我确证、自我实现以及自我超越,进而获得精神的充盈、生命活力的激发、自我素质的提升、主体性的自由创造以及人生境界的陶冶。通过学习,学生逐渐学会思考各种社会现象,反思生活,体验和感悟人生意义,形成一定的态度与价值观、人生观,从而使心灵世界得到拓展和丰富。"[①]

第二节 意义化的具体策略

实际上,上面所述的五条策略从终极的目的讲都是指向意义的,都是为了让学生获得知识和人生的意义,可以说,它们都是实现意义化教学的策略。本章所述的意义化策略是指向精神层面的,即如何让知识及其教学成为"让学生的生命得以涵养、心灵得以净化、情感得以陶冶、智慧得以启发、价值观得以形成"的过程。

一、意义化教学的案例

案例一:《嗟来之食》的教学描述

在课堂上,几乎每个学生都提出了一个问题,如"为什么会发生饥荒?""为什么饿汉那么穷,财主却那么有钱?""饿汉为什么说他情

[①] 郭元祥,伍远岳.学习的实践属性及其意义向度[J].教育研究,2016(2).

愿饿死，也不吃财主给他的食物？"等。在这些问题中，大部分同学都选择了第三个问题进行讨论。

在讨论中，学生探讨了多种可能性。有一个学生回答："因为他很有骨气，很有尊严。"教师非常敏锐地抓住这个机会，利用学生的话进行引导："对！他很有骨气，很有尊严。可是他快要饿死了，你赞成他这样做吗？"新的问题立即使学生的认识产生了分化。有的学生明确赞成，有的学生强烈反对。在他们分别阐述了自己的理由之后，教师又引导学生提出了一个与此关联、又蕴含哲学意味的问题，即"生命和尊严到底哪个更重要"？

在激烈的辩论中，有的学生认为生命比尊严更重要，"因为没有生命就什么也没有了"；有的学生觉得尊严比生命更重要，"因为没有尊严会被人看不起"；还有的学生语出惊人，说生命和尊严同样重要，"因为没有生命就没有尊严，而没有尊严生命就没有意义。生命和尊严的关系就像一个人的手心和手背一样"……①

在这样的课堂上，学生会感受到思维的挑战、思考的深度和探究的收获。

案例二：时间的认识

我们通常会觉得时间是最无情、最客观的，但数学中讲的时间，不是时间本身，而是时、分、秒的计时单位，是人类发明的一种计量方式。如果我们在小学数学教学中，只讲1小时等于60分钟，1分钟等于60秒，要求孩子识记这样的换算公式，认识钟表上的时间，那么，这只是在时间概念的表层上开展的教学。如果进一步，在课堂上引导学生去感觉1分钟有多长，60秒可以做哪些事，如可以写几个字，可以读几行书；唱一首歌要用几分钟，上一层楼要几分钟，从家到学校要几分钟……那么，学生学到的时间概念，就会成为他们生活

---

① 郅庭瑾．"多元智能"理论对课堂教学改革的启示［J］．中小学管理，2002（5）．

中的一个尺度，可以用来计量他们的生活，帮助他们安排生活中的事件。如此，这个数学知识就成了他生活的一个管理性要素。对于时间这个概念，他不仅获得了相应的数学知识，也获得了时间的生活意义甚至生命感，这会影响到他的生活节奏。这样的数学教学就起到了规范生活甚至生命的作用，因而具有了价值的意义。①

二、意义化教学改革的案例

（一）道德课堂

十多年来，郑州市一直致力于"道德讲堂"的研究和建设，其核心内涵就是要求课堂要"合乎道，至于德"。"道"和"德"分别相对于"术"和"知"，道德课堂强调教学之本在于"道"而不在于"术"，在于"德"而不在于"知"。

对教师而言，首先要考虑的不应该是教学的技术问题，即教学行为、教学策略、教学模式、教学设计及其有效性的问题，而应该是教学的价值问题，即教学的意义、教学的使命、教学与学生发展的关系等。再具体点儿说，就是要考虑什么样的教学是学生所需要的、所喜欢的，是能够进入学生的内心深处，成为"唤醒灵魂""感动精神""滋润心田"的活动。"目前教师群体最缺少的是对价值的追问，很多人把自己当成了一个技术性的工具。价值与方法的问题，就是形而上之'道'与形而下之'术'的问题。如果教师没有教育的价值与信念，而仅仅从方法上去改变，只能治标不治本。因此，教师既应该是思想者，又应当是实干家，要想教育的大事，做教育的小事。……缺乏对教育问题价值性的反思，我们的教育还只能是'缘木求鱼'。"②

道德课堂是"教学永远具有教育性"这一命题的体现，若想追求和实

---

① 孙彩平，蒋海晖.知识的道德意义：兼论学科教学中道德意义的挖掘[J].中小学德育，2012（10）.

② 王翔宇.成长：信念比方法更重要[N].中国教育报，2013-03-13（10）.

现教学的道德性，我们认为，道德课堂至少要包括以下四个方面的含义。

第一，道德的教学应该是合乎法律要求的。合法性乃是道德教学最低限度的要求。不合法便谈不上道德。它要求教师在教学过程中尊重学生的受教育权和发展权，核心是尊重每一位学生的人格尊严和人生价值，尊重每一位学生的学习能力和认知规律。

第二，道德的教学应该符合伦理道德要求。每一个社会对其成员的特定要求，通常是以某些道德原则的形式表现出来的。基本的道德原则，如向善原则、尊重生命原则、诚实原则、公正原则等，应当成为从道德上评判教学的基本准则。教学应当促进学生的道德性发展，使学生发展成为一个有德之人。我们认为，道德的教学还应该包括挖掘和体现学科知识的道德价值。教师不是把知识、活动看作一种事实性存在，即为知识而知识、为活动而活动，而是将其看成与学生的成长和发展相关联的意义系统，即知识的学习过程同时要成为学生道德品性的形成、情感体验的获得、生活智慧的领悟和人生意义的追寻过程，从而真正将学科知识与学生的境遇、命运和幸福关联起来。

第三，道德的教学应该是公平的。所谓公平的教学，是指教师在教学过程中，面对基础不一、学业成绩不一的学生，能够平等对待，一视同仁。这里所谓的平等对待，并不意味着同等对待，而是说，教师不因学生成绩的不良而放弃对学生的教育，也不因学生品行的不良而对学生实行差别对待。公平的实质或根本目的是保证所有学生都有参与学习、学有所得、达成目标的机会，保证不同天赋、不同能力的学生都能在各自原有基础上获得发展和提高的机会。

第四，道德的教学应当以学生为目的，而不是把学生看作实现某种外在目的的手段。为此，正当的有效教学应当关注学生的幸福和体验。教师要努力把课堂教学变成一种快乐和幸福的活动。正如爱因斯坦所说，教育所提供的东西，应当让学生作为一种宝贵的礼物来领受，而不是作为一种艰苦的任务去完成。

（二）生命课堂

最早提出"生命化教学"命题的是叶澜教授。对此，叶澜教授有一段极其精辟的论述："课堂教学应被看作师生人生中一段重要的生命经历，是他们生命的有意义的构成部分。对于学生而言，课堂教学是其学校生活的最基本构成部分，它的质量直接影响学生当前及今后的多方面发展和成长；对于教师而言，课堂教学是其职业生活的最基本的构成部分，它的质量直接影响教师对职业的感受、态度和专业水平的发展、生命价值的体现。总之，课堂教学对于参与者具有个体生命价值。""如果一个教师一辈子从事学校教学工作，就意味着他（她）生命中大量的时间和精力，是在课堂中和为了课堂教学而付出的。每一堂课都是教师生命活动的一部分。因此，十分重要的是使每个教师都要意识到这一点：课堂教学对他们而言，不只是为学生成长所做的付出，不只是别人交付任务的完成，它同时也是自己生命价值和自身发展的体现。每一个热爱学生和自己生命、生活的教师，都不应轻视作为生命实践组成的课堂教学，从而激起自觉上好每一节课，使每一节课都能得到生命满足的愿望，积极地投入教学改革。这就是我们在认同课堂教学的社会价值、促使学生发展价值的同时，再指出它对教师同样具有生命价值，形成和提出课堂教学对教师和学生都具有个体生命意义这一观点的重要原因。"[①]

生命课堂是指将课堂生活作为自己（教师和学生）生命当中的一段重要构成部分，师生在课堂的教与学过程中，既学习与生成了知识，又获得与提高了智能，最根本的，是师生的生命价值得到了体现，健全的心灵得到了丰富与发展，从而使课堂生活成为师生共同学习与探究知识、智慧展示与能力发展、情意交融与人性养育的殿堂，成为师生生命价值、人生意义得到充分体现与提升的快乐场所。

课堂教学不应该只被看作实现教学目的的手段，而应该同时被看作生命成长的过程。在课堂上，教师和学生都是以整个生命而不是生命的某一

---

① 叶澜.让课堂焕发出生命活力：论中小学教学改革的深化［J］.教育研究，1997（9）.

部分投入到教学中去的。课堂教学与生命同在。有生命的课堂，充满了生命的活力。把教学提升到生命层次，使教学过程成为生命被激活、被发现、被欣赏、被丰富、被尊重的过程，成为生命自我发展、自我生成、自我超越、自我升华的过程，这是生命教学的宗旨和目的。

（三）幸福课堂

幸福课堂主要有两层意思：其一是把幸福作为一种有待于教、有待于学的情感能力和品质，就是"教幸福，学幸福"，即幸福是教学的目的和内容；其二是把幸福当作教学过程中师生双方的情感体验，把教与学当作一件幸福的事来做，就是"幸福地教，幸福地学"，即幸福是教学的手段和表现。

幸福是一种感觉、一种体验、一种状态，幸福教学就是让学生感到舒适、温馨、安全、快乐的教学，它是由课堂中人与人（师与生）的关系决定的。师生之间的关系决定着课堂的面貌和教学的性质。幸福教学就是充满人性化的教学，按照佐藤学的说法，就是所谓"湿润的教室"。"在'湿润的教室'里，大家安心地、轻松自如地构筑着人与人之间的关系，构筑着一种基本的信赖关系，在这种关系中，即使耸耸肩膀，拿不出自己的意见来，每个人的存在也能够得到大家自觉的尊重，得到承认。'湿润'这个词表示的是湿润程度，也可以说它表示了那种安心的、无拘无束的、轻柔滋润肌肤的感觉。'湿润的教室'给人的感觉是教室里的每个人的呼吸和其节律都是那么柔和。""与之相对而为另一个极端的教室，是那些由缺乏人情味的硬邦邦、干巴巴的关系构成的教室。如那些吵吵闹闹、发出怪声的教室；那些仅仅是白热化地发言竞争，学生表面活跃地不断叫着'是的''是的'，高高地举手的教室；那些空气沉闷、学生的身体坐得笔直笔直的教室等，大都可划归这一类。"[①] 按照美国教师雷夫·艾斯奎斯的说法，幸福教室就是"缺少害怕的教室"，他在《第56号教室的奇迹》里写道："第56号教室之所以特别，不是因为它拥有什么，而是因为它缺少了这

[①] 佐藤学.静悄悄的革命［M］.李季湄，译.长春：长春出版社，2003：25-26.

样一种东西——害怕。""大多数的教室都被一种东西控制着，那就是'害怕'……教师怕丢脸，怕不受爱戴，怕说话没人听，怕场面失控……学生更害怕，怕挨骂，怕被羞辱，怕在同学面前出丑，怕成绩不好，怕面对父母的盛怒。"①"害怕"的结果是，教师讲课战战兢兢，不敢放开，不敢提问；学生听课如履薄冰，不敢回答，害怕出错……

如果教师能思考"什么东西让教室变得可怕"，那将是很有益处的。这样，教师就会尝试避免类似的情况再次发生。要知道，"对太多的学生来说，学校是一个让他们感到被羞辱、被威胁、被嘲笑和折磨，让他们觉得无能为力的地方。想一想什么时候学校对你是可怕的，如果你牢记这些时刻，并尽力保证它们永远也不会发生在你自己的学生身上，你已经开始创建一个更安全、更有爱心的集体了"。②

幸福课堂就是要让学生感到，课堂就是他们的家，有了家的感觉，他们才能积极主动地投入学习，才能让学习走进自己的情感、生命和灵魂的深处。为了让学生有家的感觉，教师要做到以下四点。

1. 接纳学生。学生如果没有被接纳感和归属感，那么就如同人类被剥夺了水和食物一样，只能逐渐耗尽体力直至死亡。……这里的接纳以尊重、肯定、关注、理解、公平、敏感和温暖为基础，意味着承认并且赞赏学生的内在价值。这并不是说教师必须要喜欢每个学生，但必须要无条件地接纳每个学生，因为每个学生都有其固有的价值。……被无条件接纳的学生，即便是在进步缓慢或犯错误的时候也会觉得自己被别人需要，对别人有价值。

……………

2. 重视学生。学生需要感觉到自己被重视，自己是重要的，感到自己参与学校活动是有价值的，能够对学校、对课堂产生一定的影响，

---

① 雷夫·艾斯奎斯.第56号教室的奇迹[M].卞娜娜，译.北京：中国城市出版社，2009：5.

② 卡罗尔·西蒙·温斯坦.中学课堂管理[M].田庆轩，译.上海：华东师范大学出版社，2006：87.

感到他们所做的努力是必要的、被欣赏的，使他们渐渐地形成一定的成就感。

....

3. 相信学生有能力。让学生感觉到自己有能力承担责任，有能力把事情做好。这样的学生清楚自己可以学会很多事情，知道成功和失败同样重要，即使困难重重他们也愿意接受挑战。

....

4. 让学生有安全感。学生需要感到安全，尤其是情感上的安全。这意味着学生信任教师是为他们着想的，相信教师愿意尊重他们的观点。他们知道教师虽然不总是和他们的观点一致，却是站在他们的角度理解他们的，并且愿意与他们合作共处而不是彼此对立。①

总之，幸福的课堂就是充满善意和人性的课堂，在这样的课堂中，学生有充分的安全感，能够无所顾忌地发表自己的见解，而不担心被讥讽、被指责、被批评；学生能积极主动地参与自我探究、小组合作和交流分享，而不感觉到紧张、自卑、孤独；学生感到师生、生生关系的和谐，而不会有任何沟通交流上的心理障碍；学生时常被尊重、被重视，而没有被伤害、被冷落、被歧视的感觉；学生真切感受到学习的乐趣和生命的意义，而没有痛苦感、乏味感；学生敢于尝试，敢于冒险，不怕失败，无所畏惧，在竞争面前不逃避。

从学习的特殊使命来说，幸福的课堂应该是同时满足学生求知欲和表现欲的课堂，满足求知欲就是让学生感到学有所获，通过学习感到有变化、有进步、有提高、有发展；满足表现欲就是让学生感到自己有力量，有价值，在课堂上有存在感。

---

① 徐斌艳. 教师如何成为学生的理解者 [J]. 全球教育展望, 2006（3）.

参考文献

一、著作

蔡清田. 素养：课程改革的 DNA[M]. 台北：高等教育，2011.

雷夫·艾斯奎斯. 第 56 号教室的奇迹 [M]. 卞娜娜，译. 北京：中国城市出版社，2009.

林崇德.21 世纪学生发展核心素养研究 [M]. 北京：北京师范大学出版社，2016.

马云鹏，李广. 新课程理念下学科素养评价研究 [M]. 长春：东北师范大学出版社，2006.

迈克尔·富兰. 教育变革新意义 [M]. 赵中建，等，译. 北京：教育科学出版社，2005.

石中英. 知识转型与教育改革 [M]. 北京：教育科学出版社，2001.

王云生. 课堂转型与学科核心素养培养：中学化学课堂教学改革探索 [M]. 上海：上海教育出版社，2016.

乌申斯基. 人是教育的对象 [M]. 李子卓，等，译. 北京：科学出版社，1959.

杨九诠. 学生发展核心素养三十人谈 [M]. 上海：华东师范大学出版社，2017.

赞科夫. 教学与发展 [M]. 杜殿坤，等，译. 北京：人民教育出版社，1985.

赞科夫. 教学论与生活 [M]. 俞翔辉，杜殿坤，译. 北京：教育科学出版社，1982.

余文森. 有效教学十讲 [M]. 上海：华东师范大学出版社，2009.

佐藤学. 静悄悄的革命 [M]. 李季湄，译. 长春：长春出版社，2003.

钟启泉，崔允漷. 新课程的理念与创新：师范生读本 [M]. 北京：高等教育出版社，2003.

朱小蔓. 教育的问题与挑战：思想的回应 [M]. 南京：南京师范大学出版社，2000.

二、论文

白晔. 实践是培养学生语文素养的重要途径：学习《语文课程标准》（实验稿）有感 [J]. 山西教育，2002（5）.

陈静静. 学校发展的愿景：学习共同体 [J]. 教师月刊，2012（6）.

陈佑清. 教学过程的本土化探索：基于国内著名教学改革经验的分析 [J]. 当代教育与文化，2011（1）.

陈佑清. 建构学习中心课堂：我国中小学课堂教学转型的取向探析 [J]. 教育研究，2014（3）.

成尚荣. 教学的再定义及其变革走向 [J]. 人民教育，2012（18）.

成双凤，韩景云. 走出知识德育的误区 [J]. 江苏大学学报（高教研究版），2005（1）.

傅树京. 教育应给予学生快乐、价值和希望 [J]. 教育测量与评价，2013（2）.

高文. 学会学习与学习策略 [J]. 外国教育资料，2000（1）.

郭晓明. 从核心素养到课程的模式探讨 [J]. 中国教育学刊，2016（11）.

郭元祥. 知识的性质、结构与深度教学 [J]. 课程·教材·教法，2009（11）.

核心素养研究课题组. 中国学生发展核心素养 [J]. 中国教育学刊，2016（10）.

黄忠敬. 什么是适合学生的教学 [J]. 当代教育与文化，2012（9）.

李帆. 寻找教育独特的灵魂：写在2011年岁末的思考 [J]. 人民教育，2012（1）.

李家清，常珊珊. 核心素养：深化地理课程改革的新指向 [J]. 地理教育，2015（4）.

李松林. 论教师学科教材理解的范式转换 [J]. 中国教育学刊，2014（1）.

李松林. 深度教学的四个实践着力点：兼论推进课堂教学纵深改革的实质与方向 [J]. 教育理论与实践，2014（31）.

李艺，钟柏昌. 谈"核心素养" [J]. 教育研究，2015（9）.

柳夕浪. 从"素质"到"核心素养"：关于"培养什么样的人"的进一步追问 [J]. 教育科学研究，2014（3）.

柳夕浪. 走向深度的课程整合 [J]. 人民教育，2014（4）.

龙宝新. 走向核心知识教学：高效课堂教学的时代意蕴 [J]. 全球教育展望，2012（3）.

陆俭明.以创新理念推进中国语文教学：变应试教育为素质教育[J].语文建设，2009（11）.

马云鹏.数学核心素养及其特征分析[J].小学教学（数学版），2017（1）.

梅松竹.PISA2012数学素养精熟度水平评价研究[J].教育测量与评价，2014（3）.

潘洪建.知识形式：基本蕴涵、教育价值与教学策略[J].课程·教材·教法，2014（11）.

司成勇.教育之后"剩下来的是什么"[J].教学与管理，2011（4）.

孙彩平，蒋海晖.知识的道德意义：兼论学科教学中道德意义的挖掘[J].中小学德育，2012（10）.

邵朝友，周文叶，崔允漷.基于核心素养的课程标准研制：国际经验与启示[J].全球教育展望，2015（8）.

史宁中，柳海民.素质教育的根本目的与实施路径[J].教育研究，2007（8）.

石中英.重塑教育知识中"人的形象"[J].教育研究，2002（6）.

汤国荣.论地理核心素养的内涵与构成[J].课程·教材·教法，2015（11）.

田慧生.落实立德树人根本任务 全面深化课程教学改革[J].课程·教材·教法，2015（1）.

王建华.论人类的教育[J].清华大学教育研究，2014（4）.

王开东.教育，病在何处？反思"人的教育"与"培养人才"[J].河南教育，2011（10）.

吴爽.未来基础教育的基层理念是强化学生的核心素养：访北京师范大学资深教授林崇德[J].教育家，2015（9）.

吴康宁.谁是"迫害者"：儿童"受逼"学习的成因追询[J].教育研究与实验，2002（4）.

吴伟.历史学科能力与历史素养[J].历史教学，2012（11）.

谢维和.谈核心素养的"资格"[J].中国教育学刊，2016（5）.

邢红军，张抗抗.论物理思想的教育价值及其启示[J].教育科学研究，2016（8）.

徐祖胜.论学科教学的个性化[J].教育科学研究，2011（4）.

姚虎雄.从"知识至上"到素养为重[J].人民教育，2014（6）.

姚虎雄.回到常识：再谈"素养为重"[J].人民教育，2014（14）.

叶澜.让课堂焕发出生命活力：论中小学教学改革的深化[J].教育研究，1997（9）.

张聪慧.三维目标该如何统一[J].语文建设，2005（8）.

张华.论核心素养的内涵[J].全球教育展望，2016（4）.

郑金洲，吕洪波.教师应具备的七大素养[J].人民教育，2016（11）.

钟启泉.基于核心素养的课程发展：挑战与课题[J].全球教育展望，2016（1）.

钟启泉."学校知识"与课程标准[J].教育研究，2000（11）.

朱小蔓，苏丹兰.重视情感与价值观教育　加强和改善学校德育[J].课程·教材·教法（"2011年版义教课标解读与教学建议"专辑）.2012（Z1）.

诸向阳.语文课堂教学的三重境界[J].语文教学通讯，2014（33）.

成尚荣.核心素养的核心——核心素养有关问题的讨论与澄清[N].中国教育报，2017-01-11（9）.

成尚荣.不教之教：核心素养的教学实现方式——叶圣陶教育思想对核心素养培养、发展的启示[N].中国教育报，2017-05-10（9）.

成尚荣.情境教育：核心素养的发展范式——李吉林教育思想对学生发展核心素养培育的启示[N].中国教育报，2017-05-24（9）.

汪瑞林，杜悦.凝练学生发展核心素养　培养全面发展的人——中国学生发展核心素养研究课题组负责人答记者问[N].中国教育报，2016-09-14（9）.

汪瑞林，蒋亦丰.寻找核心素养落地的力量——杭州附小基于核心素养的课程及教学改革[N].中国教育报，2016-09-28（10）.

赵婀娜.今天，为何要提"核心素养"[N].人民日报，2016-10-13（20）.

钟启泉.核心素养的"核心"在哪里——核心素养研究的构图[N].中国教育报，2015-04-01（7）.

后 记

自2014年12月起,我作为教育部高中课程标准修订综合专家组成员,全程参与了基于核心素养的高中课程标准修订工作,这一工作历时两年零六个月。

本次课程标准修订工作除设置了二十个学科修订专家工作组外,还设置了综合组。综合组的职责是对整个修订工作进行顶层设计和统筹协调,以保证修订工作的共同方向和顺利开展。因此,综合组被戏称为"总参谋部"。

综合组是一个先行者。在每次大会之前,综合组都要提前召开内部会议,对涉及课程标准修订工作的方方面面进行讨论,在取得基本共识之后,再召开所有学科组都参与的修订大会。在大会期间,综合组要与各学科组就修订中的重点、难点问题进行面对面的交流、协商,共同研究攻关。这个过程是共性与个性、一般与特殊、通识与学科、理论与实践的对话过程,它无论对综合组还是对学科组都是一个学习和提升的过程,对保证课程标准修订质量起到了重要作用。在两年半的时间里,综合组内部会议开了二十次,修订大会开了十四次,综合组跟各学科的交流会更是不计其数。课程标准修订工作是名副其实的群策群力,新课程标准则是地地道道的集体智慧的结晶。

为使课程标准达到"好用、管用"的要求,研制课程标准必须要有教学的意识,不能进入教学、进入课堂的课程标准只是"空中楼阁"。因此,本次修订既考虑了课程标准本身的教学性、可行性,又对教学提出了新的方向和要求。

在综合组内部，工作和研究也有相对的分工。我重点研究课程标准涉及的教学问题。出于工作的需要，我从教学论的角度对基于核心素养的教学问题进行了比较系统的研究和梳理，既为各学科课程标准修订提供了教学论支持，又从各学科课程标准修订中获得了优秀的学科教学案例和资源。

本书就是在这个过程中逐步完成的。值得强调的是，本书的不少观点是在综合组内部讨论的过程中形成的，我只不过对此进行了概括和提炼而已。实际上，本书也是在综合组诸同人的鼓励下开始策划和动笔的。

借本书出版之际，我要特别感谢一起奋斗了两年半的综合组的领导和同人。综合组的组长朱慕菊同志被誉为"中国课改的真正勇士"，她以罕见的激情和卓越的智慧带领全体组员开展了卓有成效的工作。王湛同志是大家敬重的老领导，他曾担任教育部主管基础教育的副部长，领导过上一轮课程改革，现任国家基础教育课程教材专家工作委员会主任委员，继续领导本次课程标准修订工作。他以普通专家的身份全程参与综合组的每一次讨论，以其睿智和谦逊深受大家敬仰。崔允漷教授是我们综合组的"老黄牛"，他总是"吃苦在先，享乐在后"，什么重活、难活都抢着干，是当之无愧的劳模。杨向东教授是课程改革的一名新兵，用"后生可畏"来形容他再贴切不过了。这个年轻人在本次课程标准修订工作中发挥了"顶梁柱"的作用。课程研究专家张华教授、教材研究专家石鸥教授经常在讨论中发表高见，提出独到见解，让大家深受启发。王月芬博士和付宜红博士默默地为综合组做了大量的工作。张民生主任、尹后庆主任、张绪培厅长、孟凡杰厅长、沈白榆处长等，这些基础教育战线的老领导、"老战士"不仅有经验，而且有思想，更有热情和战斗力。与他们在一起工作，你就没有理由不全身心投入。

我对这个集体充满了感恩和眷恋。

余文森
2017 年 6 月